simplify your life®

Werner Tiki Küstenmacher, Jahrgang 1953, ist gelernter evangelischer Pfarrer und hat eine Ausbildung als Journalist. Seit 1990 arbeitet er als freiberuflicher Karikaturist, Autor und Kolumnist. Er hat über 50 Bücher veröffentlicht. Zusammen mit seiner Frau *Marion Küstenmacher* ist er Chefredakteur des monatlich erscheinenden Beratungsdienstes *simplify your life®*. Die beiden leben mit ihren drei Kindern in Gröbenzell bei München.
E-Mail: tiki@tiki.de – Internet: *www.simplify.de*

Prof. Dr. Lothar J. Seiwert, Jahrgang 1952, ist Bestsellerautor und gilt als der führende Experte für Zeit- und Lebensmanagement und gefragtester Coach Deutschlands. Seine Bücher wurden in über 20 Sprachen übersetzt, seine Arbeit als Trainer und Redner ist mehrfach preisgekrönt. Seine Coaching- und Consultingfirma *Seiwert-Institut GmbH* in Heidelberg hat sich auf die Themen *Time-Management* und *Life-Leadership®* spezialisiert.
E-Mail: info@seiwert.de – Internet: *www.seiwert.de*

Werner Tiki Küstenmacher
mit Lothar J. Seiwert

simplify *your life*

Einfacher und glücklicher leben

mit Karikaturen von
Werner Tiki Küstenmacher

Campus Verlag
Frankfurt/New York

Die Deutsche Bibliothek – CIP-Einheitsaufnahme

Ein Titeldatensatz für diese Publikation ist bei
Der Deutschen Bibliothek erhältlich
ISBN 3-593-36818-8

10. Auflage 2003

Umschlaggestaltung: Guido Klütsch, Köln
Satz: Leingärtner, Nabburg
Druck und Bindung: Druckhaus Beltz, Hemsbach
Gedruckt auf säurefreiem und chlorfrei gebleichtem Papier.
Printed in Germany

Das Leichte ist richtig.
Beginne richtig, und es ist leicht.
Fahre leicht fort, und es ist richtig.
Der richtige Weg, das Leichte zu finden, ist
den richtigen Weg zu vergessen
und zu vergessen, dass er leicht ist.

Dschuang-Tsu

Inhalt

Stufe 3 Ihrer Lebenspyramide: Vereinfachen Sie Ihre Zeit

Stufe 4 Ihrer Lebenspyramide: Vereinfachen Sie Ihre Gesundheit

Stufe 5 Ihrer Lebenspyramide: Vereinfachen Sie Ihre Beziehungen

Stufe 6 Ihrer Lebenspyramide: Vereinfachen Sie Ihre Partnerschaft

Stufe 7 Ihrer Lebenspyramide: Vereinfachen Sie sich selbst

Anhang

Sinnvoll leben lernen

Liebe Leserin, lieber Leser!

Das Buch, das Sie hier in den Händen halten, wird eines der wichtigsten Bücher in Ihrem Leben werden. Es ist uns klar, dass das viele Autoren von ihren Büchern behaupten. Aber wir sind – nach vielen Gesprächen, Vorträgen, Seminaren und Intensivkursen – überzeugt, dass dieses Buch Ihr Leben im besten Sinne umkrempeln wird.

In diesem Buch geht es um die Kunst, das Leben zu meistern: die Fähigkeit, glücklich und erfüllt das volle Potenzial Ihres Lebens auszuschöpfen. Das alte Wort dafür ist »Sinn«.

Wir sind überzeugt: Den Sinn Ihres Lebens kann Ihnen niemand von außen geben, sondern er liegt in Ihnen. Wie eine Knospe tragen Sie ihn in sich. Sinnvoll leben heißt, die eigenen Möglichkeiten optimal zu entwickeln und den Platz in der Gemeinschaft einzunehmen, an dem Sie sich selbst und die Gemeinschaft optimal weiterbringen – die bestmögliche Balance also von Selbst- und Nächstenliebe.

Wenn Sie den im Folgenden beschriebenen simplify-*Weg* gehen, werden Sie den Sinn und das Ziel Ihres Lebens finden. Sie werden sich innerlich und äußerlich verändern. Sie werden von anderen Menschen angesprochen werden, warum Sie so glücklich aussehen. Sie werden neue Kontinente in sich entdecken. Ihnen werden Kräfte zuwachsen, von denen Sie keine Ahnung hatten. Sie werden einen Grad an körperlicher Zufriedenheit haben, den Sie noch nicht kannten. Sie werden materiell besser stehen. Genau die Menge Geld zu haben, die Sie brauchen, ist ein selbstverständliches Nebenprodukt des simplify-Weges. Sie werden von Ihren Mitmenschen geschätzt und geliebt werden, und Sie werden sich in sich selbst wohl fühlen.

Das Thema dieses Buches ist groß, doch genau deswegen wagen wir es, Ihnen Großes zu versprechen.

simplify heißt Vereinfachen. Der simplify-Weg heißt nicht nur so, er ist es auch. Viele Menschen finden den Sinn ihres Lebens nicht, weil sie zu komplizierte Fragen stellen. Weil sie nicht ahnen, wie einfach es eigentlich ist.

Wenn Sie bis hierher gelesen haben, haben Sie den simplify-Weg bereits begonnen. Wir wünschen Ihnen viel Neugierde und Lust bei den weiteren Schritten.

Werner Tiki Küstenmacher
Prof. Dr. Lothar J. Seiwert

Heidelberg, im Juli 2001

Der simplify-Weg

Was verbinden Sie mit simplify?

Was geht Ihnen als erstes durch den Kopf, wenn Sie das Wort »Vereinfachung« hören? Für viele Menschen ist es ein von Natur aus positiver Begriff. Beim Wort »simplify« nicken sie verstehend und lächeln. Denn sie leiden unter der Kompliziertheit des Lebens, von der abschreckend dicken Bedienungsanleitung ihres Handys bis zu den undurchschaubaren Mechanismen der Weltwirtschaft, die dazu geführt haben, dass sie an der Börse Geld verloren haben (obwohl ihre Freunde gesagt hatten, es sei ganz einfach, mit Aktien reich zu werden). Sie leiden unter der stillschweigenden Forderung »mehr, mehr, mehr« in Ihrer Umgebung. Für sie bedeutet die Überfülle des Angebots in einem Großmarkt nicht Befreiung, sondern Belastung. Sie leiden unter den ständig steigenden Anforderungen in ihrem Beruf, unter der ausgesprochenen oder unausgesprochenen Drohung: Mach mit, oder du bist draußen.

Einige Menschen fragen beim Begriff simplify allerdings auch: »Warum soll ich mein Leben vereinfachen?« Sie empfinden das Angebot »einfacher und glücklicher« als ein weiteres »noch mehr«.

Sie wittern hinter »vereinfachen« eine weitere Forderung – »Jetzt muss ich also auch noch das Vereinfachen lernen.«

Das erinnert an den Kalauer des Nürnberger Komikers Herbert Hiesel: »Meine Frau, die kocht doch so gut – und jetzt muss ich dazu noch diese Diät essen.«

simplify ist – auch wenn Sie in diesem Buch eine Menge 5-Punkte-Programme und To-do-Listen finden werden – im Kern ein Nicht-Tun. simplify ist das Gegenteil einer Forderung. Es ist ein Angebot. Eine Fähigkeit, die Sie längst besitzen. Im Grunde ist der Mensch ein simplify-Lebewesen. Wenn Sie im Zoo oder in der freien Wildbahn unsere nächsten Verwandten, die Affen, beobachten, werden Sie deren grandiose Fähigkeiten zum stundenlangen Herumhängen, Spielen und Nichtstun entdecken. simplify in seiner Urform: einfach da sein.

Einfachheit – ein Grundbedürfnis des Menschen

Kurioserweise entspringen so gut wie alle komplizierten Tätigkeiten, Erfindungen und Ansprüche in unserem Leben dem Urbedürfnis nach Einfachheit, eben diesem Wunsch nach Herumhängen und Nichtstun. Jeder würde gern ein bisschen mehr Geld verdienen, damit er sich ein Polster schaffen kann, eine Sicherheit für ein späteres bequemes und komfortables Leben mit Spielen und Entspannung. Man baut sich ein schönes Haus mit Garten, um dort nach den Mühen des Bauens und Einrichtens zufrieden auf dem Sofa oder der Gartenbank zu sitzen und nichts zu tun. Die komplizierte Spülmaschine wurde erfunden, um die Zeit des lästigen Abwaschs mit etwas Netterem, Entspannendem zu verbringen. Die Gründung der Baubehörde entspringt dem Wunsch, Streitigkeiten vorab zu klären oder ganz zu vermeiden, damit wir die Zeit der lästigen Fehden mit dem Nachbarn sinnvoller und entspannter verbringen. Altersvorsorge, Grunderwerb, Haushaltsgeräte, Bürokratie und vieles, vieles aus unserer komplizierten Welt wurde geschaffen, damit wir es einfacher haben und glücklicher sind.

Aber die gute Absicht ist in vielen Fällen aus dem Blick geraten. Aus dem Traum vom finanziellen Ruhekissen im Alter ist ein unerfreulicher Verteilungskampf zwischen den Generationen und den Einkommensschichten geworden. Ein Eigenheim kann zu einer Vollzeitbeschäftigung für die Bewohner werden. Und beim Thema Verwaltung, die sich stellenweise zu einer Macht gegen die verwalteten Bürger formiert hat, ist wohl jeder mit eigenen Erfahrungen gesegnet.

Aus dem Streben nach Einfachheit ist also vielfach eine Geschichte nachwachsender Komplexität geworden.

Der simplify-Weg versucht, diese fatale Dynamik umzukehren und zum eigentlichen Zweck unseres Lebens zurückzukehren. Dieser Zweck ist die Einfachheit, in der sich die Summe eines erfüllten und gereiften Lebens gelassen widerspiegelt. Befinden Sie sich gerade in einer verwirrenden und komplexen Phase Ihres Lebens, dann mag Ihnen dieses Ziel paradox erscheinen. Doch auf dem Höhepunkt der Kompliziertheit ist die Sehnsucht nach Einfachheit am größten.

Beim simplify-Weg geht es darum, in jedem Ihrer Lebensbereiche eine Art Schneise zu schlagen und einen Aha-Effekt auszulösen: Es geht auch einfach! Die Umkehrung der Dynamik ist indes kein Weg zurück, keine Nostalgie »Zurück zur guten alten Zeit« und kein Rousseausches »Zurück zur Natur«. Der simplify-Weg sucht die Einfachheit, die vor Ihnen und in Ihnen liegt. Die Einfachheit, die nicht vorstellbar ist ohne die davor liegende Kompliziertheit. Der simplify-Weg nutzt Ihre Lebenserfahrung und die dabei gemachten Fehler. simplify kann man nicht fertig kaufen. Es ist das Ergebnis eines spannenden und unverwechselbaren Weges. simplify ist das

Juwel am Ziel einer Reise – wobei die Reise damit keineswegs zu Ende ist.

Die Reise verläuft dabei vom Äußeren zum Inneren. Der simplify-Weg beginnt bei Ihrem Schreibtisch, bei Ihrer Wohnung und der Organisation Ihrer Zeit. Es geht weiter bei Ihren sozialen Beziehungen, vom Lebenspartner über die eigenen Eltern und die eigenen Kinder zu Ihren Freunden und Kollegen. Der Weg führt zu Ihrem Körper, zu Ihrer körperlichen und mentalen Fitness. Und er endet bei Ihren geistigen Empfindungen, in der Mitte Ihres Lebens und Ihrer Persönlichkeit.

Freuen Sie sich auf eine spannende Reise und beginnen Sie Ihren simplify-Weg mit einem Traum.

Ihr simplify-Traum: Erste Nacht

Sie träumen, ein Unsichtbarer nähme Sie bei der Hand und führte Sie aus dem Raum, in dem Sie sich gerade befinden. Blaugrauer Nebel umgibt Sie, in der Ferne ist das Licht eines neuen Tages zu ahnen. Schwer zu sagen, ob Sie schweben oder gehen oder welche Richtung Sie nehmen.

Doch dann spüren Sie, wie Sie an einem Ihnen sehr vertrauten Ort angekommen sind. Ein stattlicher Bau erhebt sich vor Ihnen, wie eine Pyramide, und Sie wissen, dass es Ihre eigene Lebens-Pyramide ist. Die Höhe ist nur zu ahnen, die Spitze ist noch im kühlen Morgennebel verborgen.

Das Stufenpyramiden-Modell

Der simplify-Weg lässt sich mit einer Pyramide vergleichen: Der Weg zum einfachen, klaren Kern, dem Wesentlichen unseres Lebens, führt über sieben Stufen, die die verschiedenen Lebensbereiche symbolisieren. Der Weg nach oben ist dabei zugleich ein Weg nach innen. Er gelingt, wenn Sie auf jeder Stufe mindestens einen Durchbruch erreichen. Dabei kommt es nicht auf die Reihenfolge an. Sie können unten beginnen oder in der Mitte oder irgendwo sonst.

Unsere Erfahrungen zeigen allerdings, dass der Wunsch nach Einfachheit meist auf der untersten Ebene beginnt: bei dem Durcheinander auf Ihrem Schreibtisch und in Ihrer Wohnung. Deshalb startet unser Überblick über die sieben simplify-Stufen bei einem ausgesprochen materiellen Thema: dem Aufräumen.

Stufe 1: Ihre Sachen

Damit ist alles, was Sie besitzen, gemeint. Durchschnittlich sind es über 10000 Gegenstände, sagen die Statistiker. Doch die Schwankungen sind beträchtlich, bei Ihnen kann es ein Vielfaches davon sein. Auf Ihrem Schreibtisch sollten Sie die erste Schneise schlagen und das herrliche Gefühl genießen, dass Sie Ihren Papierkram beherrschen und nicht Ihr Papierkram Sie. Dann geht es weiter zu Kleiderschrank, Wohnung, Garage, Auto – wobei es keine Trennung gibt zwischen Ihren privaten Utensilien und denen, die Sie an Ihrem Arbeitsplatz haben.

Stufe 2: Ihr Geld

Finanzen sind virtuelle Sachen, potenzielle Materie. Klarheit bei Geldangelegenheiten zu gewinnen ist häufig viel schwieriger, als das Durcheinander in einer Wohnung aufzuräumen. Denn hier geht es nicht nur um Bargeld und Kontostände, sondern auch um Schulden und Darlehen – und vor allem auch um erlernte Verhaltensweisen und mentale Blockaden im Umgang mit Geld.

Stufe 3: Ihre Zeit

Noch schwerer zu erfassen ist dieser Besitz. Jeder Mensch hat 24 Stunden pro Tag zur Verfügung. Die Frage ist nur, über wie viel davon er wirklich frei verfügen kann. Ehepartner, Kinder, Kunden, Chef, Kollegen, Verwandte – jeder will seinen Anteil Ihrer Zeit. Dazu kommen die alltäglichen Routinen und Pflichten, Hobbys, Liebhabereien, und vielleicht eine geheime Leidenschaft. Wo aber bleibt die Zeit, die Sie ganz für sich selbst haben – einfach zum Zu-sich-Kommen, zum Nachdenken, zum Nichtstun? Auch hier können Sie Ordnung schaffen, vereinfachen und damit Ihrem Inneren einen weiteren wichtigen Schritt näher kommen.

Stufe 4: Ihre Gesundheit

Ihr intimster Besitz ist Ihr Körper. Wir Menschen konzentrieren uns leider oft erst darauf, wenn er nicht mehr klaglos funktioniert. Bei Kranken dreht sich alles um den Körper; er verdrängt dann alle anderen scheinbar so wichtigen Lebensbereiche. Der simplify-Weg zeigt, wie Sie es nicht so weit kommen lassen, sondern Krankheiten langfristig vermeiden. Wie Sie zu einem gesunden Miteinander von Körper und Geist gelangen. Dazu gehört auch ein gesundes Verhältnis zu Ihrer eigenen Sexualität.

Stufe 5: Ihre Mitmenschen

Das soziale Netz Ihrer Umgebung, neudeutsch manchmal »networking« genannt, kann zur Quelle eines schrecklich komplizierten Lebens werden: Intrigen, Streit, Mobbing, Neid sind die negativen Auswüchse davon. Aber auch freundschaftliche Beziehungen oder soziales Engagement können kompliziert werden – dann, wenn Sie sich davon auffressen lassen, wenn Sie nur noch für Ihre Mitmenschen da sind und Ihre eigenen Bedürfnisse verdrängen. Der Aufräumvorgang des simplify-Weges klärt und vereinfacht Ihre Beziehungen. Er macht Sie frei für die menschlichen Kontakte, die Sie bereichern und weiterbringen. Er hilft Ihnen, das Verhältnis zu Ihren Eltern und anderen Verwandten zu entkrampfen. Ja, er lässt Sie sogar über Ihre eigene Lebenszeit hinaussehen.

Stufe 6: Ihr Partner

Hinter dieser hohen Einstufung der Liebe steckt die Überzeugung, dass sich der Mensch am nächsten kommt, wenn er einem Du begegnet. Das Du muss nicht zwingend der Ehepartner oder Lebensgefährte sein. Bei religiös orientierten Menschen kann das die Begegnung mit dem Du Gottes sein, bei allein lebenden Menschen das Du von Verwandten, Freunden oder anderen wichtigen Beziehungen. Der simplify-Weg macht Schluss mit der unsinnigen Feststellung, dass Erfolg im Beruf zwangsläufig verbunden ist mit einer Belastung Ihrer Ehe oder Partnerschaft.

Stufe 7: Ihr Ich

Die Spitze der Stufenpyramide des simplify-Weges ist ein Raum ganz eigener Art. Über dem Eingang steht Ihr Lebensziel, Ihre persönliche Vorstellung von Erfüllung und Glück, der Sinn Ihres Lebens. Im Inneren des Raumes, so werden Sie am Ende Ihrer simplify-Reise feststellen, herrscht absolute Einfachheit. Und doch ist der Raum nicht leer, sondern mit Ihrer unverwechselbaren Persönlichkeit gefüllt. Hier werden Sie viel mehr als nur sich selbst begegnen. Und wenn Sie aus diesem Raum wieder heraustreten, werden Sie eine wunderbare Verwandlung erleben.

Die simplify-Ideen

Jede simplify-Idee, die wir Ihnen vorstellen werden, basiert auf einem einfachen Prinzip: Weniger ist mehr. Weniger erreichen Sie, wenn Sie die Spirale zum Komplizierten einfach umdrehen. Dafür

haben wir ein Wortspiel strapaziert, das im Deutschen in fast allen Sachgebieten funktioniert: Statt Verdoppeln Entdoppeln, statt Gerümpel Entrümpeln, statt Verspannung Entspannung, statt Beschleunigung Entschleunigung – alle meine »ENT-lein« sozusagen. Integrieren Sie diese ENTs bewusst in Ihren Alltag, Sie werden merken, dass Sie sich damit schon mitten auf Ihrem simplify-Weg befinden.

Stufe 1 Ihrer Lebenspyramide

Vereinfachen Sie Ihre Sachen

Ihr simplify-Traum: Zweite Nacht

Sie staunen über die Größe Ihres Bauwerks und beginnen, es langsam zu umschreiten. Vor Ihnen türmt sich eine große Menge Gegenstände, und jeder einzelne ist Ihnen vertraut. Höher als das Stockwerk eines Hauses stehen da Möbel, Kisten, Geräte, Regale mit Büchern, Schränke voller Kleider. Dinge aus Ihrer Wohnung, von Ihrem Arbeitsplatz, ein Auto, ein Fahrrad und vieles mehr. Und beim Anblick der großen Zahl von Gegenständen entdecken Sie zwei gegensätzliche Gefühle in sich: Sie sind stolz über Ihren Reichtum und die Möglichkeiten, die in jedem einzelnen Gegenstand stecken – doch zugleich macht die Menge Sie etwas mutlos. Sie erkennen, dass Sie viele der Sachen gar nicht benutzen und vieles überflüssig und störend geworden ist. Im Bauwerk Ihres Lebens, finden Sie, haben die nichts mehr verloren. Aber wo anfangen?

Sie finden eine Stelle, an der Sie kurz aufatmen und eine befreiende Weite in Ihrer Brust spüren. Hier fange ich an, sagen Sie sich, hier ist es am lohnendsten. Und Sie begreifen plötzlich, dass Sie zur nächsten Stufe Ihrer Pyramide nur gelangen, wenn Sie bei den Gegenständen einen Abschnitt so sehr in Ordnung gebracht haben, dass er Sie beflügeln und mit heiterer Leichtigkeit nach oben tragen wird.

Das simplify-Ziel für Stufe 1

Vereinfachen Sie sich selbst
durch einfachere Dinge.

Auf der untersten Stufe der Pyramide geht es um die »Dinge«. All die Materie, die Sie umgibt: in Ihrer Wohnung, am Arbeitsplatz, in Ihrem Auto. Eine chronisch unaufgeräumte Wohnung oder Papierberge auf dem Schreibtisch, das spüren die meisten Menschen instinktiv, ist ein Symptom für ein tiefer sitzendes Durcheinander. Und sie denken: »Wenn ich meinen Beruf etwas besser manage, dann kriege ich auch das Chaos auf meinem Schreibtisch in den Griff.« Der simplify-Weg aber nutzt die erstaunliche Erfahrung, dass es viel besser anders herum geht: Sie räumen Ihren Arbeitsplatz nach ein paar einfachen Regeln auf – und fühlen sich dadurch innerlich besser. Sie entfernen unnötigen Plunder aus Ihrem Kleiderschrank – und Ihr Leben bekommt neuen Schwung.

Bei den meisten Menschen mit einem »komplizierten Leben« ist die fehlende Einfachheit vor allem in der Welt der Gegenstände ausgesprochen spürbar. So berichten denn auch viele Leser unseres Beratungsdienstes *simplify your life®*, dass die sinnvoll eingerichtete Hängeregistratur neben dem Schreibtisch oder das konsequente Freiräumen aller Fußböden für sie der entscheidende Schritt zu einem einfachen und glücklichen Leben war. Bei Ihnen kann es etwas ganz anderes sein. Wir empfehlen Ihnen, wenigstens eine der in diesem Kapitel vorgestellten Methoden praktisch umzusetzen, um den ersten Geschmack der gelassenen Einfachheit genießen zu können.

Der simplify-Weg bedeutet nicht, dass jede Ecke Ihres Büros und jedes Zimmer Ihrer Wohnung perfekt durchorganisiert sein soll. Im Gegenteil: fangen Sie mit *einem* an und genießen Sie die Energie, die vom Handeln ausgeht.

simplify-Idee 1
Ent-wirren Sie Ihren Arbeitsplatz

Der Mensch kann ungeheure Schwierigkeiten meistern, er kann enorme Kräfte entwickeln und hat Techniken ersonnen, um auch große Feinde zu besiegen. Aber: immer nur einen nach dem anderen. Wer nicht weiß, wo er zuerst ansetzen soll, wird mutlos. Der größte Stressfaktor für unsere Seele ist die Mehrfachbelastung. Das gilt für unser gesamtes Tun. Wenn Sie nicht wissen, wo Sie anfangen wollen, dann kommen Sie nicht voran. Wenn Sie nicht wissen, wo Sie an Ihrem Arbeitsplatz hinlangen sollen, vergeuden Sie Ihre Zeit mit Suchen und schaffen Chaos in Ihrem Gehirn.

Wenn Sie beim Blick auf Ihre Arbeitsfläche bereits die Krise bekommen und das dort gewachsene Chaos einen für Sie undurchdringlichen Dschungel darstellt, sollten Sie zunächst zu der hier als erstes vorgestellten Methode greifen. Sie ist als Notaktion für besonders hartnäckige Fälle tausendfach bewährt.

Übrigens: Wenn Sie meinen, so viel zu tun zu haben, dass Sie fürs Aufräumen auf dem Schreibtisch *keine* Zeit haben, sollten Sie es gerade tun! Selbst wenn die Aktion zwei bis drei Stunden dauert (mehr sind es selten, das wird meist überschätzt) – die investierte Zeit lohnt sich, denn danach haben Sie den Kopf frei. Sie fühlen sich besser, sind motivierter und arbeiten die durchs Aufräumen »verlorene« Zeit schnell wieder herein.

Die Vier-Quadranten-Methode

Diese Methode gilt als Arbeitsgeheimnis vieler US-Präsidenten und wurde auch als »Eisenhower-Regel« populär. Dies ist die simplify-Version für Krisensituationen:

Teilen Sie einen leeren Tisch (nicht Ihren Schreibtisch, sondern einen zweiten Tisch daneben) oder notfalls den Fußboden in vier Felder. Dann arbeiten Sie sich konsequent *im Uhrzeigersinn* durch Ihren Schreibtischdschungel, bis *kein einziges* (!) Blatt Papier mehr darauf liegt. Bleiben Sie unbedingt dran, lassen Sie sich nicht ablenken, und vertrauen Sie darauf, dass Sie diese Arbeit nach einer anfänglichen Das-schaffe-ich-nie-Phase mit enormer Energie und Schaffensfreude versorgen wird.

Die vier Quadranten bedeuten im Einzelnen:

1. Wegschmeißen

Auf das erste Feld kommt alles, was weggeworfen werden kann. Am besten, Sie stellen eine große Kiste auf. Hier eine Auswahl überflüssiger Schriftstücke, die Ihnen Anregungen für weitere entsorgbare Papiere geben soll:

- alte Reiseprospekte;
- Zeitungen, älter als eine Woche;
- Kataloge, älter als ein halbes Jahr;
- Zeitschriften, die keine Artikel enthalten, die Sie langfristig brauchen;
- Briefpapier mit nicht mehr aktuellen Daten;
- Landkarten, die älter sind als drei Jahre oder von Ländern, die Sie in den nächsten zwei Jahren nicht besuchen werden;
- Unterlagen aus Schul- oder Studienzeiten;
- alte Weihnachtskarten;
- etwa die Hälfte aller liebgewordenen Kinderzeichnungen (nur die schönsten aufheben, das steigert den Wert!);
- Wandkalender vergangener Jahre;
- Kochrezepte, die Sie doch nie ausprobieren werden;

- Gebrauchsanleitungen von Geräten, die Sie gar nicht mehr besitzen;
- Garantieurkunden, die älter sind als die Garantiezeit.

Sie werden staunen, was alles längst überflüssig geworden ist!

2. Weiterleiten

Feld 2 enthält alles, was Sie an andere zur Erledigung weitergeben können. Hier wäre es natürlich von Vorteil, wenn Sie US-Präsident wären und Ihnen der Mitarbeiterstab des Weißen Hauses zur Verfügung stünde. Vielleicht aber haben Sie so viel auf Ihrem Schreibtisch liegen, weil Sie andere Menschen ungern belästigen und »Kleinigkeiten schnell selbst« erledigen. Bei der Aufräumaktion à la Eisenhower müssen Sie über Ihren Schatten springen und rigoros Arbeit verteilen. Beziehen Sie alle ein, die Ihnen einfallen: Kollegen, Familienmitglieder, jemand vom Studentenschnelldienst, oder nehmen Sie die Hilfe eines Büroservice in Anspruch.

3. Wichtig

In Feld 3 legen Sie alles, was Sie in der nächsten Zeit selber tun müssen. Machen Sie sich dabei klar, was der nächste Schritt sein wird, den Sie mit dem entsprechenden Schriftstück tun werden. Seien Sie bei diesem Stapel besonders geizig!

4. Wunder

Mit dem Feld 4 hat es eine besondere Bewandtnis. Hier kommen die Papiere hin, die Sie bereits erledigen können, während Sie noch beim Aufräumen sind, und zwar durch eine der folgenden Sofort-Aktionen:

Telefon: Sie erledigen die Sache telefonisch, auch wenn Sie es ursprünglich schriftlich machen wollten. Ist der entsprechende Partner nicht erreichbar, kommt das Schriftstück in Feld 3.

Fax: Sie faxen das Originalschreiben mit einer handschriftlichen Bemerkung an den Absender zurück (oder schicken es per Post, falls er kein Fax hat).

Ablage: Sie legen es jetzt, hier und sofort in den richtigen Ordner oder das entsprechende Fach Ihrer Hängeregistratur ab (mehr dazu auf Seite 30).

Die Grundgesetze der Eisenhower-Methode

Die Vier-Quadranten-Methode funktioniert hundertprozentig, wenn Sie sich streng an diese drei einfachen Regeln halten:

Bilden Sie keine Zwischenhäufchen.

Fassen Sie jedes Papier nur einmal an.

Bilden Sie keine Felder 5, 6 usw.

Nach einer derartigen Erste-Hilfe-Aktion sind Sie frei für neue Taten. Sie haben eine freie Arbeitsfläche vor sich; die bislang dort gelagerten Haufen sind besiegt. Nun haben Sie Kraft für all die anderen Orte, an denen sich die schlimmste Form von zusammengeballter Materie gebildet hat: der Stapel.

simplify-Idee 2
Ent-stapeln Sie Ihr Büro

Auch für Ihr Ablagesystem gilt: Ihr Leben wird leichter, sobald Sie das Grundprinzip »Einfach statt mehrfach!« beherzigen. Vermeiden Sie alles, was »multipel« ist. Das bekannteste Symbol für falsche Mehrfachbelastung ist ein Papierstapel der Sorte »To do«: Jedes Schriftstück steht für eine Aufgabe, die noch erledigt werden muss. Doch dieser Haufen von Papieren verursacht Depressionen. Er drückt Sie nieder, denn er ist undurchsichtig. Sie wissen nicht mehr genau, was er alles enthält. Damit wird der Stapel stärker als Sie. Wortlos sagt er zu Ihnen: »Mich schaffst du nicht!« Dabei ist es ein Irrglaube, dass Aufgaben dann nicht vergessen werden, wenn Sie sie auf dem Schreibtisch liegen lassen. Denn wenn erst einmal genügend andere Unterlagen darüber liegen, ist der Erinnerungseffekt des Schriftstücks dahin. Es ist vielfach erprobt: Die Kombination aus Kalender (mit To-do-Liste) und Hängemappen ist die effektivste und sicherste Methode.

Teufelszeug Stapel

Stapel, die Sie niederdrücken, sind nicht nur die Zu-erledigen-Stapel auf dem Schreibtisch, sondern alle derartigen Gebilde. Ein Stoß ungelesener Zeitschriften (die Sie später einmal durcharbeiten wollen), ein Haufen mit interessanten Zeitschriftenartikeln (die Sie irgendwann übersichtlich sortieren möchten), ein Stapel mit Urlaubsfotos (die eines Tages säuberlich eingeklebt werden sollen), ja sogar ein Stapel mit ungebügelter Wäsche (der demnächst gebügelt werden soll). Es gibt eine Menge Möglichkeiten für Stapel in Ihrer Umgebung.

Die klassische Methode gegen Stapel ist, es erst gar nicht so weit kommen zu lassen. »Jedes Stück Papier nur einmal in die Hand nehmen und gleich erledigen« ist ein kluges Prinzip, das sich bei einer einmaligen Notaktion wie der Eisenhower-Methode durchziehen lässt. Im wirklichen Leben aber ist es fast nur für Spitzenleute durchführbar, bei denen ein Team motivierter Mitarbeiter darauf wartet, etwas delegiert zu bekommen. In Ihrem Alltag werden Sie eingehende Schriftstücke immer wieder zwischenlagern müssen: Unweigerlich entstehen Stapel.

Die Hängeregistratur – Ihre simplify-Zentrale

Das goldene simplify-Prinzip für jeden Papierstapel lautet: Drehen! Bauen Sie Stapel ab, indem Sie sie um 90 Grad kippen und die einzelnen Arbeitsgebiete in eine Hängeregistratur (mit nach oben offenen Mappen) einsortieren. Aus dem undurchsichtigen Stapel wird so ein transparentes Gebilde. Dadurch wird es im wahrsten Sinne des Wortes »einfach«, denn nun hat jede Aufgabe »ein Fach«. Beim Umräumen eines Stapels in die Hängemappen kommen Sie einen entscheidenden Schritt weiter: Sie ordnen, fassen Gleichartiges zusammen und können sogar eine Hierarchie erstellen. Etwa, indem Sie die Mappen mit den wichtigsten Aufgaben ganz nach vorne stellen.

Was ist damit gewonnen? Ihre Aufgaben müssen Sie natürlich nach wie vor abarbeiten. Aber neu eintreffende Papiere können an der richtigen Stelle einsortiert werden, Sie gewinnen Übersicht, und nach einiger Zeit werden Sie feststellen, dass das dumpfe Stapel-Gefühl nicht mehr auf Ihnen lastet.

Damit Sie die in einer Mappe verschwundene Aufgabe nicht vergessen, müssen Sie den entsprechenden Job in eine To-do-Liste (am besten die in Ihrem Kalender oder Zeitplanbuch) eintragen.

Zwischen- statt Endstation

Ihre Hängeregistratur wird bald zum zentralen Werkzeug an Ihrem Arbeitsplatz, zur Kommandozentrale, in der alle Fäden zusammenlaufen. Das ist sie aber nur, wenn Sie sie als reine Zwischenstation betrachten. Kein Papier sollte dort länger als etwa drei Monate lagern.

Mit Disziplin und etwas Gewöhnung können Sie Ihre Kommandozentrale aber zu einem treuen und motivierenden Mitarbeiter machen.

Zehn bewährte Entstapelungs-Regeln

1. Im Ordner endlagern Wenn etwas erledigt ist, fliegt es aus der Registratur raus. Dazu ist der Platz hier zu wertvoll. Schriftstücke, die Sie dauerhaft aufheben müssen, dürfen nicht in den Hängemappen bleiben, sondern gehören in einen Aktenordner. Deshalb sollte es zu jeder Hängemappe mindestens einen thematisch passenden Ordner geben. Was nicht aufgehoben werden muss, fliegt in den *Papierkorb*. Die »runde Ablage« hat immer Vorrang!

2. Außenstationen bilden Dinge, die nicht in eine Hängemappe passen, sollten Sie anderweitig ablegen. Lagern Sie dicke Schriftstücke in einem *Stehsammler*. In die zugehörige Hängemappe stecken Sie als Erinnerung zum Beispiel den Begleitbrief zum Schriftstück oder die Kopie der Titelseite.

3. Im Kalender verankern Das hatten wir schon: Damit Sie sich an die To-do-Aufgabe erinnern, wird sie *im Zeitplaner eingetragen*, und zwar an einem realistischen Termin.

4. Kluge Namen erfinden Beschriften Sie die Hängemappen mit *aussagekräftigen Namen* (»Messestand«, »Forschungsabteilung«, »Dienstreisen«) Vermeiden Sie Aufschriften wie »Dringend!« oder »Zu erledigen«. Mappen mit allgemeinen, nicht motivierenden Bezeichnungen werden in der Regel als erste zu frustrierenden Grabstätten, in denen wichtige Unterlagen verloren gehen. Verfallen Sie beim Ausdenken der Mappennamen nicht in unnötiges Amtsdeutsch, sondern nutzen Sie die erleichternde Wirkung des Humors. Statt »Zu erledigen« »Beantworte mich!«, statt »Rechnungen« »Bezahl mich!«, statt »Auswärtige Termine« »Bloß weg hier!« usw.

5. Ständig verändern Sorgen Sie dafür, dass Ihre Hängeregistratur lebt. Scheuen Sie sich nicht, die Namen der Mappen *häufig zu wech-*

seln. Ihre Hängeregistratur soll ein lebendiges Wesen bleiben. Beispiel: Ein TV-Journalist hat für jeden Filmbericht eine Mappe. Ist der Bericht gesendet, landet das, was unbedingt aufgehoben werden muss, in einem Aktenordner. Die alte Mappe bekommt den Namen eines neuen Filmprojekts. Halten Sie dazu ausreichend Schildchen für die Beschriftung bereit, am besten in der letzten Mappe Ihrer Hängeregistratur.

6. Schnell reagieren Es hat sich bewährt, wenn Sie in einer der vorderen Mappen *vorbereitete Brief- und Faxbogen* für Schnellantworten bereithalten. So können Sie in einem Aufwasch Dinge schnell beantworten.

7. Konsequent nutzen Prüfen Sie, welche Art von Schriftstücken chronisch auf Ihrem Schreibtisch liegen bleibt, weil sie in *keine Kategorie* passt. Eröffnen Sie entsprechende Mappen. Dadurch entsteht zum Beispiel die Abteilung »Kinder« (Einladungen zum Elternsprechtag, Klassenlisten, Formulare für die Krankmeldung) oder »Sportverein« (wenn Sie in einem solchen Mitglied sind) oder irgendeine andere.

»Fundsachen« (Zeitungsausschnitte, Broschüren) kommen in die jeweilige thematische Mappe. Gibt es keine, eröffnen Sie eine (zum Beispiel »Persönliche Gesundheitstipps«).

Bewährt hat sich eine Neue Reisen-Mappe, in die alle Unterlagen für geschäftliche Reisen hineinkommen (Fahrkarten, Reisepläne, Stadtpläne, Hoteladressen, Einladungsschreiben, Reiseprospekte – und zwar nur die herausgerissenen Seiten mit den wichtigen Informationen). Jede einzelne Reise steckt dabei in einer Klarsichthülle. Vor Reiseantritt nehmen Sie die entsprechende Hülle mit und können sicher sein, dass alles Wichtige dabei ist. Während der Reise kommen in die Klarsichthülle alle Unterlagen, die Sie aufheben möchten, vor allem sämtliche für die Reisekostenabrechnung wichtigen Belege. Weil Sie alles Nötige dabei haben, können Sie mit der ungeliebten Abrechnung möglicherweise bereits während der Heimreise beginnen.

Sind Abrechnung und Reise erledigt, stecken Sie ein besonders aussagekräftiges Blatt zuoberst in die Klarsichthülle und stellen das Ganze in einen Stehsammler »Alte Reisen«. Eine einfache und sichere Lösung, bei der nichts verloren geht.

8. Mappenvorderseite mitnutzen Schreiben Sie auf die Vorderseite der Hängemappe Telefonnummern, Namen, Adressen, Termine, Mitgliedsnummer und andere Fakten, die für das Thema der Mappe wichtig sind. Wenn Sie die Tasche herausnehmen, haben Sie alle wichtigen Daten auf einen Blick vor sich.

9. Originell bleiben Gehen Sie davon aus, dass Ihre Hängeregistratur *alles* organisieren kann, wenn Sie es nur clever genug anstellen. Bleiben Sie kreativ im Entdecken neuer Anwendungen. Am schönsten ist es, wenn Sie Ihre zentrale Zwischenablage nicht nur nutzen, sondern lieben (und anderen Menschen stolz vorführen). Beispiele: Ein Freund des Schreibens mit dem Füller hat eine Hängemappe mit Löschpapier, weil er vorher immer danach suchen musste. Ein Familienvater, der zu Hause arbeitet, hat eine Mappe mit Überraschungen für seine Kinder (Aufkleber, Rätselseiten aus Zeitschriften, kleine Tütchen mit Gummibärchen).

10. Regelmäßig abspecken Durchforsten Sie Ihre Hängeregistratur, wenn sie zu voll aussieht. In jeder Mappe gibt es Dinge, die sich längst erledigt haben. Das geht schneller, als viele meinen. Nach *10 Minuten Wegschmeißen* sind Ihre Mappen in der Regel wieder voll funktionstüchtig.

Träumen Sie angesichts zu voller Mappen nicht von einer »großen Aufräumaktion«, bei der »dann alles« perfekt in Schuss gebracht wird – diese Aktion findet womöglich niemals statt. Machen Sie lieber einen kleinen Schritt, aber den sofort.

Alternative Mappensysteme

Von den Firmen *Classei* und *Mappei* gibt es Mappensysteme, die Ihnen den umständlichen Abheftvorgang in klassischen Ordnern ersparen. Bei diesem Verfahren wird nicht der Inhalt einer Mappe aufgeteilt und abgeheftet, sondern die komplette Mappe wird in einem speziellen Plastikcontainer aufgehoben. Sie müssten dazu allerdings Ihre Ordner weitgehend aufgeben und Ihr Büro komplett umstellen.

Für welches Verfahren Sie sich entscheiden, ist vor allem eine Typfrage. Das System von *Classei* bzw. *Mappei* erfordert von Anfang an eine treffsichere Beschriftung der Mappe, weil sie den Inhalt bis an sein »Lebensende« begleiten wird. Die einzelnen Mappen sind nicht so sehr als Zwischenspeicher gedacht, sondern eher als einfach zu handhabender Ordnerersatz. In einer simplify-Hängeregistratur dagegen landen über 80 Prozent aller gesammelten Schriftstücke früher oder später im Abfall; nur ein Fünftel wird dauerhaft in Ordnern archiviert.

Die dünneren *Classei/Mappei*-Taschen müssen zum Einstecken von Schriftstücken aus dem Ständer genommen werden. Das Befüllen der Mappen ist bei der klassischen Hängeregistratur eleganter: Sie ziehen die Mappe im Ständer auf und lassen die Schriftstücke hineingleiten.

Fünf Tipps für dauerhafte Ordnung

Gleichgültig, ob Hängeregistratur oder Ordner: Unaufhaltsam schwellen die gesammelten Aufbewahrungsmittel an. Die Suchzeiten werden länger, die enthaltenen Informationen veralten, der Platz wird knapp und Ihre Arbeitsfreude sinkt. Das muss nicht sein. Mit Ihrer persönlichen Auswahl von einer oder mehrerer der folgenden fünf simplify-Methoden bekommen Sie die Papierflut ganz bestimmt in den Griff.

1. Die Dreierregel Jedes Mal, wenn Sie in einem stetig wachsenden Informationsordner etwas *suchen*, entfernen Sie drei veraltete Informationen. Denken Sie an das simplify-Prinzip der kleinen Sofort-Schritte. Freuen Sie sich über jedes Stück Papier, das im Altpapier landet: Es erleichtert Ihre Mappen, Ihre Seele und Ihr Zeitbudget.

2. Der Tauschhandel Für jede neue Information, die in die Ablage *hineinkommt*, werfen Sie sofort eine ältere hinaus. Betrachten Sie Ihre Papiere nicht als unvergänglichen Besitz, sondern als Gäste, die nicht ewig bei Ihnen bleiben müssen.

3. Die Zwischendurchstrategie Legen Sie am Vorabend jedes Tages eine oder zwei zu verschlankende Mappen, Ordner oder Ablagekörbe auf Ihren Schreibtisch. Am nächsten Tag schauen Sie diese »nebenbei« durch, zum Beispiel beim Pausenkaffee, bei Wartezeiten, zwischen zwei Terminen, oder wenn Sie Ihr persönliches Tagestief spüren.

4. Das Verfallsdatum Kennzeichnen Sie Mappen oder Ordner, die zu einem bestimmten Zeitpunkt ihren Nutzen verlieren, mit einem auffälligen »Verfallsdatum«. Zum Beispiel zeitraumbezogene Planungen und Kalkulationen: »Ins Altpapier am 31.12.02« oder »Ins Archiv am 30.6.02«. Zusätzlich können Sie eine Wegwerf-Erinnerung in Ihre Wiedervorlage legen oder in Ihren Terminkalender schreiben.

5. Das Projektfest Wenn Sie eine Aufgabe abgeschlossen haben, gehen Sie alle betroffenen Ablagen und Ordner durch. Geben Sie alle nicht mehr notwendigen Papiere und Bücher zurück oder werfen Sie sie fort. Für alles, was später noch gebraucht werden könnte, legen Sie einen Archivordner an. Und dann feiern Sie, dass Sie es geschafft haben!

So bleibt Ihr Schreibtisch leer

Zunächst einmal erklären wir hiermit die Debatte »Leertischler« contra »Volltischler« für beendet – der »Leertischler« hat gesiegt. Mit einem vollen Schreibtisch wird Ihnen das Vereinfachen Ihres Lebens nicht gelingen.

Der wichtigste Trick: Bauen Sie alles, was Sie bisher auf Ihrer Arbeitsfläche gestapelt haben, hinter sich auf. Installieren Sie dort einen halbhohen Schrank, ein Regal oder einen zweiten Tisch.

Das Desk-Memory-Buch

Ein sinnvoller Trick für alle, auf deren Schreibtischunterlagen sich gekritzelte Telefonnummern und allerlei Notizzettel ansammeln: Räumen Sie in regelmäßigen Abständen alles zusammen, schneiden Sie notfalls Notizen aus der großen Unterlage aus und kleben Sie alles in ein Heft mit dem Titel »Was bisher auf dem Schreibtisch lag«. Der Vorteil: Ihr Schreibtisch ist leer, aber im Notfall sind alle Informationen verfügbar.

Erkennen Sie Staus frühzeitig

Wenn Sie trotz aller guten Vorsätze mit dem Aufräumen nicht nachkommen, liegt es häufig an einer Kleinigkeit: ein Stau, den Sie auf den ersten Blick gar nicht bemerken, weil er sich am Ende der Ordnungskette befindet.

Ein Beispiel: Auf Ihrem Schreibtisch sammeln sich die Kontoauszüge. Aber der Ordner mit den Auszügen ist randvoll. Sie müssten einen neuen Ordner anlegen, doch auch das Regal ist bis auf den letzten Zentimeter mit Ordnern gefüllt. Eine komplette Umorganisation des Regals wäre nötig, möglicherweise verbunden mit einer Aufräumaktion des gesamten Büros. Dazu haben Sie im Moment keine Zeit.

Resultat: Auf dem Schreibtisch stapeln sich bald nicht nur die Kontoauszüge, sondern viele andere Schriftstücke. Sie wissen, dass irgendwo die wichtigen Bankbelege liegen, trauen sich aber gar nicht mehr an die Stapel heran. Ein Teufelskreis.

Solche Teufelskreise der Unordnung gibt es nicht nur auf Ihrem Schreibtisch, sondern an allen Aufbewahrungsorten: in Bücher- und Aktenregalen, in Schubladen, in Lagerräumen, im Kleider- und Geschirrschrank oder in der Speisekammer.

Lösen Sie aktuelle Probleme sofort

Das Schlüsselwort für eine aufgeräumte Umgebung ist »Fließen«. Das Problem ist nicht, dass zu viel Material zu Ihnen hinfließt, sondern dass es zu stockend abfließt. Der Unterschied zwischen Papier-hin-und-her-Schieben und Papier-Management besteht darin, schnell Entscheidungen zu treffen. Die meisten Dinge, die auf einem To-do-Stapel landen, bleiben später doch unerledigt. Wie große Brocken im Ablauf eines Waschbeckens verstopfen sie aber den Fluss, bremsen Ihre Motivation und machen Sie unzufrieden. Dann also lieber sofort weg damit!

Entwickeln Sie ein Gespür für derartige Staus. Prüfen Sie kritisch: Was hindert Sie momentan daran, die herumliegenden Dinge aufzuräumen? Was ist die Ursache für Ihre Unlust: eine überquellende Hängeregistratur, ein schwer erreichbarer Ordner oder eine noch gar nicht existierende Ablage für ein neues Arbeitsgebiet?

Denken Sie an das simplify-Prinzip der kleinen Schritte: Sie können und müssen nicht alle Blockaden auf einmal besiegen. Aber wenn Sie einen einzigen Störenfried gefunden haben, dann beseitigen Sie diese Blockaden sofort. Träumen Sie nicht von der großen

Gesamtlösung, sondern beseitigen Sie das aktuelle Problem so schnell wie möglich. In unserem Beispiel: Richten Sie einen neuen Ordner ein, auch wenn er vorübergehend auf dem Boden stehen muss. So zerstören Sie den Teufelskreis und erzeugen einen positiven Schneeballeffekt.

Schaffen Sie langfristig Abhilfe mit der Dreiviertel-Regel

Lassen Sie es nicht bis zum Chaos kommen. Reagieren Sie nicht erst bei 120 Prozent Überfüllung, sondern agieren Sie bereits bei einem Auslastungsgrad Ihrer Aufbewahrungssysteme von 75 Prozent.

Das heißt: Betrachten Sie einen Ordner als voll, wenn er etwa zu 75 Prozent gefüllt ist. Ein Regalbrett von 1 Meter Breite sollte nur 75 Zentimeter Bücher und Ordner enthalten (damit die Ordner nicht umfallen, können Sie einen davon hinlegen oder eine Buchstütze zu Hilfe nehmen). Auch die Kleiderstange in einem Schrank ist nur dann bequem benutzbar, wenn sie höchstens zu 75 Prozent bestückt ist.

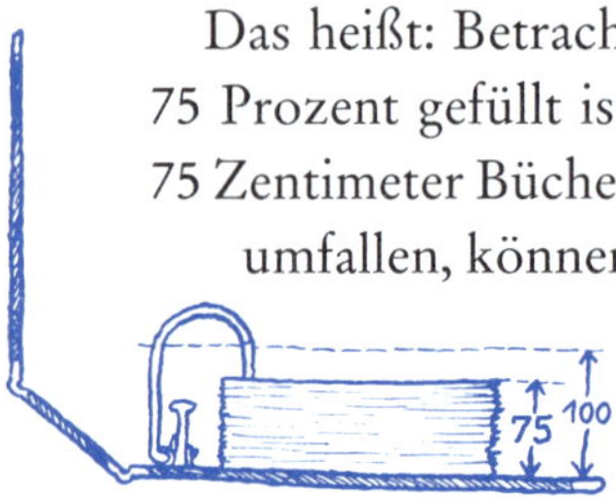

Verschaffen Sie sich Erfolgserlebnisse durch Schritte-Mappen

Das hatten wir schon angesprochen: Die alte und eigentlich kluge Regel, jedes Stück Papier nur einmal anzufassen, ist in der Theorie eine großartige Idee, in der Praxis aber nur in Ausnahmefällen durchführbar. Um den gerade eingegangenen Antrag auszufüllen, müssen Sie mit einem Kollegen Rücksprache halten (der ist gerade nicht da), in den alten Unterlagen nachsehen (die sind im Keller), und Sie benötigen Daten aus der Buchhaltung (es lohnt sich nicht, nur deswegen gleich dort anzufragen). Kurzum: Aus dem einfachen

Blatt Papier ist wieder einmal ein komplizierter Vorgang geworden. So etwas landet in der Regel auf einem ominösen Stapel »Später erledigen«. Und damit beginnt das Chaos. Die amerikanische Organisationsexpertin Barbara Hemphill bringt es auf die Formel: Unordnung entsteht durch aufgeschobene Entscheidungen.

Das Problem: Vor Ihnen liegt ein Papier, zu dessen Erledigung Sie eigentlich mehrere Aufgaben gleichzeitig erfüllen müssten. Wie einzelne Perlen kullern diese Arbeiten vor Ihren Augen herum – was letztlich dazu führt, dass Sie die ganze Angelegenheit erst einmal zur Seite schieben.

Die Lösung: Fädeln Sie die Perlen auf und fangen Sie mit der ersten an. Wählen Sie aus der Vielzahl nötiger Aktionen eine aus und erklären Sie diese zum nächsten Schritt. Damit bringen Sie jedes Papier, das Sie anfassen, um einen Arbeitsschritt weiter. Dazu hat Barbara Hemphill eine Technik entwickelt, die sich bei ihren Kunden bestens bewährt: die Schritte-Mappen.

Richten Sie in Ihrer Hängeregistratur Mappen ein, die Sie mit Reitern in auffälligen Farben versehen. Beschriften Sie diese Mappen mit typischen »nächsten Schritten«. Von Arbeitsplatz zu Arbeitsplatz sind diese Schritte recht verschieden – ja, sie kennzeichnen geradezu Ihren individuellen Arbeitsplatz. Einige gibt es allerdings fast überall.

Ein paar Beispiele:

- ☐ Kopieren
- ☐ Dem Chef vorlegen
- ☐ Anrufen
- ☐ Besprechen mit …
- ☐ Mit der Buchhaltung klären
- ☐ Auf Rückantwort warten

Hier die Schritte-Mappen des Zeichners Werner Küstenmacher:

- □ Skizzen erstellen
- □ Reinzeichnen
- □ Auf das Okay warten
- □ Rechnung stellen

Oder hier ein paar Schritte-Mappen eines Versicherungsvertreters:

- □ Verträge ausfüllen
- □ An die Zentrale schicken
- □ Angebote erstellen
- □ In die Kundendatei aufnehmen
- □ Termin vereinbaren

Der Vorteil: Gleichartige Vorgänge werden zusammengefasst. Wenn Sie die »Anrufen«-Mappe zur Hand nehmen, ergibt sich daraus automatisch ein Telefonier-Block – anerkanntermaßen eine Organisationserleichterung. Ihr Schreibtisch bleibt leer. Nichts zieht die Schaffensfreude stärker herunter als eine überfüllte Arbeitsplatte, die Sie lautlos fragt: Womit anfangen? Sobald Sie aber eine Schritte-Mappe herausnehmen, ist klar, was zu tun ist.

Bringen Sie Freude an Ihren Arbeitsplatz

Halten Sie Ihre Ablage auch äußerlich in gutem Zustand. Das Ordnunghalten macht mehr Spaß, wenn Sie sich nicht über klemmende Ordnermechaniken, schlecht lesbare Schilder oder herausfallende Unterlagen ärgern müssen. Haben Sie einen Ordner oder eine Mappe schon einmal in der Hand, führen Sie Reparaturen (Risse, kaputte Reiter, verblasste Beschriftung) gleich mit aus. Verschieben Sie so etwas nicht auf »die nächste große Aufräumaktion« (die kommt nämlich in der Regel nie). Halten Sie stets einen ausreichenden Vorrat an Trennblättern, neuen Ordnern, Rückenschildern und Mappen bereit.

Besorgen Sie sich Qualitätsordner mit reibungslos funktionierender Mechanik, ansprechende Schachteln, geschmackvoll gestaltete Schubladenblöcke. Leisten Sie sich noble Gefäße für die chronisch herumliegenden Sachen: einen schicken kleinen Ständer für Disketten, einen edlen Becher für Ihre Stifte. Es soll Ihnen Spaß machen, Ihre Dinge in Ordnung zu halten und das goldene Prinzip des Aufräumens zu verwirklichen: Jedes Ding hat *seinen* Platz. Jedes Ding hat *einen* Platz.

Falls in eine prall gefüllte Hängemappe nichts mehr hineinpasst, Sie aber beim besten Willen daraus nichts entsorgen können, steigen Sie um auf einen Hängesammler mit breitem Kunststoff- oder Hartpappeboden, die von *Leitz* und *Elba* mit Füllvermögen zwischen 2 und 6 Zentimetern angeboten werden. Oder Sie legen gleich einen Ordner dafür an.

simplify-Idee 3
Ent-rümpeln Sie Ihre Umgebung

Befreien Sie sich von Ballast, denn fliegen können Sie nur mit leichtem Gepäck. Unnütze Dinge in Wohnung und Büro belasten die Seele mehr, als viele ahnen. Ihr Bewusstsein hat gelernt, über ungeordnete Regale oder mit alten Sachen vollgestopfte Zimmer hinwegzusehen. Ihr Unterbewusstsein aber ist damit überfordert und belastet. Frei ist es erst, wenn das Zeug aus dem Haus ist.

Die merkwürdigen Folgen von Gerümpel – und wie Sie sie vermeiden

Chronische Unordnung ist nicht nur unpraktisch, wenn jemand den Raum putzen möchte. Zu viele und zu unsystematisch angehäufte Dinge sind ein dauerhafter Frontalangriff auf Ihren Körper und Ihre Seele. Ihr Bewusstsein lernt im Lauf der Zeit, damit fertig zu werden – Ihr Unterbewusstsein nicht. Lesen Sie hier die durch zahlreiche Studien erhärteten negativen Auswirkungen von Gerümpel auf Ihr Leben.

Angst vor der Zukunft

Wenn Sie von mehr Dingen umgeben sind, als Sie bewältigen können, wird Ihnen unterschwellig ein Gefühl von Schwäche übermittelt. Dieses Gefühl kann sich auf andere Lebensbereiche übertragen, in denen Sie sonst voll leistungsfähig wären. Gerümpel bremst Ihre Entwicklung, denn oft sind die abgelagerten Dinge mit Erinnerungen verbunden und halten Sie so in der Vergangenheit fest.

Unser simplify-Rat: Denken Sie dankbar an die Menschen, die mit den Gegenständen in Ihrer Umgebung verbunden sind. Heben Sie pro Person ein besonders schönes oder wertvolles Erinnerungsstück auf, und geben Sie den Rest weg. Die Erinnerung an Tante Martha wird einzigartiger und wertvoller, wenn Sie Ihre Tante mit der edlen Perlenkette verbinden und nicht mit einem großen Schrank, der überquillt von unpraktischem, altmodischem Geschirr. Wenn Sie mehr Raum für neue Gegenstände haben, schafft das Raum für mehr Zukunft in Ihrem Leben.

Übergewicht

Kein Witz: Gerümpel kann dick machen. Diese kuriose Entdeckung hat die britische Entrümpelungsspezialistin Karen Kingston über viele Jahre hinweg gemacht: Menschen mit viel Gerümpel im Haus haben häufig auch Übergewicht. Möglicherweise dienen beide, Körperfett und materielle Schätze, dem Selbstschutz. Übergewicht hat häufig zu tun mit emotionaler »Verstopfung«: So wie Sie Gefühle nicht loslassen können und alte Erinnerungsstücke horten, hält auch Ihr Körper den Stoffwechsel zurück und schaltet auf »Sammeln«.

Unser simplify-Rat: Beginnen Sie mit einer Diät für Ihre verstopfte Wohnung. Oft – so haben Karen Kingstons Kundinnen und Kunden immer wieder erlebt – fällt das leichter als die Diät für den Körper. Die folgt als nächster Schritt. Eine Frau sagte es so: »In der leeren Wohnung konnte ich mich einfach nicht mehr so vollstopfen.«

Aufschieberitis

Einen ähnlichen Zusammenhang gibt es zwischen dem Chaos in Ihrer unmittelbaren Umgebung und Ihrer Motivation zum Arbeiten: Unordnung begünstigt Aufschieberitis. Gerümpel bindet Energie und verhindert Konzentration.

Unser simplify-Rat: Räumen Sie bei besonderer Arbeitsbelastung unbedingt als Erstes den Schreibtisch und dessen Umgebung auf. Die dafür aufgewendete Zeit wird durch konzentrierteres, fröhlicheres und schnelleres Arbeiten mehr als wettgemacht. Betrachten Sie Ihren Schreibtisch als Abbild Ihres Gehirns: Was auf dem Schreibtisch steht, haben Sie im Kopf. Ein aufgeräumter Tisch ist ein geordneter Geist. Nach einer beherzten Aufräumaktion staunen die meisten Menschen über neue Kräfte: Sie erledigen nicht nur ihre Pflichten, sondern bilden sich fort, suchen sich ein neues Berufsfeld, bringen ihre Beziehungen in Ordnung oder machen einen erholsamen Urlaub.

Finanzielle Probleme

Gerümpel kostet vor allem Geld. Passionierte »Alles-Sammler« meinen, damit Geld zu sparen. Es lässt sich aber nachweisen, dass bei ihnen viel Kapital gebunden liegt für Dinge, »die sie vielleicht einmal brauchen könnten«. Sie sind anfällig für Sonderangebote und kaufen Dinge, die sie gar nicht brauchen. Alles-Sammler wenden außerdem Geld auf für Aufbewahrungsmöglichkeiten (Regale, Koffer, Schränke, Kisten, bis hin zu An- und Ausbauten im Haus).

Häufig fehlt ihnen die Zeit, um die gesammelten Dinge zu nutzen, weil die Pflege und die Aufbewahrung all der Sachen genau diese Zeit kostet. Alles-Sammler bewohnen oft zu große und zu teure Wohnungen. Im Durchschnitt lassen sich in einem Sammler-Haus 45 Prozent der Wohn- und Nutzfläche durch konsequentes Wegschaffen unnötiger Dinge freiräumen. Am meisten Geld kostet Gerümpel aber dadurch, dass Sammlernaturen beruflich häufig in schlecht bezahlten Positionen stecken bleiben.

Unser simplify-Rat: Entrümpeln Sie! Fangen Sie damit am besten noch heute an. Wie, verraten wir Ihnen gleich hier, im nächsten Abschnitt.

Die besten Entrümpelungsmethoden

Wir sind umgeben vom Chaos, das beherrscht wird von den Drachen der Urflut. So stellten sich die alten Babylonier die Welt vor. In diesem Urdurcheinander gibt es eine kleine Luftblase – unsere bewohnte Erde. Aber wenn man nicht aufpasst, kann das Chaos jederzeit und überall wieder eindringen.

Eine Vorstellung, die unsere Alltagserfahrung recht schön beschreibt: Ordnung ist kein Naturereignis. Normal ist das Chaos, und gegen das müssen wir tagtäglich ankämpfen. Frei nach Murphys Gesetz: »Jede Unordnung, die eintreten kann, wird auch eintreten.«

Eine Wohnung, in der nichts herumsteht und wo man »vom Boden essen« könnte, vereinfacht das Leben durch ihren ständigen Reinigungsaufwand keineswegs. Sie kann für alle Bewohner sogar zum Stressfaktor werden (»Bring ja nicht wieder Gäste mit, die sich nicht die Schuhe ausziehen wollen!«). Auf der anderen Seite kann Aufräumen und Putzen zur ungesunde Manie und damit zum Lebensinhalt werden.

Einfachheit bedeutet, den goldenen Mittelweg zwischen Chaos und Zwanghaftigkeit zu finden: eine gewisse Grund-Unordnung gelassen hinnehmen, aber gegenüber den Chaosdrachen nicht kapitulieren.

Messies werden nicht geboren

Ein Hang zum übertriebenen Aufbewahren von Sachen – das ist kein Persönlichkeitsmerkmal wie linkshändig oder rothaarig. Viele Menschen bezeichnen sich als »Messie« (von englisch »mess«, Unordnung) und halten das für eine unveränderbare Charaktereigenschaft. »Messie-tum« ist jedoch nachweislich nur ein vorübergehender Zustand, in manchem vergleichbar mit einer leichten Sucht. Jede Sucht ist eine Suche, und jede Sucht hat einen guten Kern: Oft wollen Menschen mit ihrer Sammelleidenschaft etwas für andere tun. Oder sie haben in ihrer Vergangenheit ein einschneidendes Erlebnis von Mangel gehabt. Hier

hilft nur, sich den Hang zur Sucht einzugestehen und konsequent daran zu arbeiten, wieder auf ein vertretbares Level zu gelangen, durchaus mit fremder Hilfe. Zum Verständnis: Mit Messies meinen wir hier ausschließlich Zeitgenossen, die lediglich etwas chaotisch veranlagt sind. Wenn Sammeln zur Sucht geworden ist – dann beeinträchtigt es das Leben eines Menschen in gefährlicher Weise. Und für diese Messies ist professionelle Hilfe so überlebenswichtig wie für jeden anderen Suchtkranken.

Fangen Sie klein an

Erledigen Sie lieber jeden Tag nur eine Schublade oder ein einzelnes Regalfach, als dass Sie sich gewaltige Aktionen aufbürden (»Keller total entrümpeln«, »Großreinemachen in allen Kleiderschränken«). Teilen Sie sich die Arbeit in kleine bekömmliche Etappen auf. Sonst verlieren Sie die Lust, und das Chaos ist doch wieder stärker als Sie.

Wählen Sie *eine* abgeschlossene Einheit aus, bei der Sie anfangen. Als Einheit gilt etwa eine Schublade, ein Regalbrett, ein Aktenkorb, eine Kiste, ein Becher (Sie wissen schon, diese Ramschfallen, die ursprünglich nur für Bleistifte gedacht waren). Was nie klappt: Ein Regalbrett »von links nach rechts« aufräumen, oder »immer wieder mal ein bisschen« Ordnung in einer Schublade schaffen.

Beginnen Sie mit etwas, das Sie in zwei bis drei Stunden komplett entrümpeln können: das Gewürzregal in der Küche, eine Schublade Ihres Schreibtischs oder die Abteilung Socken im Kleiderschrank. Dann geht es in fünf Schritten:

1. Ganz oder gar nicht

Räumen Sie die entsprechende Einheit (Regal, Schublade, Schrankfach) komplett leer.

2. Lass es glänzen

Putzen Sie die leere Einheit blitzblank, und freuen Sie sich, wie schön das bald alles aussehen wird.

3. Die magischen Drei

Teilen Sie den ehemaligen Inhalt (der ja noch auf dem Boden liegt) in drei Haufen auf:

Wunderbar. Auf den Haufen mit diesem schönen Namen kommt, was gut verwendbar und funktionsfähig ist. Es wird schön ordentlich in den Aufbewahrungsort zurückgestellt. Aber seien Sie kritisch: Es muss wirklich wunderbar sein und sich bewährt haben. Am besten, es ist etwas, das auch eine emotionale Komponente hat. Also etwas, das Sie auch mögen und mit Freude benutzen. Bewährte Denkhilfen zum Loswerden von Dingen sind diese einfachen Sätze: Habe ich das in den letzten beiden Jahren ein einziges Mal benutzt? Wenn man mir das stehlen würde – würde ich es ersetzen?

Wenn etwas mehrfach vorhanden ist (zum Beispiel fünf Bleistifte, zwei örtliche Telefonbücher), dann wählen Sie das wunderbarste Exemplar aus und schieben den Rest in eine der beiden nächsten Kategorien.

Echter Müll. Auf diesem Haufen landet, was kaputt ist, überholt, überflüssig oder was seit mindestens einem Jahr nicht mehr benutzt wurde. Der Haufen wird fachgerecht entsorgt und entsprechend vorsortiert in Restmüll, Altpapier usw. Sie dürfen auch eine Kiste »für den Flohmarkt« machen, wenn Sie Lust und Zeit für diese Art Entsorgung haben (oder einen Flohmarkt-Fan kennen, an den Sie diese Arbeit delegieren können). Aber bitte ganz fest versprechen: Was beim ersten Termin nicht verkauft wurde, wird weggeschmissen!

Das Fragezeichen. Wenn die Entscheidung zwischen Müll und Wunderbar schwer fällt, landet es auf dem Haufen Fragezeichen. Diese Sachen werden in einen Karton verpackt (mit Aufschrift, was drin ist!) und in den Keller, Speicher oder die Garage gebracht. Dort lagern sie und können notfalls aktiviert werden. Schauen Sie diese Kisten etwa alle sechs Monate durch – Sie werden staunen, wie viele Dinge sich inzwischen erledigt haben und leichten Herzens entsorgt werden können. Was ein ganzes Jahr lang nicht gebraucht wurde, wird auf jeden Fall umgewandelt in die Kategorie Müll.

Eine andere Methode für das Wegwerfen auf Probe ist die Krimskrams-Schublade: Reservieren Sie in jedem zweiten Zimmer mindestens eine Schublade für »Kram«. Hier kommt alles hinein, was in keine Kategorie passt. Aber wählen Sie dafür keine zu große Schublade, benutzen Sie sie sparsam und leeren Sie sie regelmäßig aus. Nach drei Monaten werden Sie guten Gewissens 80 Prozent davon wegwerfen können, weil sich herausgestellt hat, dass es niemand braucht.

4. Gleiches zu Gleichem

Fassen Sie kleine Dinge in Schachteln und anderen Behältern zusammen. In Messie-Selbsthilfegruppen sehr beliebt sind alle möglichen Behälter, die sich gut beschriften lassen sowie Trennwände für Schubladen. Nur mit solchen Maßnahmen haben Sie die Chance, dass Ihre Aufräumaktion zu dauerhaftem Erfolg führt. Räumen Sie die verbleibenden Dinge wieder ein und beschriften Sie neue Container groß und deutlich.

5. Hurra!

Freuen Sie sich über die kleine Ordnungsinsel, die Sie geschaffen haben (und klagen Sie nicht darüber, wie viel noch zu tun ist). Vertrauen Sie darauf: So wie sich die Unordnung allmählich in Ihrer Wohnung oder an Ihrem Arbeitstisch ausgebreitet hat, so kann sich von Ihrer neu geschaffenen Keimzelle die Ordnung ausbreiten.

Nutzen Sie den Schatztruheneffekt

Schaffen Sie sich professionelle Aufbewahrungssysteme an. Sparen Sie dabei nicht, sondern setzen Sie auf Qualität. Für den Schreibtisch vor allem: eine richtige Hängeregistratur mit Wagen (keine Selbstbaulösungen) und stabile Stehsammler (zum Beispiel die professionellen aus dem Schreibwarenladen, nicht die wackligen aus dem Einrichtungshaus). Der Hintergrund: In billigen Kisten sammeln Sie tendenziell mehr, weil Ihr Unterbewusstsein weiß, dass der Aufbewahrungsplatz wenig kostet. Bei Systemen, für die Sie mehr Geld ausgegeben haben, sortiert Ihr Unterbewusstsein schon im Vorfeld aus – in die wertvolle »Schatztruhe« kommen nur wertvolle Sachen.

Suchen Sie Helfer

Eine der effizientesten Maßnahmen von Messie-Selbsthilfegruppen ist die Vermittlung von Partnern beim Aufräumen. Was Sie allein immer wieder vor sich herschieben – mit einem Leidensgenossen, der zu Ihnen kommt, packen Sie's. Er (oder sie) hat eine realistischere Einstellung zu den Dingen, weil er – anders als Sie – nicht emotional an den Dingen hängt. Wenn der Helfer bei Ihnen war, helfen Sie ihm. Falls Sie keinen »Mit-Messie« finden, fragen Sie im Freundeskreis. Bieten Sie als Gegenwert ein Abendessen oder sonst ein Gemeinschaftserlebnis. Das Geld dafür ist gut angelegt, denn zu zweit geht Aufräumen dreimal so schnell!

Renovieren Sie Ihre Wohnung

Natürlich nicht auf einmal, sondern Zimmer für Zimmer. Dazu müssen Sie vorübergehend aus dem Zimmer ausziehen, und zwar komplett. Die Methode ist aufwendig, aber sehr wirksam, denn Sie sind gezwungen, jeden Gegenstand in Ihrem Zimmer in die Hand zu nehmen und die oben beschriebene Entscheidung »Wunderbar – Müll – Fragezeichen« zu treffen. Versprochen: In einem frisch gestrichenen, vielleicht mit einem neuen Bodenbelag versehenen und schön eingeräumten Zimmer fühlen Sie sich wie ein neuer Mensch.

Werden Sie »oberflächenbewusst«

Alle Arten von Tischen, Regalen, Fensterbrettern, ja fast jede horizontale Fläche ziehen wie magisch Überflüssiges an. Auch der Fußboden, die größte horizontale Fläche, ist gefährdet. Vereinfachen Sie Ihr Leben, indem Sie horizontale Ablageflächen verringern und die restlichen freihalten.

Der *Couchtisch* (im Englischen »coffee table«) ist eine sinnvolle Ablage während der Tee- oder Kaffeestunde. Deswegen sollten Sie ihn dafür freihalten. Er ist der geeignete Ort für Blumen und Kerzen (und unter Umständen Ihre Füße), aber nicht für TV-Zeitschriften und die berüchtigten Coffee-table-Bücher zum Eindruck schinden.

Der *Esstisch*: Nichts ist nervender, als wenn der Esstisch vor jedem Essen mühsam freigeräumt werden muss. Erziehen Sie Ihre Kinder und sich selbst dazu, den Esstisch als »heiße Zone« zu betrachten. Er ist ausnahmslos reserviert fürs Essen (und eventuell abends für Karten- oder Brettspiele).

Die *Küchenarbeitsplatte* ist, wie der Name schon sagt, der Arbeit vorbehalten. Wenn dafür genügend Platz ist, geht sie erheblich leichter von der Hand. Machen Sie sich zur Regel: Auf der Arbeitsplatte dürfen nur Dinge dauerhaft geparkt werden, die wirklich täglich benutzt werden (Kaffeemaschine, Geschirrspülmittel). Alles andere gehört in ein Schrankfach und wird schnell aufgebaut, wenn es gebraucht wird.

Die *obere Platte frei stehender Kühlschränke* wird schnell zum Sammelplatz für alles Mögliche. Platzieren Sie dort eine schöne Grünpflanze oder deklarieren Sie sie anderweitig als heiße Zone, um unerwünschte Ablagerungen zu vermeiden.

Erfreuen Sie sich daran, Fenster weit öffnen zu können. Dazu müssen die *Fensterbretter* frei bleiben. Fassen Sie Blumentöpfe besser in Ständern zusammen, als sie einzeln auf den Fensterbrettern aufzureihen.

Stühle oder Hocker als Kleiderablagen im Schlafzimmer ziehen wie magisch benutzte Kleidungsstücke an. Platzsparender und schöner anzusehen ist der altmodische *»stumme Diener«* mit fest integriertem Bügel, Kleiderstange und Fächern für Kleinteile. Echte simplifyer heben die Sachen, die sie am nächsten Tag anziehen wollen, in einem besonderen Fach ihres Kleiderschranks auf.

Das simplify-Zimmer

Inzwischen kennen Sie das große simplify-Geheimnis: Nicht den Wald roden, sondern eine Bresche schlagen. Probieren Sie in wenigstens einem Raum Ihrer Wohnung Minimalismus aus. Experimentieren Sie in wenigstens einem Zimmer, ob Sie sich auch ohne all die verschiedenen »Dinge« wohl fühlen können. Ein außergewöhnlich karg, aber geschmackvoll eingerichteter Raum hat möglicherweise für Sie eine besonders beruhigende Wirkung. Machen Sie zum Beispiel das Wohnzimmer neben der lebendigen, quirligen und voll ausgerüsteten Küche zu einem Raum mit wenig Sachen, aber viel Raum.

Oder Sie gestalten Ihr Schlafzimmer in meditativ-spartanischem Minimal-Look.

Leere muss nicht Kälte bedeuten. Ungemütlichkeit entsteht vor allem durch zu kalte Farben, zu glatte Materialien und durch zu grelle, flächige Beleuchtung. Selten aber ist die Abwesenheit von Gegenständen daran schuld. Deckenlampen und nach oben strahlende Fluter geben meist ungemütliches Streulicht. Besser sind mehrere Stehlampen auf mittlerer Höhe. Halogenlampen und Strahler sollten niemals direkt in die Augen, sondern auf möglichst tiefe Punkte gerichtet sein.

»Sammeln« ist nicht gleich »Sammeln«

Irgendetwas sammelt jeder: Telefonkarten, Bücher, Streichholzschachteln, Mokkatassen, Kuscheltiere, Elefanten, Briefmarken. Es beginnt mit einer kleinen Parade gleichartiger Dinge auf einem

Regalbrett, und es endet mit Haushalten, in denen Tapeten, Tischdecken, Wandbilder, Handtücher, Servietten, Geschirr und sogar die Kleidung des Sammlers mit kleinen Fröschen, Bären oder Kühen verziert sind. Dahinter steckt ein uraltes Bedürfnis von uns Menschen, sich mit etwas zu identifizieren. Oft sind es Tiere, wie bei den Namenstotems der nordamerikanischen Indianer. Sammlungen bringen ein System in die unüberschaubare Zahl von Dingen, die uns angeboten werden.

Werfen Sie einen kritischen Blick auf die Art von Dingen, die Sie sammeln: Wann haben Sie damit begonnen? Was könnte dahinter stecken? Haben Sie das Bedürfnis, das Sie damals hatten, immer noch? Oder werden Sie durch Ihre Sammlung in der Vergangenheit festgehalten? Dann lösen Sie Ihre Sammlung auf. Meist ist es leichter, das Sammeln von Modelleisenbahnen oder eine Kollektion alter Tassen ganz aufzugeben, als nur zu reduzieren. Wenn es jemanden gibt, an den Sie eines Ihrer Hobbys abgeben oder verkaufen können (und damit Freude bereiten) – tun Sie's! Es wird Ihr Leben wirklich vereinfachen und Sie frei machen für Neues.

Unterscheiden Sie streng zwischen Sammeln und bloßem Aufheben. Zu einer echten Sammlung gehören System und Spezialisierung, zum Beispiel Eierbecher aus bemaltem Porzellan oder Visitenkarten von Leuten mit dem gleichen Vornamen oder Teddybären in jeder Form. Eine eigene Sammlung aufbauen ist ein wunderbares Hobby, dem Sie zu Recht Zeit und Platz einräumen.

Aufheben dagegen ist das unsystematische Horten von Dingen, von denen Sie sich eigentlich trennen könnten. Sie brauchen sie nicht zum Leben, ihre Pflege kostet Zeit und Platz. Diese Dinge können sich derart vermehren, dass sie die Kontrolle über Sie übernehmen. Sie fressen Zeit und Energie, nehmen Platz weg, und mutieren mit der Zeit auch zum »Krempel«, weil es so viel und unüberschaubar ist. Motive fürs eigentlich unnötige Aufheben gibt es viele: Respekt (vor denen, die sie uns gegeben oder vererbt haben), als Vorsichtsmaßnahme für schlechte Zeiten, eventuelle Wiederverwertbarkeit, ehemals hoher Anschaffungspreis oder der Vererbungsgedanke (»das soll einmal der nächsten Generation gehören«).

Dinge, auf die eines der genannten Motive zutrifft, sollten Sie radikal aussortieren. Statt einer wahllosen Mischung aus wertvollen und unwichtigen Erinnerungsstücken haben Sie dann nur noch eine klar begrenzte Auswahl zu versorgen – eine echte Sammlung, an der Sie sich ganz anders freuen können.

Mit warmen Händen verschenken

Die populärste Methode, um sich von Dingen zu befreien: das Wegwerfen den Nachkommen überlassen. Dabei stellen die lieben Nachkommen meistens fest, dass 95 Prozent der geliebten wertvollen Dinge nicht einmal mehr jemand geschenkt haben möchte. Falls

Sie so etwas noch nicht selbst erlebt haben, lassen Sie es sich von Betroffenen erzählen.

Gehen Sie durch Ihre Wohnung und sammeln Sie alles, was Sie für jemand anderen aufbewahren. Dann geben oder verschicken Sie diese Dinge an die betreffenden Personen (aber fragen Sie, ob die es überhaupt haben wollen). Das »Geben mit warmen Händen« ist eine der lohnendsten Arten, sich von Ballast zu befreien.

Qualität vereinfacht

Behalten Sie nur das Beste. Der Dichter Somerset Maugham bemerkte: »Wenn Sie nichts akzeptieren außer dem absolut Besten, werden Sie meist auch das absolut Beste bekommen.« Lassen Sie Qualität vor Quantität gehen. Bevorzugen Sie die einfache Form, die der Funktion dient.

Gewinnen Sie Lebenszeit durch Wegwerfen

Geben Sie vor allem alte Zeitungen, Zeitschriften und auch Bücher großzügig ins Altpapier. Rechnen Sie beim Wegschmeißen mit: Es dauert etwa vier Stunden, um eine 1 Zentimeter dicke Zeitschrift komplett durchzulesen. Selbst wenn Sie nur ausgewählte Artikel lesen, ist es immer noch eine gute Stunde. Ein Karton mit circa 50 Zentimeter bedrucktem Papier entspricht also zwischen einer Woche und einem Monat Zeit, die Sie dabei gewinnen!

Auch wenn das sehr theoretisch ist – auf Ihr Unterbewusstsein wirkt ein Regal voller ungelesener Bücher oder ein Stapel ungelesener Zeitschriften negativ: »Eigentlich müsste ich das doch eines Tages mal benutzen ...«

Entscheidend: der freie Fußboden

Dinge, die auf dem Boden herumliegen, signalisieren Chaos. Sie werden staunen, wie ordentlich ein Zimmer allein dadurch wirkt, wenn nur der Boden vollständig freigeräumt ist. Volle Regale, Schränke oder Wände wirken längst nicht so schlimm. Die Shaker, eine strenge amerikanische religiöse Gemeinschaft aus dem 19. Jahrhundert, haben daraus eine Kultur gemacht und prinzipiell alles an die Wand verbannt: Besen, Kleider und Stühle hingen (nach ihrer Benutzung) an einer Leiste mit Haken, die in allen Zimmern einheitlich herumlief. Shakermöbel gehören in der »Simple Chic«-Bewegung der amerikanischen Upper Class zu den Kultgegenständen.

Lassen Sie sich davon inspirieren und hängen Sie zum Beispiel Musikinstrumente, Handtaschen und andere chronisch herumliegende Utensilien an die Wand. Wählen Sie eine etwas versteckte Stelle, falls Sie der Anblick stört, und entwickeln Sie kein übertriebenes Stilempfinden – meist ist der Anblick der herumliegenden Sachen störender!

Ihre Wohnung als Spiegel Ihrer Seele

Nachdem Sie in irgendeinem Zimmer Ihren simplify-Weg begonnen und hoffentlich Gefallen am Ergebnis gefunden haben, können Sie nun Ihre Wohnung systematisch durchgehen und Raum für Raum optimieren.

Die simplify-Grundidee lautet dabei: Ihre Wohnung oder Ihr Haus ist eine dreidimensionale Repräsentation Ihres Lebens. Ihre Innenwelt und Ihre Außenwelt entsprechen sich. Jeder Bewohner hinterlässt unsichtbare »Abdrücke« in der Wohnung, in der er lebt – sogar wenn er ausgezogen ist und alle Möbel entfernt sind. Diese Abdrücke haben Auswirkungen auf die nächsten Bewohner dieser Räume. Jede Religion kennt daher Rituale zur Segnung und Reinigung von Räumlichkeiten. Die wichtigste Voraussetzung für eine positive Wohnumgebung ist das Entrümpeln, die Entfernung von unnötigen Dingen. Gehen Sie jedes Zimmer Ihrer Wohnung durch und entdecken Sie die Verbindung zwischen sich und Ihren Wohnräumen.

Der Keller: Vergangenheit und Unbewusstes

Wenn Sie besonders viele unaufgeräumte Sachen im Keller lagern, ist das ein Symbol für ungelöste Aufgaben, die Sie mit sich herumschleppen. Sie wissen ja: Gegenstände, die Sie nicht wegwerfen, »weil sie noch einmal gebraucht werden könnten«, sind Fesseln an die Vergangenheit. Sie können ein Hinweis darauf sein, dass Sie in Ihrer Seele noch eine Aufgabe lösen müssen: Belastung durch einen Vorfahren, ein dunkles Geheimnis in der Sippe, eine Kommunikationsstörung mit einem Ihrer Geschwister.

Gerümpel im Keller kann auch direkte seelische Auswirkungen haben: Depressionen, Antriebslosigkeit und Melancholie.

Selbstverständlich ist der Keller ein guter Lagerraum. Aber nur für Sachen, die Sie wenigstens einmal im Jahr benutzen. Ordnen Sie alles so an, dass jeder Gegenstand direkt erreichbar ist (also nicht erst die Tischtennisplatte weggeräumt werden muss, um an die Skiausrüstung zu kommen) und dass Luft und Energie dazwischen zirkulieren können. Ein aufgeräumter, heller und luftiger Keller macht Sie heiter, mutig und versetzt Sie in eine positive Grundstimmung. Sie werden merken, dass Sie sich dann auch mit frischer Energie an die Klärung der oben beschriebenen seelischen Aufgaben machen können.

Der Dachboden: Ideen und Zukunft

Ein voll gestopfter Speicher behindert Ihre persönlichen und beruflichen Entwicklungsmöglichkeiten. Er wirkt wie ein Deckel, der Ihren Lebensbaum an der Entfaltung hindert. Wenn Sie Ihren Dachboden von alten Souvenirs, Erinnerungsstücken, abgetragenen Kleidern und anderem befreien, werden Sie neue Perspektiven entdecken, von denen Sie bisher nicht zu träumen wagten.

Ein schön ausgebautes Dachgeschoss ist der beste Raum für kreative Tätigkeiten wie Malen oder Schreiben. Wenn Sie planen, sich ein Heimbüro einzurichten, ist der Dachboden dafür oft der beste Platz. Chefs von Großunternehmen wählen für ihr Büro meist das oberste Stockwerk des höchsten Firmengebäudes – so wie bei Tieren das Ranghöchste den höchsten Platz auf einem Baum oder Felsen innehat.

Abstellräume: Ihre persönliche Freiheit

Wenn Sie keinen Keller oder Dachboden zur Verfügung haben, ist eventuell eines Ihrer Zimmer zu einem Aufbewahrungsort für alles geworden, was keinen richtigen Platz hat. Derartige »tote« Räume in Ihrer unmittelbaren Wohnumgebung wirken wie ein Klotz am Bein und bremsen Ihre Lebensfreude und Kreativität. Entrümpeln Sie solche Räume vollkommen, oder halten Sie wenigstens die dort gelagerten Dinge sauber und in geordneter Form. Lüften Sie regelmäßig und halten Sie die Zimmertür nicht ständig geschlossen.

Eingangsbereich: Ihr Verhältnis zu anderen Menschen

So wie sich Ihre Wohnung beim Eintreten gegenüber fremden Menschen präsentiert, so wollen auch Sie selbst auf andere wirken.

Benutzen Sie den Trick vom vorangegangenen Kapitel: Ziehen Sie die Jacke von jemand anderem an, verlassen Sie Ihre Wohnung, und betreten Sie sie wieder, als wären Sie ein Fremder. Sehen Sie mit den Augen eines anderen: verstellte Wege durch herunterhängende Pflanzen, ein unleserliches Namensschild, Altpapierstapel, eine überfüllte Garderobe, herumliegende Schuhe, Handschuhe, Schals und Mützen.

Halten Sie den Eingangsbereich frei und gestalten Sie ihn einladend. Schon bald werden Sie neue gute Freunde gewinnen und auch sich selbst beim Betreten Ihrer Wohnung freuen – eine gute Voraussetzung, um offener und gastfreundlicher zu werden.

Türen: Ihre Offenheit

Achten Sie darauf, dass sich alle Türen – vor allem die Eingangstür – weit öffnen lassen. Hängen Sie nichts über Türklinken, und benutzen Sie Haken an Türen nur, wenn das den Öffnungsradius nicht einschränkt. Stellen Sie Schränke oder Regale niemals so, dass sich die Zimmertür nur noch teilweise öffnen lässt. Reparieren Sie kaputte Klinken und ölen Sie klemmende oder quietschende Scharniere und Schlösser. Bringen Sie ein gut lesbares, gepflegtes und freundliches Namensschild an Ihrem Eingang an. Wir haben es probiert: Mit gut funktionierenden Türen geht die Arbeit leichter von der Hand!

Wohnzimmer: Ihr Herz

Ob Sie wollen oder nicht: Ihr Selbstbild wird maßgeblich vom Zustand Ihres Hauptwohnraums beeinflusst. Ein aseptisch aufgeräumtes Wohnzimmer ist dabei ebenso schädlich wie ein chaotisches oder verschmutztes. Ihr Wohnraum sollte eine »Mitte« haben, etwa einen attraktiven (Couch-)Tisch, um den man sich gern versammelt. Vermeiden Sie, dass der Fernseher zum Zentrum des Zimmers wird. Schieben Sie ihn zur Seite oder verstecken Sie ihn hinter einem Paravent. Mit Pflanzen und dekorativen Gegenständen können Sie dafür sorgen, dass die Aufmerksamkeit der Bewohner im Raum bleibt. Gutes, nicht blendendes Licht und bequeme Sitze helfen, dass alle gern in diesem Raum sind.

Richten Sie sich dort auch für sich selbst einen Platz ein, an dem Sie gern alleine sitzen. Ein Platz, an dem Sie mit sich und Ihrer Behausung zufrieden sind.

Küche: Ihr Bauch

Der Raum, in dem Sie Ihre Nahrung zubereiten, ist in besonderer Weise verbunden mit Ihren inneren Organen. In keinem Raum einer Wohnung ist der »Umsatz« von Gegenständen so hoch wie in der Küche: Teller, Tassen, Gläser und Besteck werden täglich mehrmals herausgenommen, benutzt, gesäubert und einsortiert. In den unzugänglicheren Zonen der Regale und Schränke aber nimmt der Umsatz meist rapide ab. Unbenutztes Geschirr und Lebensmittel mit längst abgelaufenem Haltbarkeitsdatum bilden eine ungesunde »Bremsschicht«.

Nach einer Totalentrümpelung der Küchenschränke fühlen sich Menschen manchmal buchstäblich leichter: Das Verdauungssystem arbeitet besser, überflüssige Pfunde verschwinden.

Entsorgen Sie aus Ihrer Küche dabei alles, was Sie ein Jahr lang nicht benutzt haben; überfällige Nahrungsmittel; Tassen ohne Untertasse und Kannen ohne Deckel (und umgekehrt); Porzellankannen (im Zeitalter der Thermoskanne überholt). Küchengeräte wie zum Beispiel Waffeleisen oder Raclettegrill, die nur alle zwei Monate (oder seltener) benutzt werden, wandern in Keller oder Kammer. Ebenso Festtagsgeschirr oder zusammengewürfelte Gläser, die Sie nur bei besonderen Anlässen benötigen. Im Vergleich zu den normalen Kochutensilien werden die Gerätschaften fürs Backen eher selten gebraucht. Achten Sie darauf, dass Teigrolle, Backgewürze oder Kuchenformen nicht die besten Plätze in den Schränken blockieren.

Tiefkühlboxen, Tupperdosen und andere Kunststoffbehälter haben die Tendenz, sich im Lauf der Jahre sehr zu vermehren. Sondern Sie vergilbte, angerissene und unbenutzte aus. Faustregel: Sie benötigen nur halb so viele, wie Sie bisher gehortet haben. Einige der aussortierten können Sie neuen Zwecken zuführen:

Fassen Sie Dinge zu sinnvollen Gruppen in Behältern zusammen. Etwa Wurst, Käse und Gurken fürs Abendessen im Kühlschrank; Backpulver, Vanillezucker, Soßenpulver im Essensregal; Honig, Marmelade, Nutella fürs Frühstück in einem Körbchen; ebenso einer für Teebeutel und Tees; unter der Spüle eine offene Box mit Putzmitteln und eine mit Blumendünger.

Die Hängeschränke direkt über der Spülmaschine sind die »1a-Lage« für Ihr am häufigsten benutztes Geschirr. Falls Sie hier Glasschränke haben und darin eigentlich Großmutters Feiertagsservice ausstellen wollten – vergessen Sie's. Dort gehören Tassen, kleine und große Teller, Becher, Müslischälchen und andere ständig benötigte Sachen hin. Innerhalb der Hängeschränke gilt: oft Gebrauchtes unten, seltener Benutztes oben. In den Unterschrank neben der Spülmaschine gehören Reinigungspulver, Klarspüler und Entkalkersalz.

Spüle, Kühlschrank und Herd bilden das »Arbeitsdreieck« einer Küche. Zwischen diesen drei Punkten sollten keine Hindernisse stehen.

Die Arbeitsplatte heißt so, damit Sie dort arbeiten können – nicht, damit Sie Gegenstände dort »dauerparken«. Hängen Sie mit Klebe- oder Schraubhaken möglichst viel an die Wand: Spülbürste über die Spüle, Topflappen neben den Herd.

Fußboden: Ihre Finanzen

Auf die besondere Bedeutung der freien Bodenflächen hatten wir schon hingewiesen. Wenn Schränke und Regale voll sind, muss oft der Fußboden als Lagerfläche herhalten. Papierstapel, Kisten, Kleider, Schuhe und alle möglichen anderen Dinge nehmen Ihnen Bewegungsfreiheit. Eine verblüffende Beobachtung: Menschen mit derartig zugestellter Bodenfläche haben fast immer finanzielle Probleme. Wer nicht mehr alle Möglichkeiten der Bewegung in seinen eigenen vier Wänden hat, »schränkt sich ein« und reduziert sich auch in materieller Hinsicht. Ihr »Wohlstand« ist offenbar abhängig von der Standfläche, die für Sie selbst zur Verfügung steht. Freie, weite Bodenflächen waren schon immer ein Symbol für Reichtum und sind es in Bankgebäuden auch heute noch. Chefzimmer und Chefschreibtische werden heute bewusst leer gehalten.

Betrachten Sie in allen Räumen den Fußboden und räumen Sie ihn so weit wie möglich frei. Erfinden Sie neue Aufbewahrungsmöglichkeiten, besorgen Sie sich Regale, Stehsammler, Kisten. Stellen Sie gegebenenfalls neue Möbel auf und nutzen Sie Haken, um Gegenstände hängend aufzubewahren. Vermeiden Sie auch herumliegende Kabel. Fassen Sie sie zu Strängen zusammen oder binden Sie sie hoch. Gut geeignet sind dafür die kleinen Drahtstückchen, mit denen neue Kabel in der Verkaufspackung zusammengehalten werden.

Kleiderschränke: Ihr Körper

Viele Menschen, die vorhaben abzunehmen, behalten in ihrem Schrank Kleidungsstücke, die zu eng sind, um sie nach gelungener Schlankheitskur wieder zu tragen. Die Erfahrung zeigt, dass das fast niemals klappt. Machen Sie es anders herum: Geben Sie alle zu engen Sachen weg und kaufen Sie sich bequeme Kleidung, in der Sie sich so wohlfühlen, wie Sie zurzeit sind. Die beste Voraussetzung für erfolgreiches Abspecken ist ein positives Verhältnis zu Ihrem Körper. Ein Bauch, den Sie hassen, bleibt aus Trotz.

So vereinfachen Sie Ihre Garderobe

Nehmen Sie sich die folgenden Tipps als Checkliste, und beginnen Sie mit dem Aussortieren am besten sofort vor dem geöffneten Kleiderschrank:

Das beste Viertel: Alle Sachen, die Sie in den letzten acht Wochen oft getragen haben, hängen Sie ganz links auf die Stange, alle häufig getragenen Pullover, T-Shirts usw. kommen in ein spezielles Fach. Dazu die Kleidungsstücke, die nicht der aktuellen Jahreszeit entsprechen, von denen Sie aber sagen können: Das würde ich sofort anziehen, wenn es draußen entsprechend warm oder kalt wäre. Die so ausgewählten Stücke sind Ihre Lieblingssachen. Sie machen selten mehr als ein Viertel Ihrer Gesamtgarderobe aus.

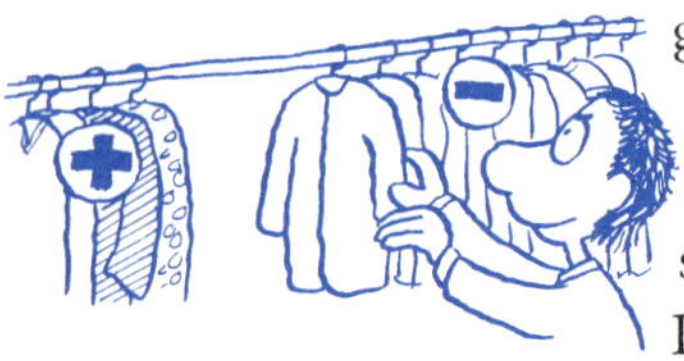

Die Platzverschwender: Alle Sachen, die Sie länger als ein Jahr nicht angezogen haben, werden Sie mit einer Wahrscheinlichkeit von 98 Prozent auch künftig nicht anziehen. Diesem ungeliebten Anteil Ihrer Garderobe stellen Sie zu viel Platz zur Verfügung. Also: Mustern Sie sie aus! Selbst wenn ein Stück einmal teuer war oder das Geschenk eines lieben Menschen – es hat seine Schuldigkeit getan und darf gehen (Container für Kleiderspenden, Secondhandladen, verschenken oder Mülltonne).

Der Neubeginn: Jetzt beginnt der kreative Teil. Studieren Sie Ihre Lieblingssachen aus dem »besten Viertel« genau. Was macht sie so tragbar für Sie? Ist es der Schnitt, die Größe, die Farbe, das Material? Daraus ergeben sich Ihre Kriterien für Ihr persönliches simplify-Programm, nach dem Sie Ihre neue Garderobe systematisch aufbauen können.

Verzichten Sie dabei auf extravagante Einzelstücke, an denen man sich bald müde sieht. Legen Sie sich unifarbene Kombinationen zu, die bei möglichst vielen verschiedenen Anlässen getragen werden können. Investieren Sie in Ihre tägliche Kleidung und nicht in selten getragene Festtagskleider. Die simplify-Grundgarderobe ist klassisch und nicht auf eine Saison zugeschnitten. Bei den Accessoires dagegen (Krawatten, Tücher, Schmuck) können Sie mit dem aktuellen Trend gehen und Akzente setzen.

Badezimmer: Ihre innere Mitte

Der Raum, in dem Sie sich um Ihren Körper kümmern, sollte eine Umgebung sein, in der Sie zentriert und ungestört sein können. Verstauen Sie die vielen Fläschchen, Tuben und anderen typischen Badezimmerutensilien möglichst hinter Türen und gestalten Sie den freien Raum mit Pflanzen und anderen Gegenständen, die Sie mögen. Neue Handtücher in einer schönen Farbe sind die preiswerteste Badrenovierung.

Schlafzimmer: Ihre Intimität

Traditionellerweise ist der Schlafraum einer Wohnung für Gäste tabu. Deswegen wird er häufig missbraucht als Abstellzimmer für alles, was anderswo stört. Dabei benötigen Sie gerade in dem Raum, in dem Sie die Nacht verbringen, Harmonie und Ordnung.

Werfen Sie klassische Quellen negativer Emotionen hinaus: schmutzige Wäsche, Kisten mit alten Sachen, kaputte Gegenstände. Lagern Sie nichts unter dem Bett, höchstens Bettwäsche und Bettdecken. Sehen Sie auch die Schubladen durch: Niemand braucht 40 Paar Socken oder 15 altmodische Pullover. In einem geordneten Schlafzimmer wird Ihr Schlaf tiefer und häufig auch Ihr Liebesleben intensiver.

Garage: Ihre Mobilität

Wenn Ihre Garage so voll ist, dass Sie Ihr teures Auto im Freien parken, nur damit es Ihre Skier, Schubkarren und Surfbretter warm und trocken haben – dann ist das ein Alarmzeichen. Sie »stecken fest«. Faustregel: Je leichter Sie Ihren Wagen in Ihrer Garage unterbringen, um so beweglicher bleiben Sie geistig und körperlich.

In keinem Raum können Sie das Shaker-Prinzip so konsequent einsetzen wie in der Garage: Hängen Sie so viel wie möglich an die Wand! Winterreifen, Dachgepäckträger, Werkzeug. Kanister, Putzmittel und vieles andere ist am besten auf Regalbrettern aufgehoben.

Tragbares Gerümpel: Ihre Belastungen

Aktenkoffer, Handtaschen, Hosentaschen – je voller gepackt, desto klarer sind sie ein Symbol für allerlei Bürden, mit denen Ihr Leben belastet ist. Wenn Sie gerade so schön auf Entschlackungskurs sind – durchforsten Sie auch Ihre Taschen. Gehen Sie in Ihren Alltag mit leichtem Gepäck.

Nehmen Sie sich für den Anfang etwas Kleines vor: Ihren *Geldbeutel.* Entfernen Sie alte Quittungen, abgelaufene Scheckkarten usw. Tragen Sie nicht zu viele Münzen mit sich herum und ordnen Sie die Geldscheine dem Wert nach. Das hilft Ihnen dabei, in all Ihre finanziellen Angelegenheiten Ordnung zu bringen – getreu dem simplify-Prinzip, dass das Äußere immer Auswirkungen auf Ihr Inneres hat.

Um dauerhaft Ordnung in Ihre Hand- und Aktentaschen zu bringen, brauchen Sie Ihren Tascheninhalt nur in einzelne sinnvolle Module aufzuteilen. Hier die wichtigsten sechs:

Modul 1: Geldbeutel

Neben Münzen und Scheinen enthält er Kredit- und Scheckkarten, Führerschein sowie möglichst auch Ihren Personalausweis.

Modul 2: Notfall-Etui

In einem Reißverschlussbeutel haben Sie Ihre typischen Erste-Hilfe-Utensilien dabei, zum Beispiel Kopfwehtabletten, Lippenbalsam, Augentropfen, Heftpflaster, Taschenmesser, ein Nähetui aus dem Hotel, Zahnputzzeug für zwischendurch.

Modul 3: Kinder spezial

Ein weiterer Beutel, mit Schnuller, Mini-Spielzeug, Mini-Keksen, Kinderpflaster, Notfallsalbe oder was sonst hilfreich ist für den Umgang mit den lieben Kleinen.

Modul 4: Mini-Büro

Am einfachsten in Form eines Zeitplanbuchs oder eines elektronischen Organizers in einem Etui, in dem weiterer Platz ist. Mit dabei sein sollten: Kugelschreiber, Post-Its, Briefmarken, Taschenrechner, Klebefilm (besonders praktisch sind die Scotch-Tape-Strips, die auch ohne Spender funktionieren).

Modul 5: Schlüsselbund

Möglichst abgespeckt. Wenn Sie ihn größer machen wollen, damit er leichter zu finden ist, dann nicht mit allerhand Klunkern, sondern durch ein schickes Lederetui, das Ihre Tasche oder Hosentasche schont. Wenn Sie Ihren Tascheninhalt aber in Module aufgeteilt haben, muss der Schlüsselbund gar nicht mehr auffällig sein, damit Sie ihn finden.

Modul 6: Handy

Ein Modul für sich. Manche modernen Hand- und Aktentaschen haben ein spezielles Handyfach. Wenn Sie das nutzen, können Sie sich eine unhandliche Schutzhülle für Ihr Handy sparen.

Mithilfe dieser deutlich getrennten Einheiten können Sie schnell von einer Handtasche auf eine andere wechseln. Weil die einzelnen Beutel nicht beliebig viel Fassungsvermögen haben, sehen Sie gleich, wenn sich in einem zu viel unnötiger Ballast angesammelt hat – und Sie sortieren aus.

Der größte Vorteil des Modulsystems: Sie brauchen nur die Module mitzunehmen, die Sie tatsächlich benötigen. Ein paar Beispiele:

Zum Einkaufen: Module 1, 5, eventuell 6.

Größere Einkaufstouren mit Kindern: 1, 3, 5.

Zum Geschäftstermin: 1, 2, 4, 5, 6.

Abends ausgehen: 1, 3, 5 (6 bleibt als Notrufgerät am besten im Handschuhfach Ihres Autos. Im Konzertsaal, im Kino oder im Restaurant ist das Handy für alle Betroffenen eher lästig).

Treppe: Ihre Entfaltungsmöglichkeiten

Wenn Sie in einem mehrgeschossigen Haus wohnen, kennen Sie sicher die Häufchen, die sich auf den Treppenabsätzen lagern. Dort legt man hin, was man bei der nächsten Gelegenheit mit ins andere Stockwerk nehmen möchte. Diese Depots können zu einer Keimzelle neuer Unordnung werden. In chaotischen Behausungen verkommen die Treppen häufig zu einer großen Ablagefläche. Die heimliche Botschaft an Ihre Seele lautet: Der »Weg nach oben« ist versperrt. Ähnlich wie beim zugestellten Fußboden versperren Sie sich unbewusst neue Möglichkeiten.

Vereinbaren Sie mit allen Mitbewohnern, dass nur Gegenstände auf die Treppe gestellt werden dürfen, die so bald wie möglich ins nächste Geschoss mitgenommen werden sollen. Wer nach oben geht und die Hände frei hat, muss mitnehmen, was auf den Stufen steht.

Nutzen Sie in der Küche den Trick mit dem »Kellerkorb«: Stellen Sie dort einen großen Henkelkorb auf, in den alles hineinkommt, was mit hinunter in den Keller genommen werden soll (leere Flaschen, Wertstoffmüll, Wäsche zum Waschen, Nahrungsmittel für die Speisekammer usw.). Vereinbaren Sie auch hier mit allen: Wer das nächste Mal in den Keller geht, nimmt den vollen Korb mit, leert ihn und trägt die Dinge, die er aus dem Keller holt, bequem im Korb nach oben.

Wichtige Aufräumtipps

Finden Sie für alles einen Platz. *Gebrauchsanweisungen,* die wahrscheinlich immer wieder benötigt werden (wie für Fax oder Videorecorder), stecken Sie unter das entsprechende Gerät. Ein echter Zeitspar-Tipp! Anleitungen, die Sie nur selten brauchen, kommen in den Geräte-Ordner – ein ganz normaler Ordner mit lauter Prospekthüllen. In jede Hülle kommen der Kaufbeleg und die Garantiekarte eines frisch angeschafften Geräts (Fotoapparat, Toaster, Kühlschrank, Staubsauger, Telefon …). Zerlegen Sie mehrsprachige Anleitungen und heben Sie nur den deutschen Teil auf. Ein echter Platzspar-Tipp!

Beschriften Sie Bedienungsknöpfe, die unverständliche Symbole tragen, ausführlicher. Auf den meisten Kunststoffgehäusen kann man gut mit einem weichen Bleistift schreiben. Noch sicherer ist ein wasserfester Edding-Stift (lässt sich später mit Waschbenzin entfernen).

Gut bewährt haben sich große Zahlen, die die Reihenfolge der zu bedienenden Knöpfe zeigen. Auf einer Espressomaschine: 1. Einschalten; 2. Tasse unterstellen; 3. Kaffeeknopf drücken; 4. Ausschalten.

Die sechs goldenen Ordnungsregeln

simplify-Ordnung ist so lange toll, wie Sie sie erhalten. Hängen Sie sich für die Anfangszeit folgende sechs goldenen simplify-Ordnungsregeln gut sichtbar an Ihre Pinwand, notfalls in jeden simplify-Raum:

1. Wenn Du etwas herausnimmst, lege es wieder zurück.

2. Wenn Du etwas öffnest, schließe es wieder.
3. Wenn Dir etwas heruntergefallen ist, hebe es wieder auf.
4. Wenn Du etwas heruntergenommen hast, hänge es wieder auf.
5. Wenn Du etwas nachkaufen willst, schreibe es sofort auf.
6. Wenn Du etwas reparieren musst, tue es innerhalb einer Woche.

Entsorgen Sie Ihre Erwartungen

Perfektionismus ist und bleibt eine der schlimmsten Blockaden für ein geordnetes Leben in heiterer Gelassenheit. Sie sind ein Mensch und haben eine natürliche Belastbarkeitsgrenze. »Das Problem bei unordentlichen Menschen«, so die amerikanische Expertin Barbara Hemphill, »ist weniger ein Mangel an Organisation, sondern ein Mangel an Perspektive.« Solche Menschen sehen wie durch eine Röhre nur das, was sie eigentlich tun sollten – das verstellt den Blick auf das, was sie tun *können*. Dadurch fehlt die Energie, die Aufgaben in der Gegenwart zu erledigen. Sie verlieren den großen Blick in die Zukunft, die Freude an den Möglichkeiten und Überraschungen, den weiten Horizont geistig wacher und freier Menschen. Jeder Stapel und jede andere Ansammlung von Dingen, die getan werden *müssten*, verstellen Ihnen diesen Horizont.

Barbara Hemphill rät daher: »Was Sie neben Ihren Papierstapeln und Ihren chaotischen Schubladen ausmisten sollten, sind Ihre Erwartungen an sich selbst. Hier ist es meist am schrecklichsten überfüllt.«

simplify-Idee 4
Ent-machten Sie die Vergesslichkeit

90 Prozent aller Menschen müssen regelmäßig nach verlegten Gegenständen suchen. Das ergab eine vom Meinungsforschungsinstitut EMNID im Auftrag von *simplify your life®* durchgeführte Untersuchung. Am meisten suchen die Deutschen nach ihrem Schlüsselbund: 42 Prozent der Befragten werden dadurch immer wieder genervt. Platz 2 in der Hitparade der vermissten Dinge belegt mit fast 25 Prozent der Kugelschreiber, Platz 3 die Brille (19 Prozent) und Platz 4 der Geldbeutel (16 Prozent). Menschen unter 30 suchen deutlich häufiger nach dem Schlüssel als die älteren. Dafür ist bei den über 50-Jährigen eindeutig die Brille der meistverlegte Gegenstand (über 40 Prozent). Große Unterschiede zwischen Männern und Frauen gibt es nicht. Damen vermissen etwas häufiger ihren Geldbeutel, scheinen aber auf ihre Schlüssel ein wenig besser aufzupassen als die Herren.

Es ist jedenfalls eine Verschwendung von Zeit und guter Laune, sich durch die unnötige Sucherei Stress zu verschaffen. Dabei ist Vergesslichkeit bei den kleinen Dingen kein unabänderliches Naturereignis. Mit wenig Aufwand können Sie auch hier Ihr Leben entscheidend vereinfachen.

Die gehirngerechte Findergarantie

Was tun? Am erfolgversprechendsten ist das Ordnungsprinzip, dass jedes Ding seinen festen Platz hat. Viele Menschen haben sich vorgenommen, den Schlüsselbund nach dem Betreten des Hauses an einen bestimmten Ort zu tun – aber selten konsequent durchgehalten. Das Problem: Der feste Platz hat sich im Gehirn nicht tief genug verankert. Dagegen hilft eine Kombination verschiedener gedächtnisfreundlicher Lernmethoden.

Eindeutiger Ort

Suchen Sie einen festen Platz in der Nähe der Eingangstür. Das kann eine Schublade in einer Kommode sein, ein Schlüsselbrett, ein Schlüsselkasten, eine Schale auf einem Tisch oder sonst ein leicht erreichbarer Ort. In Ihrem Büro können Sie es ebenso halten.

Eindeutige Farbe

Markieren Sie diesen Ort mit einer auffälligen neuen Farbe: Umranden Sie den Griff der Schublade mit farbigem Klebeband, streichen Sie das Schlüsselbrett in einer anderen Farbe, wechseln Sie die Schale gegen eine andersfarbige aus. Damit verankert sich der Ort in Ihrer rechten Gehirnhälfte, die bildhaft denkt und für Farben besonders zugänglich ist.

Eindeutiger Name

Geben Sie dem Ort einen unmissverständlichen Namen: »die blaue Schublade« (vorausgesetzt, es ist die einzige blaue in Ihrer Wohnung), »das rosa Schweinebrett« (ein lustiger Name bleibt besonders gut haften), »die Sternenschale« (weil sie mit deutlich sichtbarem Sternenmuster verziert ist). Der Name verankert den Ort in Ihrer analytischen und »buchstabenfreundlichen« linken Gehirnhemisphäre. Ungünstig sind zu komplizierte Bezeichnungen (»die oberste linke Schublade in der Kommode neben der Wohnungstür«).

Durch einen prägnanten Namen können Sie anderen klare Aufträge geben (»Leg den Schlüssel in die Sternenschale!«) und sind auch unter Stress oder Zeitdruck in der Lage, sich zurechtzufinden (»Schlüssel – blaue Schublade!«).

Positive Emotionen

Der Erfolg dieser kleinen Ordnungsaktion lässt sich noch steigern, wenn der Aufräumvorgang selbst mit einem angenehmen Gefühl verbunden ist. Beispiele: Stellen Sie in den Schlüsselkasten ein kleines Potpourri (mit Duftöl getränkte Blätter), das einen für Sie positiven Duft verströmt. Oder Sie legen Ihre Schlüsselschublade mit einem Material aus, das Sie mögen, etwa mit rotem Samt, auf dem der Schlüssel beim Hineinwerfen sanft landet.

Alles hat seinen Platz

Entwickeln Sie auch für andere oft verlegte Gegenstände wie Geldbeutel, Brille oder Kugelschreiber eindeutige Aufbewahrungsprinzipien. Ein paar Möglichkeiten:

Machen Sie es sich zum Prinzip: »Der Geldbeutel bleibt immer bei den Schlüsseln.« Wenn Sie in die Wohnung kommen, landet er also ebenfalls in der Schlüsselschublade.

Behalten Sie Ihre Brille immer am Körper (Hemdtasche, Handtasche oder mit einer Brillenkette um den Hals).

Halten Sie Stifte in einem Becher neben dem Telefon bereit. Statten Sie jede Aktentasche und Handtasche mit einem Kuli aus, der dort bleibt. Auch im Handschuhfach des Autos sollte ein Schreibgerät sein.

Auch auf Reisen

Im Urlaub oder auf Dienstreisen ist es noch wichtiger als zu Hause, dass Sie Geldbeutel, Hotelschlüssel, Ausweise usw. immer bei sich führen und auch in der ungewohnten Umgebung des Hotelzimmers für alles einen Platz haben. Gewöhnen Sie sich an, beim ersten Betreten des Hotelzimmers einen festen Platz für Ihre wichtigen Sachen auszusuchen und sie dort auch gleich abzulegen. Gut bewährt haben sich: der Nachttisch, die Nachttischschublade, die Schreibtischschublade oder (falls Sie Sorge haben, dass Fremde Ihre Sachen sehen und stehlen) ein Fach in Ihrem aufgeklappt stehenden Koffer. Wertsachen (größere Mengen Bargeld, echter Schmuck) gehören natürlich in den Hotelsafe.

Damit Sie beim Verlassen des Hotelzimmers alle wichtigen Dinge dabei haben, sollten Sie sich ein festes Schema ausdenken, wo Sie welche Dinge an Ihrem Körper transportieren. Hier ein paar Möglichkeiten, die sich gut bewährt haben:

Die Herzens-Methode

Die wichtigsten Dinge befinden sich »über dem Herzen«: In der linken Innentasche des Jacketts ist die Geldbörse (mit Bargeld, Scheck- und Kreditkarten, Personalausweis, Telefonkarte, Führerschein). Letzteren entweder beherzt falten, oder Sie besorgen sich einen neuen im handlichen Euro-Format.

Besonders praktisch bei Zugfahrten: Bewahren Sie die Fahrkarten ebenfalls über dem Herzen, in der Hemdtasche, auf. Die Hemdtasche ist auch ein guter Ort für Parkkarten der Tiefgarage oder Tickets öffentlicher Verkehrsmittel, für die man oft keinen »richtigen« Platz findet.

In der rechten Jackeninnentasche steckt der Reisepass, sinnvollerweise mit einem Aufkleber versehen, damit Sie Ihren Ausweis notfalls unter anderen schnell finden – von außen sehen ja alle gleich aus. In dieser Tasche ist auch ein guter Ort für Flugtickets. In der rechten Außentasche des Jacketts halten Sie Münzen oder kleine Scheine der Landeswährung griffbereit für Trinkgelder.

Damen haben alle diese Dinge entweder in der Handtasche oder sie tragen (wie die amerikanische Vereinfachungsmeisterin Elaine St. James) ebenfalls ein Jackett mit diversen Taschen.

Reisen Sie leicht

Alle anderen Reiseunterlagen, die Sie nicht ständig während der Reise brauchen (Hotelgutscheine, Impfpass) verstauen Sie in Ihrer Reisetasche. Um Ihren Rücken zu schonen, sollten Sie den Riemen einer Schultertasche quer über den Rücken tragen (auch wenn das nicht so schick aussieht). Oder noch besser: Verwenden Sie einen Rucksack.

Bei längeren Reisen wandern Schlüssel (die Sie ja erst wieder am Ende der Reise benötigen) direkt nach Reiseantritt in ein festes Fach in der Reisetasche. Es wäre Unsinn, mit den heimatlichen Hausschlüsseln in der Hosentasche durch fremde Städte zu schlendern.

Hotelschlüssel schnell gefunden

Die linke Außentasche ist reserviert für den Hotelschlüssel. Es empfiehlt sich aus Sicherheitsgründen, den Schlüssel immer mitzunehmen und nicht an der Rezeption abzugeben. Machen Sie notfalls den riesigen Anhänger ab lassen Sie ihn im Zimmer. Erhalten Sie anstelle des Schlüssels eine Karte, heben Sie diese am besten im Geldbeutel bei den Kreditkarten auf. Falls es einen Sicherheitsausweis des Hotels gibt, sollten Sie ihn getrennt von der Schlüsselkarte aufbewahren.

Kleiner Extratipp: Nehmen Sie bei der Anmeldung an der Rezeption grundsätzlich eine Visitenkarte des Hotels mit, und bewahren Sie die gut auf.

Dann finden Sie immer sicher ins Hotel zurück und können im Ausland (ganz wichtig in Japan, China und Arabien) dem nicht fremdsprachenkundigen Taxifahrer die Adresse zeigen. Falls Sie nach der Abreise bemerken, dass Sie im Zimmer etwas vergessen haben, ist die Telefonnummer des Hotels gleich zur Hand.

Beim Verlegen von Sachen gilt eigentlich: »Gefahr erkannt, Gefahr gebannt.« Sobald Sie sich vornehmen, etwas gegen Ihre tägliche Fahndung nach Schlüssel und Geldbeutel zu tun, haben Sie den wichtigsten Schritt bereits geschafft. Und Sie sind auf dem simplify-Weg einen guten Schritt weitergekommen: Sie sind kein Sklave Ihrer Sachen mehr, Sie machen mit Ihren Sachen, was *Sie* wollen.

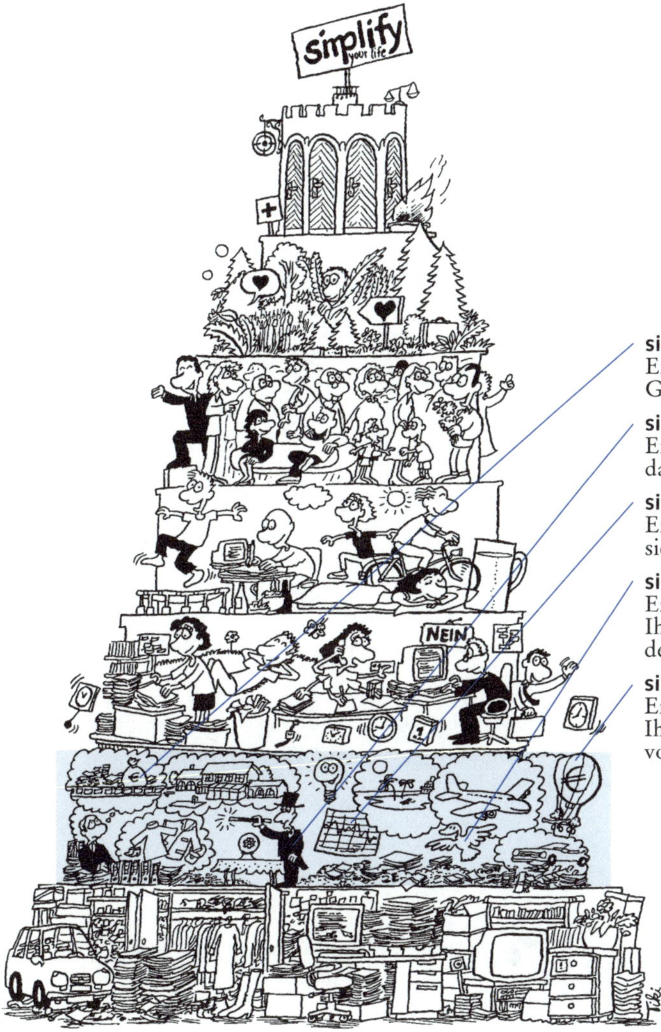

Stufe 2 Ihrer Lebenspyramide

Vereinfachen Sie Ihre Finanzen

Ihr simplify-Traum: Dritte Nacht

Sie haben eine gute Stelle in der ersten Stufe Ihrer Pyramide gefunden und eine Schneise in das vorher undurchdringlich erscheinende Durcheinander geschlagen. Sie entdecken zu Ihrer Überraschung an der frei gewordenen Stelle eine bequeme Treppe und steigen mit sicheren Schritten nach oben. Sie sind neugierig, wie wohl die nächste Stufe aussehen wird. Sie waren darauf gefasst, dass es hier nicht viel ordentlicher aussieht als unten, aber was Sie nun erblicken, macht Sie sprachlos. Sie erleben beim Herumgehen durch dieses zweite Stockwerk ein eigenartiges Wechselbad der Gefühle. Einmal gefällt es Ihnen, Sie sind glücklich und euphorisch, dann wieder packt Sie reines Entsetzen. Sie empfinden Angst und Abscheu, Schuld und Erlösung, gespannte Erwartung und müde Langeweile. Einmal fühlen Sie sich waghalsig und mutig, dann wieder sehr zögernd und vorsichtig.

Alles, was Sie sehen, scheint real und doch gleichzeitig ein Wunschbild zu sein, wie die wechselnden Bilder auf einem Fernsehschirm.

Es ist, als wären Sie auf dieser Stufe Ihrer Lebenspyramide Ihren Träumen besonders nah. An diesem Ort scheinen Ihre Sehnsüchte und Wünsche zu lagern, und manchmal erscheinen Sie hier schnell erfüllbar, dann wieder unendlich weit entfernt. Worum geht es in Ihrem heutigen Traum? Um Glück und Bequemlichkeit, um Bangen und Hoffen, um Geiz und Verschwendung. Sie ahnen, dass dieses Stockwerk das Thema Geld zum Inhalt hat, aber Sie hatten sich den Rundgang doch ganz anders vorgestellt – sachlich und emotionslos.

Bargeld und Bankauszüge, Aktien und Scheckkarten füllen zwar die Regale. Aber Sie merken, dass es in diesen Räumen nur am Rande um harte Fakten gehen wird.

Das simplify-Ziel für Stufe 2

Lernen Sie, Ihre finanzielle Unabhängigkeit ohne Komplexe in die Tat umzusetzen.

So wie in der Welt der Sachen das Gerümpel im Weg herumsteht und Sie an Ihrer eigenen Entfaltung hindert, so sind es beim Thema Geld Ihre Geldgedanken und Geldgefühle.

simplify-Idee 5
Ent-fernen Sie Ihre Geldblockaden

Das Institut für Demoskopie in Allensbach fragt seit 1955 einen repräsentativen Durchschnitt der Deutschen nach ihren Gefühlen. Auf die Frage: »Sind Sie glücklich?« antworten konstant 30 Prozent der Befragten mit »ja« – unabhängig vom wachsenden Lebensstandard. In der Rangliste »Was ist wichtig für mein Glück« rangiert seit Jahrzehnten auf Platz 1 das Geld: Für 80 Prozent der Deutschen ist es Voraussetzung für ein glückliches Leben, keine Geldsorgen zu haben.

»Wenn ich erst einmal reich bin, dann bin ich glücklich!« Das ist ein Satz, der in aller Regel unglücklich macht. Wenn Sie jetzt unglücklich sind und darauf hoffen, in der Zukunft durch mehr Geld glücklicher zu werden, dann hoffen Sie vergebens. Der simplify-Rat lautet daher: Drehen Sie die alte Reihenfolge von Glück und Reichtum um: »Wenn ich glücklich bin, habe ich die Chance, reich zu werden.« Einen guten Hinweis für das richtige Maß des eigenen Reichtums gibt ein tibetisches

Sprichwort: Reich ist ein Mensch dann, wenn er weiß, dass er genug besitzt.

Leisten Sie sich das, woran Ihnen wirklich etwas liegt – und schaffen Sie es erst dann an, wenn das Geld dafür da ist. Die meisten Menschen verschwenden zu viel Zeit auf den Wunsch, das Leben solle anders sein, als es ist. Der Schlüssel zum Glück aber liegt darin, das Erreichte genießen zu können – auch wenn es von außen als noch so wenig erscheint.

Entwickeln Sie Gelassenheit

Der simplify-Weg enthält beim Thema Finanzen ein scheinbares Paradox: Sie können nur dann mehr Geld verdienen, wenn Sie es loslassen können. Sobald Sie sich an Geld klammern, ist Ihnen der Weg zum Reichtum verwehrt.

Loslassen ist dabei etwas anderes als Gleichgültigkeit. Viele Menschen sagen: »Geld ist mir egal.« Damit errichten sie eine Blockade gegenüber dem Reichtum: »Eigentlich will ich Geld gar nicht.« Der Gelassene dagegen sagt: »Ich will hart arbeiten, alle Möglichkeiten nutzen, alle meine Fähigkeiten einsetzen, um erfolgreich zu werden. Wenn es aber nicht gelingt, komme ich damit auch klar.«

Haben Sie Mut

Fassen Sie mutige Gedanken und schreiben Sie sie in mutigen Sätzen auf: »Ja, ich habe Schulden, aber Millionen von Menschen haben ihre Schulden abtragen können, und ich kann das auch.« »Es gibt viele Menschen mit ähnlichen Fähigkeiten wie ich, die viel mehr verdienen als ich jetzt. Ich werde bald zu ihnen gehören.«

Ändern Sie Ihre Sprache, wenn es um Geld und Geldverdienen geht:

Sagen Sie nicht …	sondern …
Ich kann nicht …	*Ich kann …*
Ich weiß nicht, wie …	*Ich lerne, wie …*
Ich wünschte, ich …	*Ich werde … haben*

Entdecken Sie Ihre mentalen Barrieren

Sie haben die wichtigsten emotionalen Blockaden in Ihrem Herzen entdeckt und sich so weit wie möglich von ihnen verabschiedet. Nun sollten Sie als nächsten Schritt aufspüren, welche Denkblockaden gegenüber Geld und Vermögen sich in Ihrem Kopf verbergen. Hier die häufigsten vier Hürden in Ihren Gedanken und Urteilen.

Elternsprüche

Es gibt eine ganze Reihe unterschwelliger Weisheiten, die uns anerzogen wurden: »Man kann nicht ehrlich zu Reichtum kommen.« »Wer zu Geld kommt, verliert seine Freunde.« »Geld macht nicht glücklich.« Und viele andere Sprüche, mit denen sich schlecht bezahlte Arbeiter jahrhundertelang getröstet haben. »Reichtum« ist dadurch für viele Menschen ein negativer Begriff geworden, auch wenn sie die einzelnen Annehmlichkeiten des Wohlstands durchaus zu schätzen wissen.

Unser simplify-Rat: Sprechen Sie nicht von »Reichtum« oder »viel Geld«, sondern von »finanzieller Unabhängigkeit«.

Was-wenn-Ängste

Was passiert, wenn ich arbeitslos werde? Was, wenn das eingefädelte Geschäft scheitert? Wer vor seinem geistigen Auge stets das Scheitern sieht, wird bald tatsächlich scheitern. Fast alle Geschichten erfolgreicher Geschäftsleute beginnen damit, dass sie etwas aufgegeben und sich in ein Wagnis gestürzt haben. Aber sie hatten dabei nicht das Scheitern, sondern eine große Vision vor Augen.

Unser simplify-Rat: Malen Sie sich ein klares, angenehmes Bild vor Augen – ein positiv formuliertes Lebensziel, das Sie erreichen wollen.

Der Lotto-Traum

Doch Vorsicht – es gibt auch Visionen, die blockieren. Dazu gehören Träume vom »großen Glück«: Dass Sie als Star entdeckt werden, dass Sie in der Lotterie gewinnen, dass Sie einen unbekannten reichen Onkel beerben. Das Problem an solchen Fantasien: Sie setzen in Ihnen keine Aktivität in Gang, sondern verurteilen Sie im Gegenteil zum passiven Warten und Hoffen.

Unser simplify-Rat: Bestellen Sie Lotto und Glücksspiele ab. Nehmen Sie sich stattdessen vor, innerhalb eines Jahres so viel Geld zusätzlich zu verdienen, wie ein Fünfer im Lotto bringt. In den Biografien erfolgreicher Menschen finden sich immer wieder Berichte von Nebenjobs: als Taxifahrer, Zeitungsausträger, Buchautor, Seminarleiter usw. Auch wenn manches davon legendenhaft verklärt sein mag, eines ist deutlich: Erfolgreiche Menschen waren immer Täter und haben sich nie mit der Opferrolle begnügt.

Selbstentschuldigungen

Das sind Sätze wie »Ich würde gerne ..., aber ...« Bedenken Sie: Beide Hälften des Satzes kommen von Ihnen, der Wunsch und die Entschuldigung. Solche Sätze verdeutlichen die Tatsache: Sie stehen sich selbst im Weg. Die Kraft Ihrer Sehnsüchte wird von niemand anderem gebremst als von Ihnen selbst. Sie können entweder Entschuldigungen vorbringen oder Geld verdienen, aber nicht beides. Erfolgreiche Menschen haben die gleichen »Gerne, aber«-Gedanken. Doch sie vertrauen darauf, dass die erste Wunsch-Hälfte stärker ist.

Unser simplify-Rat: Formulieren Sie Ihre Sehnsüchte um. Sagen Sie »Ich würde gerne …, und das erreiche ich, indem ich …«

Geld ist Wirklichkeit

Manche Menschen haben die Sorge, dass das Geld zu wichtig wird in ihrem Leben. Sie fürchten, dass es zum Götzen wird, und nicht nur die Bibel warnt vor dem »ungerechten Mammon«. Im Alltag führen diese berechtigten Warnungen zu einer verdeckten Abwertung des Geldes, spürbar etwa in der Redewendung: »Der macht das nur wegen des Geldes«, und das ist ein ausgesprochen negatives Urteil. Wer aber innerlich das Geld ablehnt, tut sich schwer, welches zu verdienen und es zu behalten.

Einen interessanten Hinweis gibt die mittelalterliche Lehre von den vier Elementen. Dort gehörten Gold und Geld zum Element Erde – dem »langweiligsten« Element, schwerfällig und mühsam. Aber nur hier wird finanzieller Reichtum geschaffen, denn zum Element Erde zählen auch die Tat und die Wirklichkeit.

Dieses urtümliche Verständnis kann das Thema Geld für Sie klarer machen: Sie können sich Geld wünschen, es wollen oder viele Ideen zum Geldverdienen haben – Einnahmen auf dem Konto entstehen nur durch Ihr Handeln. Die brillantesten Ideen und der stärkste Wille machen nicht reich, wenn ihnen nicht die ausdauernde, manchmal langweilige, schwerfällige und mühsame »erdnahe« Arbeit folgt.

Besonders für Künstler ist das eine tägliche Erfahrung: Gelobt wird der Maler für seine Ideen, der Schriftsteller für seinen Esprit, der Sportler für seinen eisernen Willen. Es entsteht der Eindruck, als würde schon die Idee, der Einfall oder der Wille allein reich machen. Materieller Erfolg stellt sich aber erst ein, wenn der Maler das Bild malt, der Schriftsteller kontinuierlich an seinem Werk schreibt und der Sportler täglich trainiert.

Weil Geld verbunden ist mit Erde und Realität, ist es ein Gradmesser für Ihre Verwurzelung in der Wirklichkeit. Es ist ein gutes Barometer für die »Erdung« Ihres Lebens. »Geldprobleme«, so bringt es der Lebensberater und Bankkaufmann Hajo Banzhaf auf den Punkt, »sind Wirklichkeitsprobleme.« In vielen Sätzen lässt sich der Begriff »Geld« durch das Wort »Realität« ersetzen. »Ich hatte so tolle Ideen, mir hat nur das Geld gefehlt« bedeutet: »... mir hat nur der Bezug zur Realität gefehlt.« »Ich wäre zufrieden, wenn ich endlich genug Geld hätte« bedeutet: »Ich wäre zufrieden, wenn ich endlich die Wirklichkeit akzeptieren könnte.«

Selbst der tadelnde Satz vom Anfang (»Der macht das nur wegen des Geldes«) klingt in der Übersetzung gar nicht mehr so negativ: »Der konzentriert sich voll und ganz auf die Wirklichkeit.« Gerade für spirituelle und künstlerische Menschen ist Geld daher ein gutes Heilmittel. Sie gewinnen innere Klarheit, wenn sie von der abschätzigen Abwertung des Finanziellen zu einem handfesten Verständnis dafür finden, wie viel Geld ihre Arbeit wert ist.

simplify-Idee 6
Ent-zaubern Sie das Thema Geld

»Finanziell unabhängig« werden – das bedeutet, so viel Geld zu besitzen, dass es nur selten zum zentralen Thema Ihres Lebens werden muss. Das erreichen Sie, indem Ihr Einkommen deutlich über

Ihren Bedürfnissen liegt. Der simplify-Rat lautet deshalb: Entweder schrauben Sie Ihre Bedürfnisse herunter oder Ihre Einnahmen herauf. Die folgenden simplify-Schritte bauen auf diesem Grundgedanken auf.

Zu viel Besitz blockiert Ihren Geldfluss

Sie haben viel Geld ausgegeben, um sich Dinge anzuschaffen. Sie wollen die Sachen gerne behalten, um sich durch den Besitz reich zu fühlen, und Sie haben Angst vor dem Verlust. Gerade diese Angst aber beraubt Sie der Möglichkeit, mehr zu bekommen. Unnötiger Ballast hat die Eigenart, sich zu vermehren und negative Zinseszinsen zu bilden. Geld, das für Dinge ausgegeben wird, die nicht selbst wieder Geld erzeugen, ist tot. Der vitale Kreislauf des Geldes wird damit durchbrochen. Daher sind die auf Stufe 1 beschriebenen Entrümpelungsaktionen auch für die Verbesserung Ihrer finanziellen Situation wichtig.

Anerkennung macht Sie reich

Viele Menschen denken, Sie fühlen sich dann reich, wenn Sie viel besitzen. Wirklich reich aber werden wir durch die Anerkennung der Menschen um uns herum. Hängen Sie Ihr Herz deshalb nicht an Dinge, sondern an Menschen. Am wichtigsten in Ihrem Leben ist das, was Sie nicht für Geld kaufen können: Ihr Partner, Ihre Kinder, Ihre Familie. Die Dinge, die Sie für Geld kaufen können, dürfen Ihnen nicht den Blick auf die Menschen verstellen.

Geld bedeutet: Chancen nutzen

Der nächste Schritt zu wahrem Reichtum ist die Devise: Weniger Sachen, mehr Geld. Damit investieren Sie nicht in die Gegenwart, sondern in die Zukunft. Geld, das in Umlauf ist, vermehrt sich – gleichgültig, ob es in Aktien angelegt ist, in Immobilien oder in einer eigenen Firma. Selbst wenn Sie Ihren Verdienst ohne Zinsen in einem Schuhkarton sammeln würden – Geld bedeutet Möglichkeiten. Dinge dagegen bedeuten eine getroffene Entscheidung und das Ende Ihrer Wahlfreiheit.

Stellen Sie sich Geld als Kreislauf vor, der fließen muss. Sobald Sie Angst haben, deswegen kein Geld mehr ausgeben und nur an sich denken, bremsen Sie den Kreislauf. Eine Gesellschaft, in der jeder Geld hortet, bleibt arm. Eine Gesellschaft, in der jeder Geld in Umlauf bringt, hält den Fluss in Gang, und alle sind dadurch miteinander verbunden (lateinisch: Konjunktur).

Viele Selbstständige kennen das auch phasenweise: Wenn die Einnahmen ausbleiben, wird man sparsam. Die Kontakte werden weniger, und die eigene Zurückhaltung überträgt sich auf die Kunden – ein Teufelskreis. Besser wäre es, gerade in Krisenzeiten in Werbung, Kontakte und PR zu investieren. Außerdem ist die Versuchung groß, in finanziell engen Zeiten verzweifelt jeden Auftrag anzunehmen. Aber dabei verliert man den Überblick für die wirklich lukrativen langfristigen Perspektiven.

simplify-Idee 7
Ent-schulden Sie sich

Das Grundgefühl »Mein Leben ist so kompliziert!« entspringt häufig einem chronisch überzogenen Konto. Dauerhafte Konsumschulden (also Schulden, die über Hauskredite hinausgehen) sind wie Unordnung in Sachen Geld: Es fängt mit einem kleinen Überziehungskredit an, und daraus erwachsen ständig andere.

Oliver E. ist ein erfolgreicher Journalist. Er ist Tag und Nacht im Dienst, auch an Wochenenden und im Urlaub. Als Freiberufler verdient Oliver so gut, dass er von vielen Kollegen beneidet wird. »Du musst ja Geld haben wie Heu«, witzeln sie. Aber das ist nicht der Fall. Oliver hat ständig sein Konto überzogen und arbeitet rastlos gegen eine Schuldenwand an, die recht konstant bei 25 000 Euro liegt. Er nimmt jeden Auftrag an, sein Körper zeigt erste Stresssymptome: Rückenschmerzen, Übergewicht, Anfälligkeit für Allergien und Erkältungen. Gerne würde er mehr Zeit haben für sich. Aber wie?

Reduzieren Sie den Schuldenstress

Oliver E. ist ein typisches Beispiel für ein Opfer des »inneren Kontostands«. Ein Phänomen, das Hajo Banzhaf bei etwa 80 Prozent aller Menschen vorgefunden hat. Meistens ist dieser innere Saldo identisch mit dem Kreditrahmen der Bank: Wer 25 000 Euro Überziehungskredit eingeräumt bekam, laviert die überwiegende Zeit mit Schulden in dieser Größenordnung herum. Das Unterbewusste steuert recht genau den Punkt an, bis zu dem man gehen kann. Wer sein Konto nicht überziehen darf, tut es auch nicht und kommt im Großen und Ganzen mit seinem Geld aus.

Richten Sie einen Guthabenrahmen ein

Die simplify-Lösung: Setzen Sie Ihren »inneren Kontostand« auf einen positiven Betrag. Schreiben Sie in den Ordner, in dem Sie Ihre Kontoauszüge abheften, in Großbuchstaben: »GUTHABEN-RAHMEN MINDESTENS 2500 EURO«. Sorgen Sie dafür, dass Ihr Konto nie unter diese Grenze sinkt. Das tut Ihrer Seele gut und kostet nicht viel. Ihre Bank wird Sie für verrückt halten, denn Sie »verschenken« damit Guthabenzinsen. Das Geldinstitut hätte es lieber, Sie würden Ihre 2500 Euro mit mickrigen 4 Prozent anlegen und pro Jahr 100 Euro Zinsen kassieren, bei einem Minus auf Ihrem Konto aber die für die Bank lukrativen 9 bis 18 Prozent Überziehungsprovision zahlen. Widerstehen Sie dieser Versuchung, und sorgen Sie für ein Polster – sowohl auf Ihrem Konto als auch in Ihrem Geldbeutel.

Die »Magie der Moneten«

Geld ist mehr als nur ein Tausch- oder Zahlungsmittel. Es ist eine mythische Größe, die nicht nur unser wirtschaftliches Leben mitbestimmt. Ein über Monate oder gar Jahre stark überzogenes Girokonto verursacht Stress, bewusst oder unbewusst. Ein gut gefülltes Konto oder ein Geldbeutel voller Bargeld dagegen vermittelt Wohlbefinden. Wie hängt nun beides zusammen? Wird man durch ein gefülltes Konto automatisch glücklicher?

Der Geldberater Ralph Tegtmeier hat seine Kunden analysiert und ist zu dem verblüffenden Ergebnis gekommen, dass es meistens umgekehrt ist: Unglückliche Menschen sorgen instinktiv für ein Minus auf dem Konto. Ihre unbewussten und »unsichtbaren« Sorgen, Ängste und Zweifel werden auf diese Weise sichtbar – als

Minuszahlen auf dem Kontoauszug. Ihre Seele steuert unbewusst, ob Ihre Kontoauszügen Soll oder Haben ausweisen.

Geld, so Tegtmeier, ist eine unmittelbare Veräußerlichung innerseelischer Prozesse. Es geht darum, diese zu erkennen und in Angriff zu nehmen. Dann wird sich auch die äußere Realität Ihrem inneren Bild anpassen.

Für Oliver E. war die Einsicht in diesen Zusammenhang schon fast die Lösung. In einem Gespräch mit seinem »Geldtherapeuten« konnte er seine Ängste ausdrücken. Seine Sorge war, so zu werden wie sein Vater, der sein Leben lang unter dem Konkurs seiner Firma gelitten hatte und danach als unglücklicher kleiner Angestellter

arbeiten musste. Oliver, der Sohn, hatte es besser gemacht und war erfolgreich in seinem Beruf. Aber er lebte ständig so weit über seine Verhältnisse, dass er es nicht zu beruhigendem Wohlstand brachte. Großzügig lud er oft Freunde in teure Restaurants ein, leistete sich teure Anzüge und Luxusreisen. Um Steuern zu sparen, hatte er sich mit einer teuren Eigentumswohnung verschuldet. Aus Angst um die Zukunft zahlte er sehr hohe Beträge in Lebensversicherungen.

Oliver E. erkannte außerdem, dass er sich unbewusst durch den Kredit aufgewertet fühlte: Ein hoher Kreditrahmen wird einem Bankkunden als Ehre und Vertrauensbeweis schmackhaft gemacht. Wer 25 000 Euro Schulden machen darf, klopft sich unbewusst auf die Schulter: »Ich bin meiner Bank 25 000 Euro wert!« Leider vergisst er dabei, dass er für diese Ehre bis zu 3 000 Euro Zinsen im Jahr an die Bank bezahlen muss.

Nachdem der tiefere Grund für Olivers Dauerdefizit geklärt war, konnte er zurückkehren zu den einfachen Wahrheiten in Sachen Geld und diesen positiven Nebeneffekt von Schulden entlarven.

Wege aus dem Schuldenloch

Schulden können in Ihrem Selbstwertgefühl schlimmen Schaden anrichten. Wer Schulden hat, fühlt sich schuldig, schämt sich und fühlt sich schwach – und das nur wegen ein paar Zahlen auf einem Stück Papier! Sagen Sie sich immer wieder: Ich bin kein schlechter Mensch, weil ich Schulden habe, sondern ein Mensch, der schlecht mit seinem Geld umgegangen ist.

Jeder Schuldenberg lässt sich abbauen, auch wenn es am Anfang unmöglich erscheint. Aus Menschen, die dazu die Kraft hatten, sind später häufig Millionäre geworden, denn sie haben dabei die Macht ihres eigenen Willens entdeckt. Hier die wichtigsten Schritte:

1. Stellen Sie sich der Wahrheit

Erzählen Sie anderen von Ihren Schulden – natürlich nicht jedem, aber mehreren Menschen, denen Sie vertrauen können. Sie werden merken, dass Schulden nichts Außergewöhnliches sind und Sie nicht der Einzige, der welche hat. Das hilft gegen Ihre Scham. Informieren Sie vor allem Ihre Familienmitglieder. Machen Sie ihnen dabei zugleich deutlich, dass Sie es gemeinsam schaffen werden.

2. Geben Sie nicht mehr Geld aus, als Sie haben

Es ist wirklich so einfach. Eine Ausnahme bilden sinnvolle Kreditaufnahmen, etwa Investitionen für Ihre Firma oder der Kauf von (nicht überteuerten) Immobilien. Es wäre Unsinn, ein Haus erst dann zu kaufen, wenn man den Preis bar bezahlen kann.
Aber Hände weg von allen Konsumkrediten, denen keine preisstabilen Sicherheiten gegenüberstehen. Eine Reise oder eine Wohnzimmereinrichtung auf Pump – lassen Sie sich dazu nicht verführen!

Schon der beliebte Autokredit kann gefährlich werden. Schuldnerberatungsstellen berichten, dass viele Negativkarrieren hochverschuldeter Klienten mit einem Kredit für einen Neuwagen begonnen haben. Ein Auto verliert rapide an Wert. Wer eine Zeit lang die Zinsen für den 15 000 Euro teuren Neuwagen nicht zahlen konnte, steht vor einem Schuldenberg von über 15 000 Euro (Neupreis plus Zinsen), das Auto ist inzwischen aber nur noch 7 000 Euro wert, muss verkauft werden – und dann gilt es, über 8 000 Euro Schulden zu begleichen, für die kein Gegenwert mehr existiert!

3. Zahlen Sie bar

Ladenketten sind verrückt danach, Lesestationen für Scheckkarten aufzustellen. Denn im Schnitt geben Kunden doppelt soviel Geld aus, wenn sie keine Geldscheine auf den Tisch legen müssen. Ein Geldbeutel ist die einfachste Art, den Überblick über die persönliche Finanzsituation zu behalten. Viele reiche Leute (und etliche Bankiers!) sind überzeugte Barzahler, auch wenn sie in Anzeigen für Kreditkarten werben. Das gefüllte Portemonnaie vermittelt das angenehme Gefühl, reich zu sein – und man kann es nie überziehen.

4. Schlachten Sie Ihre Sparschweine

Haben Sie Sparbücher? Ausländisches Bargeld? Sonstige Mittel, die Sie schnell zu Barem machen können? Dann nichts wie aufs Girokonto damit, denn dort zahlen Sie die mit Abstand höchsten Schuldzinsen, die so schnell wie möglich verringert werden müssen.

5. Durchforsten Sie die Abbuchungen auf Ihrem Konto

Nach Angaben der bayerischen Verbraucherberatung werden einzelnen Kunden pro Jahr bis zu 800 Euro »überflüssige Posten« vom Konto abgebucht: Prämien für überversicherte Risiken, irrtümliche

Beiträge für Vereine, aus denen man schon ausgetreten ist, oder Spenden für Organisationen, mit denen man sich längst nicht mehr identifiziert. Auch Lotterien und andere Glücksspiele sind eine schlechte Geldanlage und streng genommen nur eine großzügige Spende an den Staat. Gehen Sie die Buchungen des vergangenen Jahres kritisch durch. Beenden Sie laufende Verpflichtungen, am besten per Einschreiben.

6. Reduzieren Sie Ihren Lebensstil

Vereinfachen Sie Ihr Leben radikal. Sagen Sie sich: Das ist nicht für immer so. Aber jetzt in dieser Phase meines Lebens ist Reduzierung angesagt. Ich werde später stolz auf mich sein, dass ich das geschafft habe.

Machen Sie, solange Sie Schulden haben, einen Sport aus dem Sparen. Stellen Sie größere Anschaffungen zurück. Kaufen Sie preiswertere Lebensmittel. Essen Sie nicht mehr im Restaurant. Fahren Sie nicht mehr Taxi. Verzichten Sie auf allen Luxus. Schalten Sie auf »Notaggregat«. Eine wichtige Sparmöglichkeit ist ein kleineres Auto.

7. Gewöhnen Sie sich nicht an rote Zahlen

Befreien Sie sich *jetzt* aus der Schuldenspirale. Wer sich erst einmal an ein Soll auf dem Kontoauszug gewöhnt hat, wirtschaftet in der Regel unbekümmert weiter wie bisher und kommt aus dem ungesunden Strudel nie mehr heraus. Je früher Sie gegensteuern, umso besser.

8. Sehen Sie Ihre Bank nicht als Feind

Kopf in den Sand, Briefe mit Rechnungen und Kontoauszügen nicht öffnen – all das hilft nichts. Arbeiten Sie mit Ihrem Bankberater einen realistischen Plan aus, wie Sie Ihre Schulden abtragen können. Niemand ist daran so interessiert wie Ihre Bank. Sie sollten dabei monatlich nicht nur ein bisschen, sondern so viel wie möglich zahlen.

Fragen Sie dabei immer nach, wenn Sie etwas nicht vollständig verstanden haben. Das Grundprinzip für jede Unterhaltung mit gewieften Bankberatern: Fragen, fragen, fragen! Sie müssen alles an Ihren Krediten und Ihren Konten verstehen, bis ins Detail. Nehmen Sie im Zweifelsfall einen fachkundigen Bekannten oder Ihren Steuerberater mit.

Wenn gar nichts mehr hilft, sollten Sie den Wechsel zu einer anderen Bank in Erwägung ziehen. Machen Sie sich keine zu großen Hoffnungen: Banken sind nicht besonders scharf auf überschuldete Kunden. Es kann allerdings schon sein, dass eine andere Bank Ihren Immobilienbesitz oder Ihre beruflichen Möglichkeiten günstiger bewertet als Ihr derzeitiges Kreditinstitut.

9. Jede Mark zählt

Hart arbeitende Menschen meinen meist, es sei wichtiger, die Einnahmen zu steigern, als die Ausgaben zu senken. Menschen, die mit Geld umgehen können, tun beides! Wenn Sie viel arbeiten und gut Geld verdienen, dann belohnen Sie sich nicht mit großzügigen Ausgaben. Bleiben Sie bei Anschaffungen so kritisch wie früher, als der Geldsegen noch nicht so reichlich ausfiel – und nutzen Sie die Ersparnis zum Aufbau Ihres Vermögens.

10. Schichten Sie Ihre Schulden um

Der letzte Ausweg, wenn die Dauerschulden zu hoch sind: Beleihen Sie Ihren Besitz. Falls Sie ein Haus oder eine Eigentumswohnung besitzen und gleichzeitig Ihr Konto oft überziehen, können Sie von den Zinsen im Hypothekengewerbe profitieren, die immer unter denen für Konsumkredite liegen. Das können Sie auch tun, wenn Sie gar nicht bauen oder umbauen wollen. Beleihen Sie Ihre Immobilie zum

Beispiel mit 25 000 Euro, fester Zinssatz für 5 Jahre 6 Prozent. Das ist nur halb so viel wie die Überziehungszinsen von derzeit 11 Prozent.

Wieder eine Aktion, von der Ihre Bank verständlicherweise nicht begeistert sein wird. Aber danach fühlen Sie sich besser! Doch Vorsicht: Werden Sie durch das Plus auf dem Girokonto nicht leichtsinnig. Die Schulden sind noch da, nur günstiger finanziert!

11. Die Zwei-Berge-Regel

Auch wenn Sie hohe Schulden haben, müssen Sie unbedingt sparen, um ein Vermögen aufzubauen. Das klingt für Menschen in großer Schuldennot wie blanker Hohn, aber es ist der einzige Weg, um wirklich aus dem Tal herauszukommen.

Sprechen Sie offen mit allen Gläubigern, und handeln Sie die Abzahlungen so weit wie irgend möglich herunter. Während Sie mit der einen Hälfte Ihrer Einkünfte den Schuldenberg langsam abtragen, bauen Sie mit der anderen Hälfte allmählich einen Guthabenberg auf und legen Sie ihn konservativ an, damit er ein wenig Zinsen bringt. Das Entscheidende ist dabei gar nicht der Zinsgewinn, sondern das gute Gefühl, nach dem dauernden Bergab wieder etwas wachsen zu sehen. Eines nicht so fernen Tages werden beide Berge gleich hoch sein – und Sie können alle Schulden auf einen Schlag abbezahlen.

12. Lernen Sie daraus!

Leben Sie, wenn Sie Ihre Schulden abbezahlt haben, zunächst weiter sehr sparsam. Legen Sie das gewonnene Geld für Ihre Zukunft auf sichere Weise an. Betrachten Sie Ihre Schuldenphase als wichtige Lehrzeit. Das Lernziel dabei: So etwas darf mir nie wieder passieren!

Schulden können ein Signal dafür sein, dass Sie unbewusst mit einem Vorfahren verbunden sind, der ungerecht behandelt wurde. Hier kann Ihnen die systemische Psychotherapie helfen, dass Ihr Unbewusstes Sie nicht gleich wieder in die nächste Schuldenfalle steuert.

Vereinbaren Sie mit Ihrem Partner, dass in Zukunft keiner von Ihnen allein einen wichtigen Vertrag (Kredite, Versicherungen, Bausparen) unterschreibt, ohne ihn vorher dem anderen gezeigt zu haben, und sagen Sie das dem Bank- oder Versicherungsmann. Das bewahrt Sie

vor voreiligen Abschlüssen. Wenn Sie nur sagen: »Das will ich mir noch einmal überlegen«, wird der Profi versuchen, Sie zu überreden. Gegen das Partnerargument ist er jedoch machtlos.

Der effektivste Spartipp wäre, ganz aufs Auto zu verzichten. Aber das ist nur selten möglich, und außerdem ist uns der fahrbare Untersatz ans Herz gewachsen. Hier eine clevere Zwischenlösung: Verkaufen Sie Ihr altes Auto im Sommer, und organisieren Sie das Eintreffen des Neuen so, dass Sie zwei bis drei Monate ohne Auto sind. In der warmen Jahreszeit ist das praktikabel, Sie sparen Geld und leben einmal probeweise ohne. Sie werden staunen, was es für Alternativen gibt: öffentliche Verkehrsmittel, Taxis, Flugreisen, Fahrräder, freundliche Nachbarn und Mietwagen.

simplify-Idee 8
Ent-kommen Sie Ihrem Sicherheitsdenken

Ihr Einkommen ist kein Schicksal, sondern eine Pflanze, die Sie düngen können. Gehen Sie anhand der folgenden Grundsätze zum Thema Geld Ihren Umgang mit diesem Thema durch.

Überprüfen Sie Ihre Geldreflexe

Ein kleiner Test: Bei einer Quizsendung können Sie zwischen zwei Angeboten wählen: a) 28 Tage lang täglich 100 000 Euro oder b) am 1. Tag 1 Cent, am 2. Tag 2 Cent, am 3. Tag 4 Cent, am 4. Tag 8 Cent und so weiter, wieder 28 Tage lang. Entscheiden Sie sich!

Der Hintergrund für diesen Test: Ihr Verhalten gegenüber Geld wurde entscheidend während Ihrer Kindheit geprägt. Ihr aus der Erziehung stammender reflexartiger Umgang mit Finanzen lässt sich am einfachsten durch eine simple Technik verbessern: durch Rechnen.

Im angegebenen Beispiel kommen Sie bei Angebot a) auf die stolze Summe von 2,8 Mio. Euro, das ist schnell zu sehen. Viele Menschen entscheiden nach dem Prinzip »Was man hat, das hat man« und wählen diese einfache Variante. Andere ahnen, dass ein Trick dabei sein muss, und wählen blind Variante b). Die bringt aber 115 000 Euro weniger.

Die Moral von der Geschichte: Eine richtige »spontane« Antwort gibt es nicht. So wichtig die Gefühle beim Thema Geld auch sind – vertrauen Sie im Ernstfall nicht auf Ihre Reflexe, sondern auf Ihren Taschenrechner!

Suchen Sie einmal pro Jahr eine neue Stelle

Sie müssen dabei nicht wirklich Ihren Arbeitgeber wechseln wollen. Aber Sie sollten regelmäßig über den eigenen Zaun gucken. Unsere Eltern haben uns eingeimpft: Wenn du eine gute »Stellung« hast, dann diene dort treu, und es wird dir gelohnt. Das ist allerdings eine Weisheit, die schon lange nicht mehr stimmt. Personalberater betonen: Wer seinem Arbeitgeber ein Leben lang treu bleibt, verschenkt bares Geld. Sie empfehlen, in der ersten Hälfte des Berufslebens mindestens zweimal die Firma zu wechseln, um Aufstiegschancen zu nutzen.

Eine Karriere in der ersten Firma sollte nur der anstreben, der dort außergewöhnlich früh befördert wurde. Der Normalfall aber ist: Jeder Jobwechsel ist ein Zugewinn an Erfahrung und Einkommen.

Der simplify-Tipp zum Steigern Ihrer Einnahmen lautet daher: Kleben Sie nicht an Ihrem Sessel. Lesen Sie Stellenanzeigen. Besuchen Sie andere Firmen. Hören Sie sich um: Wo ist das Betriebsklima gut? Wo werden Ihre speziellen Fähigkeiten besonders verlangt? Bin ich schon zu alt? Bewerben Sie sich testweise, wenigstens alle drei Jahre einmal – selbst wenn Sie nicht die leiseste Lust haben, Ihre Stelle zu wechseln. Es stärkt Ihr Selbstbewusstsein, wenn Sie wissen, dass man Sie auch woanders nehmen würde. Es erweitert Ihren inneren Horizont. Es kann Ihnen bei Gehaltsverhandlungen mit Ihrem aktuellen Arbeitgeber von Nutzen sein. Und Sie vermeiden es, vor dem Nichts zu stehen, falls Ihre derzeitige Firma Konkurs macht, Ihre Abteilung auflöst oder man Sie aus anderen Gründen vor die Tür setzt.

Lassen Sie sich Ihre Freundschaftsdienste honorieren

Viele Menschen geben anderen wertvolle Beratung, helfen beim Aufräumen, pflegen ältere Menschen – wagen es aber nicht, dafür Geld zu nehmen. Machen Sie sich klar: Wenn Sie für eine Arbeit Honorar verlangen, entwerten Sie Ihre Tätigkeit nicht, sondern erhöhen deren Wert. Wenn Sie einem hilflosen Menschen helfen, schaffen Sie ein Ungleichgewicht: Sie sind stark, der andere schwach. Wenn Sie sich einen angemessenen Geldbetrag bezahlen lassen, wird das Ungleichgewicht gemildert. Das ist gut für beide Seiten.

Tun Sie beides: Hilfeleistungen gegen Geld und solche »pro bono«. Sagen Sie niemals: »Ich nehme grundsätzlich kein Geld.« Dann müssen Sie die Menschen nicht vor den Kopf stoßen, die gern und großzügig geben würden.

Wenn Sie als Selbstständiger in einem Dienstleistungsberuf arbeiten, werden Sie häufig Anfragen erhalten, »für einen guten Zweck« auf Ihr Honorar ganz oder teilweise zu verzichten. Falls Sie in der Versuchung stehen, allen Bitten großherzig zu entsprechen, sollten Sie mit sich selbst einen festen Prozentsatz vereinbaren: 5 (oder 7, oder 10) Prozent meiner Arbeitszeit »spende« ich für Zwecke und Organisationen, von denen ich ehrlich überzeugt bin. Wenn Sie im September Ihr Jahressoll schon erfüllt haben, können Sie Bitten mit gutem Gewissen und guten Argumenten abweisen.

Trauen Sie sich, mehr Geld zu verlangen

Freie Mitarbeiter werden meist nach einem festen Honorarsatz bezahlt. Solche »Festhonorare« machen ihrem Namen häufig alle Ehre: Sie bleiben über Jahre, ja Jahrzehnte, fest. Der allgemeine Anstieg der Einkommen geht an ihnen vorbei. Dabei müsste ein Honorar von 250 Euro bei einer extrem geringen jährlichen Steigerungsrate von 2 Prozent nach 10 Jahren mindestens 298 Euro betragen.

Bei 3,8 Prozent, dem durchschnittlichen Anstieg der Löhne von 1989 bis 1999, wären es sogar fast 350 Euro! Selbst nach nur 5 Jahren müsste Ihr 250-Euro-Honorar auf 290 Euro gestiegen sein, um mit dem Anwachsen Ihrer Lebenshaltungskosten Schritt zu halten.

Hier hilft nur Mut: Rechnen Sie Ihrem Auftraggeber die Unangemessenheit Ihrer Entlohnung vor. Argumentieren Sie sachlich: Wenn Sie nach mehreren Jahren immer noch Aufträge bekommen, ist man ja offensichtlich mit Ihnen zufrieden. Drohen Sie nicht mit Ihrem Weggang, aber haben Sie auch keine Angst davor. Sagen Sie sich: Alles wird teurer, das weiß mein Auftraggeber auch. Deshalb wird er auf meine Forderung eingehen.

Das gleiche gilt für Angestellte. Wenn Sie nachweisen können, dass Sie mit Ihrer Arbeit den Profit Ihrer Firma steigern konnten, sollten Sie auch in angemessener Weise am Erfolg beteiligt werden.

Dos and Don'ts für Ihre Karriere

Der erste Schritt zu beruflichem Erfolg ist, dass Sie ihn überhaupt wollen. Viele Menschen kommen in ihrem Beruf nicht weiter, weil sie unbewusste Blockaden gegen die »Karriere« haben. Ähnlich wie beim Thema Geld sind diese Blockaden verbunden mit einem ganzen Bündel an Vorurteilen und Halbwahrheiten: »Befördert werden nur die Schleimer.« »Weiter kommt nur, wer über Leichen geht.« »Wer mehr Verantwortung trägt, muss viel mehr arbeiten.« »Wer oben ist, wird von den bisherigen Kollegen gemieden oder gemobbt.« »Wer oben ist, kann tiefer fallen.« Lauter Einsichten, die vielleicht ein Körnchen Wahrheit enthalten. In ihrer Gesamtaussage aber sind sie Unsinn.

Sagen Sie den oben aufgezählten Vorurteilen Lebewohl. Ersetzen Sie die alten Sätze durch neue – schließlich gibt es auch gute Gründe, nicht bis ans Lebensende am angestammten Arbeitsplatz zu bleiben: Weiter oben gibt es mehr Gehalt. Weiter oben haben Sie mehr Entscheidungsspielraum. Wer oben ist, genießt höheres Ansehen und wird besser behandelt (auch von den eigenen Kindern und vom Ehepartner). Befördertwerden bringt mehr Abwechslung und Arbeitsfreude. Der Wechsel zu anderen, attraktiveren Arbeitgebern wird leichter.

Der simplify-Weg geht (wie so oft) von den Äußerlichkeiten zum Inneren. Beim Thema Karriere lautet die simplify-Weisheit: Um Erfolg zu haben, sollten Sie sich wie ein erfolgreicher Mensch verhalten. Hier einige typische Situationen aus dem Berufsalltag und die jeweils falsche sowie richtige Reaktion darauf:

Ein Kollege wird vor Ihnen befördert

Gerade noch arbeiteten Sie im selben Zimmer, und nun ist der ehemalige Kollege Ihr Vorgesetzter.

Verlierer-Verhalten: Sie schalten auf »Dienst nach Vorschrift« und sabotieren den Eben-noch-Kollegen. Damit überzeugen Sie den Chef, dass er den Richtigen befördert hat und Sie für eine höhere Aufgabe offenbar nicht geeignet sind.

Erfolgs-Verhalten: Analysieren Sie (nach dem ersten Schrecken), was Ihr vorgezogener Kollege richtig gemacht hat. Fragen Sie Ihren Chef offen, was Sie tun müssen, um beim nächsten Mal zum Zuge zu kommen.

Ihr Chef verlangt ständig Überstunden

Sie wissen, dass man mit Stechuhrverhalten niemals aufsteigt. Aber müssen Sie für Ihr kümmerliches Gehalt deswegen dauerhaft einen Elf-Stunden-Manager-Tag hinlegen?

Verlierer-Verhalten: Um Auseinandersetzungen zu vermeiden, erfinden Sie Entschuldigungen, damit Sie den Abend doch frei bekommen. Sie stiften Kollegen zur Meuterei an. Oder Sie lassen sich notgedrungen ausnutzen.

Erfolgs-Verhalten: Sagen Sie nicht zu oft nein. Betrachten Sie Ihren Chef als Ihren wichtigsten Kunden, dessen Geschäftsbeziehung Ihnen sehr am Herzen liegt. Wenn er sich darauf verlassen kann, dass Sie sich in Stresszeiten total engagieren, sollten Sie ihn allerdings in weniger hektischen Zeiten um einen freien Tag oder andere Vergünstigungen bitten. Wenn Sie einerseits Engagement zeigen, andererseits aber auch das Rückgrat haben, Ihre eigenen Interessen zu vertreten, wird der Chef Ihnen zutrauen, dass Sie in einer höheren Position auch besser die Unternehmensbelange vertreten können.

Ihr Budget wird gekürzt

Wohin man schaut, werden Kosten gespart. Prinzipiell ist das besser, als dass Ihr Unternehmen Schulden macht, aber wenn es Ihr eigenes Projekt trifft, dann machen Sie sich möglicherweise Gedanken, dass das ein persönlich gemeinter Schuss vor den Bug ist.

Verlierer-Verhalten: Sie versuchen, über den Kopf Ihrer Vorgesetzten hinweg auf andere Weise an Gelder zu kommen. Sie arbeiten aus Protest weniger. Sie jammern.

Erfolgs-Verhalten: Erfinden Sie Alternativen. Wenn beispielsweise Ihr Reiseetat beschnitten wurde, stellen Sie möglichst viele Kontakte auf Internet oder einen Rundbrief um. Versuchen Sie, neue Geldquellen zu erschließen: Fördermittel, Sponsoren, neue Kunden. Betrachten Sie eine Etatkürzung als Herausforderung, an der Sie Ihrem Chef Ihre Fähigkeiten demonstrieren können. Sagen Sie aber auch klar, dass es eine Grenze gibt. Lassen Sie sich nicht alles gefallen. Vielleicht hat Ihr Chef ja nur getestet, wie weit er gehen kann.

Ihr Chef macht Ihre Vorschläge vor versammelter Mannschaft nieder

So etwas tut weh! Da ist es ein schwacher Trost, dass so etwas zum Angestelltendasein dazugehört.

Verlierer-Verhalten: Sie schießen vor versammelter Mannschaft zurück. Oder Sie schmollen für den Rest der Veranstaltung. Oder Sie beschweren sich bei jedem, der es hören will, über die ungerechte Behandlung.

Erfolgs-Verhalten: Trennen Sie Ihr Ego von Ihren Vorschlägen und Ideen. Wenn Ihr Chef Ihre Anregungen verwirft, verwirft er damit noch lange nicht Sie selbst. Empfanden Sie seinen Stil als persönlich beleidigend, dann teilen Sie ihm das mit – unter vier Augen: »Ich habe Verständnis für Ihre Entscheidung, aber ich könnte besser reagieren, wenn Sie meine Idee in einer weniger persönlichen Weise abgelehnt hätten.« Mark Wössner, Ex-Bertelsmann-Chef, betonte immer: »Wenn ich einen Mitarbeiter verletzt habe, möchte ich das erfahren.« Achten Sie jedoch in Zukunft darauf, in welcher Weise Sie Ihre Vorschläge machen. Könnte der Chef sie als Kritik an sich auffassen?

Ihre gewünschte Gehaltserhöhung wird abgelehnt

Sie haben in einem schweren Jahr hart gearbeitet – aber Früchte davon sind auf Ihrer Gehaltsabrechnung nicht zu sehen.

Verlierer-Verhalten: Sie plündern die Materialausgabe, führen vermehrt private Telefonate und gehen überpünktlich nach Hause. Achtung, solche Situationen enthalten Sprengstoff: Wenn Sie den Bogen auch nur ein bisschen überspannen, werden Sie abgemahnt und bald danach gekündigt.

Erfolgs-Verhalten: Erkundigen Sie sich bei Ihrem Chef – so ruhig es geht – nach den Gründen. Machen Sie Vorschläge für Einnahmesteigerungen oder Einsparungen, an deren Erfolg Sie finanziell beteiligt werden könnten. Grundregel: Zeigen Sie Verständnis für die Situation des Chefs, und legen Sie Problemlösungen vor. Vergessen Sie nicht: Niemand bekommt eine Gehaltserhöhung für eine einzelne gute Leistung. Dafür gibt es höchstens einmal eine Bonuszahlung. Ein höheres Gehalt gibt es, wenn Sie der Firma *in der Zukunft* ein Plus an Wertschöpfung bieten. Argumentieren Sie also mit der Zukunft, nicht mit Ihren Dankbarkeitserwartungen für die Vergangenheit.

Sie bekommen einen neuen Chef

Und mit dem stimmt die Chemie nicht. Er betrachtet Sie als Feind, und Sie machen sich Sorgen, dass Sie bald zusammen mit den alten Büromöbeln aus der Abteilung fliegen.

Verlierer-Verhalten: Sie vernebeln, horten Ihr Herrschaftswissen, blockieren, geben sich bockig und verweigern die Kooperation.

Erfolgs-Verhalten: Hören Sie nicht das Gras wachsen, wenn der neue Boss ein anderer Herzlichkeitstypus ist als der alte. Warten Sie nicht, bis der neue Chef Sie ruft, sondern stellen Sie sich aktiv vor. Erläutern Sie Ihr Arbeitsgebiet, und interessieren Sie sich für seine zukünftigen Pläne. Machen Sie sich auf sympathische Weise unentbehrlich. Wenn Sie allerdings merken, dass der neue Chef Ihren Arbeitsplatz mit einem »mitgebrachten« Kollegen besetzen will, den er gut kennt und schätzt – dann sollten Sie schnell handeln und sich nach einer neuen Stelle umsehen, innerhalb oder außerhalb Ihres Betriebs. Am leichtesten finden Sie die, solange Sie selbst noch auf der alten Stelle beschäftigt sind.

Man überträgt Ihnen eine nutzlose Aufgabe

In jedem Unternehmen gibt es neben wunderbaren Herausforderungen ausgesprochen »blöde Jobs«, die herumgeschoben werden wie der Schwarze Peter. Und jetzt ist er bei Ihnen gelandet.

Verlierer-Verhalten: Sie schieben den Schwarzen Peter weiter, oder Sie parken das ungeliebte Projekt auf der langen Bank.

Erfolgs-Verhalten: Erklären Sie, warum das Ganze nicht nur für Sie, sondern auch für die Firma undankbar ist. Selbst wenn Sie damit die Aufgabe nicht abwenden können, sammeln Sie doch Pluspunkte. Gute Manager wollen die Warnungen vor drohenden Niederlagen hören. Auf Dauer schätzt ein Chef immer die Mitarbeiter, die ihm die Wahrheit zumuten. Falls nicht, ist Ihr Chef nicht gut genug für *Sie*!

Gründen Sie einen Zielklub

Treffen Sie sich etwa alle zwei Monate mit zwei, drei oder vier engen Freunden bzw. Freundinnen, die sich alle gegenseitig zum Erfolg verhelfen wollen. Fester Ritus jedes Treffens, das bei einem Mittag- oder Abendessen stattfinden kann: Sie erklären sich gegenseitig, was jede und jeder bis zum nächsten Mal in seinem Beruf erreicht haben möchte. Niemand kann ohne Ziele und Zielkontrolle erfolgreich sein. In Kreisen des höheren Managements sind »corporate climber clubs« (Klubs der Firmenaufsteiger) eine Selbstverständlichkeit.

Etablieren Sie Ihre tägliche Zukunftsstunde

Der amerikanische Lebensberater und Bestseller-Autor Richard Carlson hat es mit vielen Kunden ausprobiert: Wer sich *jeden Tag eine Stunde* Zeit nimmt für die Frage »Wie kann ich mehr Geld verdienen?«, bringt es nach zwei Jahren konsequenter Ein-Stunden-Methode zu finanzieller Unabhängigkeit.

Voraussetzung ist, dass Sie sich wirklich *täglich* eine volle Stunde *ausschließlich* und *ohne Unterbrechungen* dieser Aufgabe widmen. Die meisten Menschen erreichen ihre finanziellen Träume

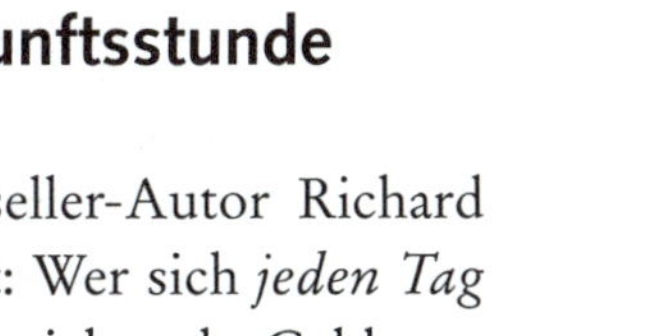

nicht, weil sie schon nach zu kurzer Zeit die Flinte ins Korn werfen.

Nähern Sie sich Ihrer eigenen großartigen Zukunft ohne Angst und Verkrampfung. Überprüfen Sie sich und Ihre Fähigkeiten –

jeden Tag eine Stunde lang. Was tue ich gerne? Was kann ich besonders gut? Welche Fähigkeiten möchte ich noch verbessern? Seien Sie dabei offen für alle Möglichkeiten: eine zusätzliche Ausbildung, einen neuen Arbeitgeber, einen neuen Beruf, einen Nebenberuf oder auch die Selbstständigkeit.

Lesen Sie in Ihrer Zukunftsstunde Zeitschriften und Bücher, sehen Sie sich Filme an, telefonieren Sie mit Freunden und Kollegen, lesen Sie Stellenanzeigen und hören Sie herum, bilden Sie sich fort mit Kassettenkursen, Videos, Büchern, oder gehen Sie einfach eine Stunde lang spazieren und fantasieren Sie Ihre eigene Zukunft.

Das ist wichtig: Weichen Sie in Ihrer Zukunftsstunde nicht vom Thema ab. Grübeln Sie nicht über Ihre Misserfolge in der Vergangenheit oder über die gegenwärtigen Schwierigkeiten. Beschäftigen Sie sich mit dem, was Sie *noch nicht* haben und können.

Wenn Sie arbeitslos sind, sehen Sie in sich den Nicht-mehr-Arbeitslosen. Wenn Sie verschuldet sind, sehen Sie in sich den Schuldenfreien. Wenn Sie von einem nur mittelprächtigen Gehalt leben, sehen Sie in sich den Besserverdienenden.

Viele Menschen, die von der Ein-Stunden-Methode hören, lachen zunächst über solche Vorstellungen. Es fällt schwer, sich als jemand anderen zu sehen. Aber wir alle leben davon, dass wir uns etwas zutrauen, das unsere derzeitigen Möglichkeiten übersteigt. So haben Sie als kleines Kind schreiben gelernt: Mit sechs Jahren haben Sie gewusst, dass aus Ihren Krakeleien eines Tages eine perfekte Handschrift wird. So haben Sie auch ein Musikinstrument zu spielen gelernt oder das Schwimmen oder das Skifahren.

Der sanfte Weg zum eigenen Unternehmen

Einfacher und glücklicher leben – für viele Menschen ist damit der Traum verbunden, nicht mehr angestellt zu sein. Nicht mehr Tag für Tag unter dem Zeitdiktat der anderen zu stehen. Nicht mehr durch unfähige Vorgesetzte demotiviert zu werden. Die Höhe des eigenen Einkommens selbst zu bestimmen. Für viele bleibt es beim Träumen, denn sie trauen sich das Stehen auf den eigenen Beinen nicht zu. Dabei wäre es einfacher, als sie denken.

Auch wenn die Selbstständigkeit eine Idee ist, die Sie zunächst weit von sich weisen – lassen Sie sich gedanklich einmal probeweise darauf ein. Auch als Angestellter sollten Sie sich innerlich in einen Selbstständigen hineinversetzen können. Der Trend in der Wirtschaft geht klar zur Profitcenter-Organisation, und in den fortschrittlichsten Firmen wird längst jeder Mitarbeiter als Mini-Profitcenter und Mitunternehmer gesehen. Hier die erforderlichen simplify-Schritte:

Laufen Sie sich warm

Der »Sprung in die Selbstständigkeit« ist nicht nötig. Schaffen Sie sich neben Ihrem nicht selbstständigen Beruf ein zweites Standbein. Testen Sie sich und den Markt. Betreiben Sie ein Hobby »halbprofessionell«. Was tun Sie wirklich gerne? Wofür schlägt Ihr Herz? Das ist der beste Punkt, um anzufangen. Denken Sie nicht primär an Geld und wo Sie es am leichtesten verdienen könnten. Sonst landen Sie bald wieder in einer Tretmühle und arbeiten wegen des Einkommens – und nicht wegen Ihrer persönlichen Erfüllung.

Suchen Sie sich einen Berater

Das muss kein teurer Unternehmensberater sein – am Anfang genügt Ihr Steuerberater. Der wird Sie einführen in die Geheimnisse der Einkommensteuererklärung und der Mehrwertsteuer, den beiden ersten Lernfächern auf dem Weg zur Selbstständigkeit. Bald werden Sie sehen, dass alles einfacher ist als befürchtet.

Entscheidend wichtig auf dem Weg zur Selbstständigkeit ist es, einen Selbstständigen zu kennen, den Sie schätzen und mit dem Sie reden können. Ohne lebendiges Vorbild ist es fast unmöglich, den Einstieg in eine neue Existenzform zu finden.

Stecken Sie sich höhere Ziele

Motivationstrainer betonen: Es gibt keine zu hohen Ziele, nur zu kurze Fristen. Die meisten Menschen überschätzen, was Sie in zwei Monaten schaffen können – aber Sie unterschätzen, was in zwei Jahren möglich ist. Setzen Sie sich niemals Mittelmäßigkeit als Ziel. Werden Sie nicht einer von vielen, sondern auf Ihrem klar begrenzten Gebiet die Nummer eins!

Verkaufen Sie keine Produkte

Sondern verkaufen Sie Lösungen. Das erste Gebot im Geschäftsleben lautet, so der Unternehmer Jörg Knoblauch: Bieten Sie einen Nutzen. Ein guter Autohändler handelt nicht mehr mit Autos, sondern mit Lebensgefühl. Ein PC-Laden verkauft nicht Computer, sondern Arbeitserleichterung. Formulieren Sie die Absicht Ihres zukünftigen Geschäfts in aktiver kundenfokussierter Form: »Ich schaffe meinen Kunden Werte, indem …« Nicht Ihre Gewinnmaximierung, sondern der greifbare Nutzen Ihrer Leistung sollte Ihr Ziel sein. Nur so kommt der gewünschte Profit zu Ihnen.

Stehen Sie zu Ihrem Namen

Der beste Name für Ihr Geschäft ist nicht ein Fantasiewort (»Mega-TurboSysTec«), sondern Ihr eigener Name (»Niki Pilic Tennisschule«). Denn wo immer Sie auftauchen, wann immer Ihr Name genannt wird, ist das Werbung für Ihr Unternehmen (auch wenn Sie nur ein Ein-Personen-Betrieb sind). Außerdem: Nichts ist für Kunden Vertrauen erweckender als ein Mensch aus Fleisch und Blut.

Reden Sie nie schlecht über Konkurrenten

Überzeugen Sie durch Ihre eigene Leistung. Lernen Sie von den Stärken Ihrer Mitbewerber, und vermeiden Sie deren Fehler. Lassen Sie sich nicht davon entmutigen, dass es neben Ihnen andere Anbieter gibt. Es sind genug Kunden für alle da! Machen Sie die Schwächen Ihrer Mitbewerber aber niemals zum Thema Ihrer Werbung und Akquisition. Formulieren Sie am besten Ihr Angebot so, dass es einzigartig klingt und Ihre Kunden gar nicht auf den Gedanken kommen, Sie mit Mitbewerbern zu vergleichen.

Verlangen Sie angemessene Preise

Lassen Sie sich nie auf Dumpingangebote oder »Einstiegspreise« ein. Lieber klein, aber fein. Bieten Sie gegenüber der Konkurrenz einen Mehrwert und machen Sie das deutlich. Siedeln Sie sich im lukrativen »oberen« Segment des Marktes an – dort, wo allein die Qualität entscheidet. Wenn die Güte Ihrer Arbeit überragend ist, tritt das Preisargument zurück.

Glauben Sie an sich

Sie sind immer nur so gut, wie Sie sich selbst gut finden. Reden Sie gut von sich, ohne übertrieben anzugeben. Formulieren Sie selbst Ihren eigenen Werbeprospekt. Trauen Sie sich, sich mit ehrlichen Superlativen zu schmücken: »Der freundlichste Büroservice von Garching«; »Deutschlands kleinster Großhändler«; »Der kreativste Internetgestalter, den Sie für diesen Preis bekommen können.«

Halten Sie durch

Lassen Sie sich durch Misserfolge nicht entmutigen. Im Gegenteil: Alle erfolgreichen Menschen haben erst durch Niederlagen ihre eigentlichen Stärken entdeckt und entwickelt. Walt Disney wurde von über 300 Banken abgewiesen, bis ihm endlich die 303. Bank sein geplantes Disneyland finanzierte. Winston Churchill fasste in der letzten Rede vor seinem Tod sein Leben so zusammen: »Gib nie nie nie nie nie nie auf!«

Leben Sie sparsam

Steigern Sie Ihr Einkommen auch durch Ihr eigenes Geld, indem Sie es klug anlegen. Eine protzige Büroeinrichtung ist totes Kapital. Aus 25 000 Euro, vor 20 Jahren in Renten- und Aktienfonds angelegt, sind dagegen heute weit über 500 000 Euro geworden.

Ihre Firmenphilosophie: Liebe und Leidenschaft

Machen Sie niemals eine ungeliebte Arbeit nur wegen des Geldes. Wenn Sie die Liebe zu Ihrem (neuen) Beruf verlieren – hören Sie auf. Wenn Sie durch Ihre neue Arbeit die Zuneigung Ihres Lebenspartners verlieren – hören Sie ebenfalls mit der Arbeit auf. »Love it or leave it« sagen die Amerikaner: Wenn Sie es nicht mehr lieben, lassen Sie's!

simplify-Idee 9 Ent-werfen Sie Ihre eigene Sicht von Reichtum

Wenn Sie begonnen haben, unsinnige Schulden abzubauen und auf dem guten Weg sind, dass Geld für Sie nicht mehr im Mittelpunkt steht – dann sollten Sie zum Schluss dafür sorgen, dass das alles so bleibt.

Das beginnt wieder in Ihrem Kopf. Trennen Sie sich von der Vorstellung, Reichtum habe etwas mit Geld zu tun. Es ist ein Irrweg, Armut und Reichtum durch Zahlen und durch Vergleiche mit anderen ermitteln zu wollen. Jeder Arme wird jemanden kennen, der noch ärmer dran ist als er. Jeder Reiche kennt jemanden, der mehr Geld hat als er. Und kein Mensch ist arm, weil er zu wenig Geld hat.

Reichtum oder Armut ist eine Frage des Bewusstseins. Bei einem Menschen, der sich seines eigenen Reichtums bewusst ist, wird sich früher oder später auch der materielle »Reichtum« einstellen. Die Anführungszeichen sollen andeuten, dass ein Mensch mit dem Bewusstsein von Reichtum sich auch mit relativ wenig Geld und Besitz als reich empfinden wird.

Sie können jetzt – in diesem Moment, während Sie dieses Buch lesen – reich werden. Ganz einfach indem Sie zu sich sagen: »Ich bin reich«. Wenn Sie das jetzt nicht sagen können, werden Sie es auch in 10 Jahren nicht tun – gleichgültig, wie viel Sie bis dahin verdient oder verloren haben. Für die meisten Menschen ist diese Einsicht eine große Erleichterung. Sie bedeutet, dass das Suchen ein Ende hat.

Mit den folgenden Tipps werden Sie Ihren materiellen Besitz unter Kontrolle haben und eine neue Dimension von Reichtum erleben.

Schreiben Sie Ihre Ausgaben auf

Das muss nicht zu einer privaten Buchhaltung ausarten. Es ist gar nicht so wichtig, was Sie mit den dabei entstehenden Listen machen. Entscheidend ist: Durch die schriftliche Form verdeutlichen Sie sich den Vorgang des Geldausgebens an sich. So manche unsinnige Spontanausgabe unterbleibt, weil Ihr Unbewusstes weiß: »Oh je, morgen wird mein Blick auf meine Ausgabenliste fallen und ich werde diesen Unsinn bereuen!« Bleiben Sie reich und gleichzeitig bescheiden – Ihr Bewusstsein von Reichtum darf Sie nicht zu blinder Verschwendung verleiten.

Führen Sie sich nicht in Versuchung

Zahlen Sie möglichst bar. Die Versuchung ist groß, »mit der Karte« zu bezahlen und dabei das Gefühl für die geflossenen Beträge zu verlieren. Nehmen Sie Ihre Eurocheque- oder Kreditkarte nur mit, wenn Sie eine größere Geldsumme bezahlen müssen, die Sie nicht bar bei sich führen wollen. Stellen Sie sich auch dann beim Bezahlvorgang vor, wie sich in Ihrer Hand die Karte in ein Bündel Geldscheine verwandelt, und zählen Sie im Geiste an der Kasse das bare Geld auf den Tisch.

Spenden Sie bestimmte Summen

Das große psychologische Paradox des Geldes: Wenn Sie Geld an Bedürftige geben, fühlen Sie sich reich. Spenden können tatsächlich dazu führen, die Ausgaben zu senken, denn um in den Augen Ihres Unbewussten reich zu bleiben, wird es Sie nach dem Spenden wirksam zu finanzieller Zurückhaltung ermahnen. Manche Menschen denken, sie würden sich reicher fühlen, wenn sie keinen Pfennig spenden, aber viel Geld ausschließlich für sich selbst ausgeben: noble Kleidung, pompöse Urlaube. Das Unbewusste in uns aber bestraft uns für so viel Egoismus, und bei den Einnahmen kommt es früher oder später zu einer Katastrophe – bei manchen Angehörigen der Schickeria haargenau zu beobachten, die bei irgendeinem waghalsigen Finanzmanöver ihren Reichtum verlieren (Ausnahmen bestätigen die Regel).

Spenden Sie nicht nur an Organisationen, sondern auch an konkrete Menschen. Helfen Sie jemand anderem dabei, Erfolg zu haben. Nichts wird Sie selbst stärker zu eigenem Erfolg motivieren. Ein Sprichwort sagt: Der beste Weg, etwas zu lernen, ist zu lehren.

Lassen Sie sich dabei von der Vorstellung leiten: Wer Reichtum ernten will, muss Reichtum säen. Viele Menschen haben keine rechte Vorstellung, wie man das macht. Aber sie können Armut säen, indem sie mangelnde Wertschätzung säen. Das gilt insbesondere für Trinkgelder. Probieren Sie es aus: Lassen Sie bei der Abreise im Hotelzimmer 10 Euro für das Zimmermädchen liegen, und verzichten Sie dafür auf einen Drink an der Bar, ein längeres Handy-Telefonat oder irgendetwas anderes. Sie werden mit dem eigentlich unbezahlbar wertvollen Gefühl die Hoteltür hinter sich schließen, ein wirklich reicher Mensch zu sein.

Betrachten Sie ein Erbe als Geschenk

Bei keinem Ereignis ist Familienstreit so häufig vorprogrammiert wie beim Thema Erbschaft. Oft geht schon zu Lebzeiten des Erblassers das Hickhack unter den Erben los: Aha, Petra pflegt den alten Onkel Gustav nur, um im Testament großzügig bedacht zu werden.

Der kluge Rat des Münchner Psychotherapeuten Jakob Schneider: Betrachten Sie geerbtes Geld oder andere Besitztümer, die Sie nicht selbst mit eigener Arbeit erwirtschaftet haben, grundsätzlich als Geschenk. Nur dann können Sie bei aufkommenden Streitigkeiten ehrlich auf Ihren Anteil verzichten. Häufig werden die »gierigen« anderen Erben gar nicht so versessen auf den Ihnen zustehenden Teil sein, und man wird sich gemeinsam leichter auf einen Kompromiss einigen. Oft ist es gut, bei Streit auf einen Teil zu verzichten; dann kann Friede einkehren. Wenn Sie völlig verzichten und sich dadurch in den Augen der anderen zu einem übertriebenen tugendhaften Vorbild hochstilisieren, wird das Verhältnis zu dem, der alles bekommt, schwierig oder sogar dauerhaft gestört sein.

Handeln Sie finanziell immer fair

Ein bemerkenswertes und ziemlich unbekanntes Wort Jesu zum Thema Geld lautet: »Macht euch Freunde mit dem ungerechten Mammon«. Er sagt das im Blick auf die Ewigkeit: Wenn es (im Jenseits) kein Geld mehr gibt, dann werden nicht die Bilanzen zählen, sondern die guten Taten, die ihr mit dem Geld verursacht habt. Das gilt nicht nur für Ihr eigenes Geld, sondern insbesondere für Mittel, die Sie im Auftrag anderer verwalten. Manche Angestellte meinen, es sei im Sinne Ihres Arbeitgebers am besten, Lieferanten bis zur Schmerzgrenze zu drücken und aus Kunden finanziell das Äußerste herauszuholen. Es ist für Sie (und auf lange Sicht sogar für Ihre Firma) aber besser, mehr auf das Verhältnis zu den Menschen zu achten als auf die nackten Zahlen. Machen Sie sich Freunde, indem Sie sie finanziell fair behandeln. Eine »kleine Großzügigkeit« an der richtigen Stelle kann für die Beziehung zu einem Handwerker, einem Lieferanten oder sonst einem Dienstleister Wunder bewirken.

Sie säen Armut, wenn Sie Rechnungen nicht oder erst nach langer Wartezeit bezahlen. Wer anderen nicht gibt, was ihnen zusteht, wird früher oder später auch selbst nicht bekommen, was ihm zusteht. Bedenken Sie: Wer eine Rechnung nicht zahlt, steht nicht souverän »über« dem schnöden Geld, sondern klammert sich an seine Pfennige, bis zur dritten Mahnung. Neurotisches Festhalten aber kann nicht reich machen. Eine amerikanische Untersuchung hat ergeben, dass Unternehmen, die prompt Rechnungen bezahlen, keineswegs als »dumm«, sondern als »nobel« und erfolgreich gelten.

Armut sät aber auch, wer Dinge kauft, die er sich nicht leisten und deren Rechnungen er nicht bezahlen kann. Er beleidigt seine Gläubiger, indem er ihnen nicht gibt, was ihnen zusteht.

Wünschen Sie anderen Gutes

Gönnen Sie anderen Menschen ihren Besitz. Wünschen Sie ihnen, dass er sich vermehrt. Wünschen Sie ihnen Glück und Gesundheit. Das gilt besonders für Menschen, die mehr haben als Sie. Einem Bettler von Herzen Reichtum zu wünschen, ist keine große Kunst. Ihrem Chef oder einem Multimillionär Reichtum zu wünschen, fällt Ihnen sicher schon schwerer.

Wachsen wird das, worauf Sie sich konzentrieren. Wenn sich eine Regierung auf den Mangel konzentriert und Sparprogramme verabschiedet, gibt sie der Arbeitslosigkeit und dem Nichthaben zusätzliche Energie. Wenn sich eine Firma auf die Senkung ihrer Ausgaben konzentriert, kann sie nur schwer gleichzeitig bei ihren Kunden als attraktiv und zukunftsorientiert erscheinen. Wer sich dagegen auf die Wertschöpfung und auf Wohlstand konzentriert, wird Wohlstand ernten.

Denken Sie gut über Geld

Auch wenn Sie derzeit noch Schulden haben oder einmal nicht wissen, womit Sie demnächst Ihren Lebensunterhalt bestreiten werden – lassen Sie sich nicht dazu verleiten, Wohlstand und Geld an sich zu verurteilen. Denken Sie nicht mit Hass oder Neid an Menschen, die genug haben. Denn was Sie denken, wird für Sie Wirklichkeit: Wenn Sie Wohlstand und Geld hassen, werden Wohlstand und Geld auch weiterhin nicht zu Ihnen kommen. Wer Geld hasst, denkt damit letztlich auch schlecht über sich selbst und seine Arbeitskraft. Er traut sich nichts mehr zu und verdient daher auch nichts – der Kreislauf ist geschlossen.

Machen Sie sich klar: Ihre Arbeit ist das, was Sie von ihr denken. Ihre Kunden sind das, was Sie von Ihnen denken. Die Wirtschaftslage ist das, was Sie von ihr denken.

Begreifen Sie die Welt als Überfluss

Das Grundprinzip der Natur ist Überfluss. Millionen von Spermien werden produziert, obwohl nur eines gebraucht wird. Das Universum ist unermesslich groß, es besteht seit unglaublich langer Zeit.

Vertrauen Sie darauf: Es ist genug für alle da. Natürlich kann nicht jeder Mensch auf der Erde Multimillionär werden. Aber betrachten Sie einen reichen Menschen nicht als jemanden, der Ihnen etwas wegnimmt, sondern als potenziellen guten Kunden oder Spender. Betrachten Sie sich selbst als jemanden, der teilhaben kann am Überfluss der Schöpfung.

Sie entscheiden über Ihre finanzielle Realität

Manchmal wird es Ihnen so vorkommen, als hätten sich alle gegen Sie verschworen, als wäre das Leben gegen Sie. Aber das kann es gar nicht sein. Das Leben ist einfach das Leben. Der einzige Grund dafür, dass das Leben sich scheinbar gegen Sie richtet, ist *Ihr* Denken über das Leben. Und dieses Denken verändert Ihre Wirklichkeit mehr, als Sie sich träumen lassen. Menschen, die unter extremem Verfolgungswahn leiden, sehen unterirdische Gänge mit Spitzeln und Spionen. Sie sind zutiefst davon überzeugt, auch wenn alle Fakten dagegen sprechen.

Ähnlich verhält es sich mit finanziellen Angelegenheiten. Manchmal mag es Ihnen so erscheinen, als wandere das Geld überall hin, nur nicht zu Ihnen. Sobald Sie davon aufrichtig überzeugt sind, wird es auch tatsächlich nicht mehr zu Ihnen kommen. Ihr Unbewusstes wird dafür sorgen, dass Sie sich im Beruf karrierefeindlich benehmen, dass Sie Ihr Geld falsch anlegen usw.

Betrachten Sie sich als Akteur in Ihrem Leben und nicht als Opfer. Und behalten Sie bei allem den Humor, so wie die Schauspielerin Mae West, die zum Thema Geld die klare Aussage machte: »Ich war reich und ich war arm, und glauben Sie mir, reich ist besser.«

So sparen Sie sich reich

Lassen Sie sich probeweise auf den Gedanken ein: Wäre es nicht ein einfaches Leben, wenn Sie von den Zinsen Ihres Vermögens leben könnten und einer Arbeit nachgehen dürften, die Sie gerne tun und die Sie mit Freude und Glück erfüllt? Wenn Sie Ihre ganze Kraft für andere Menschen einsetzen könnten – ohne Geldsorgen?

Sparen Sie einen festen Betrag am Monatsanfang

Dieser Rat ist die Basisidee des Geldberaters Bodo Schäfer. Er empfiehlt, das Wort »sparen« durch den Begriff »sich selbst bezahlen« zu ersetzen. Lassen Sie am Monatsanfang einen festen Betrag von Ihrem Konto abbuchen. Nur so können Sie sicher sein, dass Sie das Geld nicht anderweitig ausgeben. Wer am Monatsende das spart, »was noch übrig ist«, steht meist vor einem leeren Konto.

Nutzen Sie den Zinseszinseffekt

Mit einer cleveren Sparform können Sie das Wunder der Zinseszinsrechnung auf dem eigenen Konto bestaunen: Wenn Sie jeden Monat 500 Euro zurücklegen und eine Geldanlage mit 12 Prozent Rendite finden (in den letzten Jahrzehnten war das bei fast allen guten Aktienfonds der Fall), besitzen Sie nach 21 Jahren 500 000 Euro. Dieses Vermögen sichert Ihnen ab dann (ohne dass Sie das Kapital antasten müssen) ein Monatseinkommen von 5000 Euro. Die Rechnung klingt geschönt, aber in den letzten Jahren waren die Zahlen noch viel besser! Selbst wenn in Zukunft einzelne Krisen die Weltwirtschaft erschüttern: Es bleibt ein kluger Schachzug, Vermögen mit Aktien aufzubauen. In den USA beruht fast die gesamte Altersvorsorge darauf. Es werden also nach wie vor riesige Summen in die Wirtschaft fließen und sie am Laufen halten.

Nach den enormen Kurseinbrüchen in der ersten Hälfte des Jahres 2001 kann es, so die überwiegende Meinung der Börsenkenner, nur noch aufwärts gehen – wenn auch nie wieder so stürmisch wie in den Boomjahren 1999 und 2000.

Entrümpeln im Geld-Stockwerk Ihrer Lebenspyramide kann ein kleines Wunder bewirken. Geld ist, wie schon betont wurde, mehr als nur ein Zahlungsmittel. Ihr Verhältnis zum Geld ist ein wichtiger Aspekt Ihrer Persönlichkeit und ein wichtiger Schritt zu einem einfachen und glücklichen Leben. Wir kommen nun zu einem Aspekt, der Ihnen noch näher ist: Ihr Umgang mit der Ihnen gegebenen Zeit.

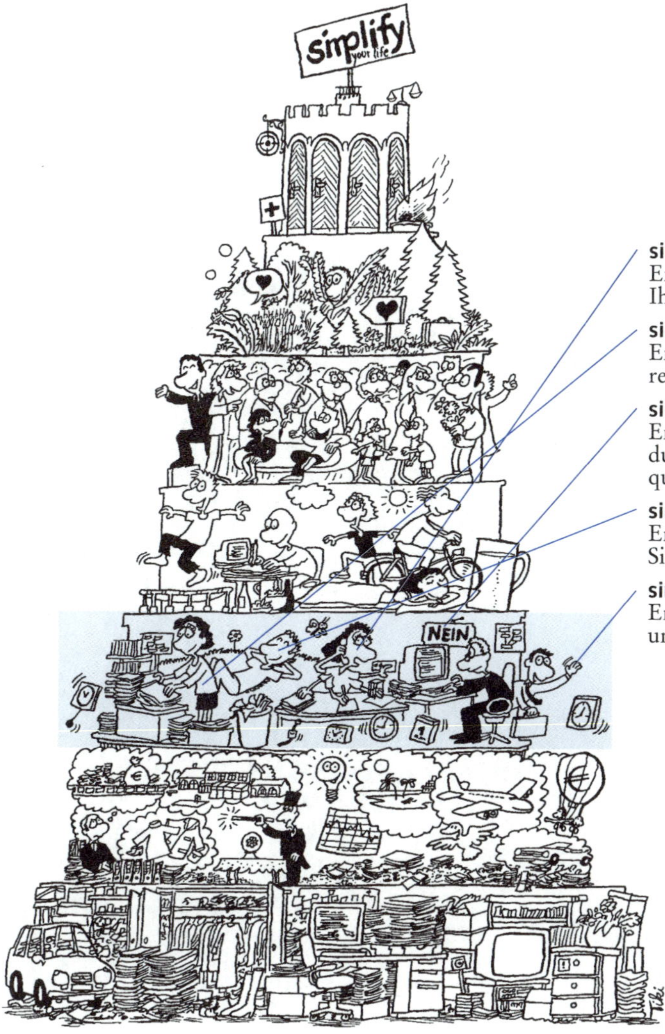

simplify-Idee 10:
Ent-doppeln Sie Ihr Handeln

simplify-Idee 11:
Ent-perfektionieren Sie Ihr Leben

simplify-Idee 12:
Ent-lasten Sie sich durch konsequente »Neins«

simplify-Idee 13:
Ent-schleunigen Sie Ihr Leben

simplify-Idee 14:
Ent-fliehen Sie ab und zu

Stufe 3 Ihrer Lebenspyramide

Vereinfachen Sie Ihre Zeit

Ihr simplify-Traum: Vierte Nacht

»Von hier oben sieht das Geld ganz anders aus, und die Gegenstände da unten wirken geradezu lächerlich harmlos.« Solche Gedanken gehen Ihnen durch den Kopf, als Sie den Weg zur dritten Ebene Ihrer Pyramide gefunden haben. Sie sind nun darauf gefasst, hier wiederum hauptsächlich Gefühlen zu begegnen, und kurz durchzuckt Sie der Gedanke, ob Ihre Lebenspyramide vielleicht sogar ausschließlich aus Gefühlen besteht.

Als Sie sich aber die dritte Stufe genauer ansehen, werden Sie eines anderen belehrt. Neben Ihren Gefühlen gibt es hier unendlich viele und neuartige Bilder zu bestaunen, Gleichnisse und Geschichten aus den Tiefen Ihrer Seele. Die Wände des dritten Stockwerks bestehen aus einem eigenartigen porösen Material, wie Knochen oder Sandstein, und Sie bemerken, dass Sie auf knirschendem Sand laufen. Ganz langsam rieselt weißes Pulver aus den durchlöcherten Wänden. Vorsichtig befühlen Sie die Wand. Richtig, der Sand entsteht aus diesen Wänden selbst, als würden Sie von einer inneren Kraft aufgerieben. Eines Tages werden diese Wände nicht mehr tragen, sie werden verbraucht und zusammengebrochen sein. Zum ersten Mal wird Ihnen bewusst, dass diese Pyramide nicht ewig stehen wird, sondern genau so lange, wie Ihr Leben dauert.

Noch aber wirken die Wände der dritten Etage ausgesprochen stabil. Zum Teil sind riesige Lasten daran aufgehängt, wunderschöne Gebilde und schmerzverzerrte Fratzen, farbenfrohe Konstruktionen und dunkelgraue Quader. Viele bewegen sich, und Sie merken an Ihren Empfindungen, dass es sich dabei um Ihre Aktivitäten handelt, Ihre Aufgaben und Pflichten, Ihre Hobbys und Vorlieben. Bei einigen fühlen Sie beklemmenden Druck auf Ihren Schultern, bei anderen beschwingte Leichtigkeit und Freude.

Sie hätten erwartet, dass hier eine Uhr hängt, aber dann sehen Sie, dass lauter Uhren in weitem Abstand wie Satelliten um dieses dritte Stockwerk kreisen. Sie verstehen, dass Ihre Lebenspyramide keine Uhrzeiger und keine digitale Ziffernanzeige enthält, sondern dass die Messbarkeit der Zeit eine von außen hinzugefügte Dimension ist. Selbst wenn Sie versuchten, nach den fliegenden Uhren zu greifen, Sie könnten Sie niemals erreichen oder gar beeinflussen. Die vielen Aufgaben an der Wand dagegen können Sie nicht nur berühren, sondern mit einem leichten Schub mühelos bewegen. Das überrascht Sie, denn Sie hätten erwartet, dass alle unverrückbar an Ihre Pyramide festgeschraubt wären. Nun ahnen Sie, was Ihre Aufgabe auf dieser Stufe sein wird.

Das simplify-Ziel für Stufe 3

Lernen Sie, Ihre Zeit aktiv zu bestimmen.

Beim Thema Zeit ist die Ausgangssituation so klar und gerecht wie bei keiner anderen Ressource: Jedem Menschen stehen pro Tag 24 Stunden zur Verfügung. Warum aber haben die einen »keine Zeit«, und andere langweilen sich? Weil die Sprache dabei in die Irre führt: Wer »keine Zeit« hat, hat nicht Unordnung bei seiner Zeit, sondern bei seinen Aufgaben. Es sind zu viele, zu große und zu unwichtige Dinge, die er in seine 24 Stunden packt. Vereinfachen heißt also nicht »Zeit sparen«, sondern »Aufgaben sparen«. Es geht nicht darum, die Zeit zu managen, sondern sich selbst.

Das ist das Geheimnis auf der dritten Stufe Ihrer Lebenspyramide: An einer Stelle eine Schneise schlagen, indem Sie überflüssige Aktivitäten entfernen und *eine* Ihrer vielen Tätigkeiten zur wichtigsten machen. Dann erleben Sie das herrliche Gefühl, Herr (oder Herrin) über Ihre Zeit zu sein, und die nächste Stufe des simplify-Weges ist erklommen.

simplify-Idee 10
Ent-doppeln Sie Ihr Handeln

Das Geheimnis erfolgreicher und glücklicher Menschen ist meist, dass sie sich voll und ganz auf eine Sache konzentrieren können. Auch wenn sie vielerlei im Kopf haben – sie haben eine Technik gefunden, dass sich die vielen Verpflichtungen nicht gegenseitig behindern, sondern in eine gute innere Ordnung kommen. Und diese Ordnung ist ganz einfach: Das Wichtigste zuerst!

Theoretisch leuchtet das ein. Aber im Alltag sieht es oft ganz anders aus. Vielleicht haben Sie auch schon versucht, Prioritäten zu setzen, sind aber am alltäglichen Kleinkram und an allerlei unvorhergesehenen Ablenkungen gescheitert. Gehen Sie den simplify-Zeitpfad in eine neue Ära des Selbstmanagements.

Absolute Einfachheit

Legen Sie eine klare Priorität für Ihre beruflichen und persönlichen Aufgaben fest: 1 für ganz wichtig, 2 für zweitrangig und 3,4 … für nebensächlich. Manchmal ergeben sich die Prioritäten durch den

Termindruck – aber bleiben Sie misstrauisch. Nicht alles, was dringend ist, ist auch wirklich wichtig. Auf Platz 1 gehört etwas, das überdurchschnittlich Profit verspricht, das besonders großes Entwicklungspotenzial hat oder das von einer besonders großen Menge von Menschen beachtet werden wird. Neu am simplify-Weg ist *die kompromisslose Vereinfachung*: Nehmen Sie sich pro Tag nur eine einzige Priorität der Stufe 1 vor.

Wenn Sie auch nur zwei Aufgaben gleichzeitig bewältigen wollen, verpufft Ihre Energie. Selbst wenn Sie die zweite Aufgabe nur in Gedanken bewegen, schwächen Sie Ihre innere Kraft. Das Geheimnis liegt in einer größtmöglichen Abschottung der einen Priorität von der nächsten. Dazu sollten Sie die beiden folgenden Techniken anwenden.

Leben Sie das Prinzip der freien Bahn

Treffen Sie mit den Menschen klare Abmachungen, die auf die Erledigung Ihrer Aufgaben Nummer 2, 3 und folgende warten. Schaffen Sie sich Raum für die Priorität 1. Nennen Sie keine unrealistisch engen Termine – sonst geraten Sie wieder in den alten Teufelskreis.

Sie erhalten drohende Anrufe mit der Melodie: »Aber Sie hatten es mir doch versprochen …«

Bleiben Sie ruhig, wenn der andere drängelt und sagt: »Was? Erst in vier Wochen? Ich brauche es unbedingt in vier Tagen!« Lassen Sie sich nicht einschüchtern und sagen Sie die Wahrheit: Es geht einfach nicht schneller. Die Gefahr, den Kunden dadurch zu verlieren oder innerbetrieblich seinen Arbeitsplatz zu gefährden, wird meist überschätzt.

Auf Dauer ist es viel schlimmer, wenn Sie die von Ihnen selbst gegebenen Terminversprechen nicht einhalten. Wichtig ist, dass Sie den Kopf frei haben für die Priorität Nummer 1. Das ist das *Prinzip der freien Bahn*.

Bekämpfen Sie Störungen aktiv

Schotten Sie Störungen ab (zum Beispiel durch die Flucht ins Zweitbüro, siehe simplify-Idee 14, S. 184 ff.) und beginnen Sie den Tag mit der Aufgabe Nummer 1. Lassen Sie keine Ablenkungen dazwischenkommen. Beliebte Routineaufgaben (Post öffnen, Surfen im Internet, Blumen gießen, neue Teddybären bestellen ...) verschieben Sie auf später.

Belohnen Sie sich mit leichten, harmlosen Tätigkeiten erst, wenn Sie die erste Etappe des Jobs Nummer 1 geschafft haben. Bedenken Sie: Der Einstieg ist immer am schwersten. Da müssen Sie sich selbst die Sporen geben. Nach einiger Zeit wird es viel leichter laufen. Am Anfang aber ist es ein echter Kampf, und Sie sollten den Stier bei den Hörnern packen. Das ist das *Prinzip des gezielten Abwehrkampfs*.

Sie werden sehen: Bei der Konzentration auf *eine* Aufgabe wachsen Ihnen ungeahnte Kräfte zu. Stellen Sie sich vor, Sie sind auf einem Jahrmarkt und müssen zwei schwere Ferkel über eine 100 Meter lange Strecke tragen. Wenn Sie beide abwechselnd packen, brauchen Sie dazu ewig, weil Ihnen immer wieder eines aus dem Arm rutschen und davonlaufen wird. Wenn Sie aber ein Schweinchen anbinden, alle Kraft zusammennehmen, es im Spurt zum Ziel schleppen, eine Pause machen, zurücklaufen und das zweite ebenso mit zusammengebissenen Zähnen huckepack nehmen – dann werden Ihnen der Sieg und der Beifall des Publikums sicher sein!

Feiern Sie Ihre Erfolge

Wenn Sie die Aufgabe Nummer 1 erledigt haben, feiern Sie das! Alleine oder mit anderen. Tanzen Sie durchs Zimmer, legen Sie sich ins Gras oder bummeln Sie durch die Straßen, gönnen Sie sich ein frisches Pils am Abend in der Kneipe an der Ecke oder ein fürstliches Essen mit Ihrem Lebenspartner. Lassen Sie das gute Gefühl, etwas geschafft zu haben, an sich heran, und genießen Sie es.

Egal, wie viele neue und superdrängende Aufgaben inzwischen mit einer drohenden riesigen 1 auf der Stirn warten – jetzt wird erst einmal gelebt! Diesen Augenblick des Glücks dürfen Sie sich von niemandem nehmen lassen, am allerwenigsten von sich selbst! Denn zu jedem Projekt gehört ganz einfach ein krönender Abschluss.

Wer das nicht tut, erlebt sein Leben nur als Last, seinen Beruf nur als Tretmühle. Probieren Sie das *Prinzip von der Festlichkeit des Lebens* aus, am besten noch heute.

simplify-Idee 11
Ent-perfektionieren Sie Ihr Leben

»Wenn ich schlanker, schöner, reicher, klüger wäre, dann wäre ich auch glücklicher.« Ein Traum, der viele Menschen krank, frustriert und unglücklich macht. Das haben die Lebensberaterinnen Enid Howarth und Jan Tras aus Albuquerque, USA, herausgefunden. Der unausrottbare Mythos vom perfekten Leben ist eine gefährliche Illusion, sagen die beiden. Er bindet Energie, anstatt Kraft zu geben. Sie ermuntern stattdessen zu einer fröhlichen und gelassenen Unvollkommenheit. Das Leben hat Fehler, Macken, Ecken und Kanten. Nur wer sie akzeptiert und in sein Dasein integriert, lebt voll und ganz.

Natürlich gibt es Tätigkeiten, bei denen Fehler gefährlich sind: beim Autofahren, beim Überqueren einer Straße, beim Umgang mit Arzneimitteln. Aber aus solchen Situationen besteht nicht das ganze Leben. Dazwischen ist viel Raum für kleine und große Schnitzer.

Eine Untersuchung der Universität von New Mexico hat ergeben: Übertriebene Genauigkeit macht nicht nur krank, sondern richtet auch wirtschaftlichen Schaden an. Glücklicher, einfacher und geldsparender lebt, wer den Mittelweg zwischen Schlamperei und Perfektionismus findet.

Das Lieber-gleich-Prinzip

Dieses Prinzip lässt sich an einer alltäglichen Situation sehr schön darstellen: Sie sehen, dass sich in einer Zimmerecke die Staubflocken ballen. *Reaktion 1:* Sie seufzen: »Es wird Zeit für einen umfassenden Hausputz, ein radikales Großreinemachen!« Und Sie lassen den Dreck liegen, denn hier zu putzen »wäre ja nur ein Tropfen auf den heißen Stein«. *Reaktion 2:* Sie nehmen den Staubball einfach mit der Hand auf und werfen ihn weg.

Reaktion 1 ist Perfektionismus. In der Tat wäre das die vernünftigste Lösung, denn wenn sich hier der Staub sammelt, dann sicher auch anderswo. Aber meist kommt es nicht so bald zur geplanten perfekten Aktion, und das konkrete Problem bleibt erst einmal ungelöst.

Reaktion 2 ist die einfache und pragmatische Lösung. Sie hat zwei bestechende Vorteile: Das unmittelbare Problem ist beseitigt, und der Weg zur perfekten Großreinemachaktion ist dadurch nicht versperrt.

Der Schweizer Unternehmensberater Samuel Brunner schärft auf »totale Qualität« getrimmten Managern das Ziel ein: »So gut wie nötig.« Nicht besser. Entperfektionieren bedeutet Mut zur Lücke und Mut zur Improvisation.

Wer Fehler macht, wird zum Gewinner

Ein Glaubenssatz, der zur Entwicklung des Perfektionismus beigetragen hat und von vielen Menschen verinnerlicht wurde, lautet: »Wenn ich nicht alles vollkommen richtig mache, bin ich ein Versager.« Dabei sind die größten Erfindungen der Menschheit das Resultat vieler Fehlversuche, gepaart mit dem unbezwingbaren Willen der Erfinder, es trotzdem zu schaffen. Fehler sind Chancen, es beim nächsten Mal besser zu machen. Fehler sind Lernerfahrungen.

Unser simplify-Rat: Freunden Sie sich mit Ihren Fehlern an. Betrachten Sie andere Menschen – oft sind deren Fehler das Interessanteste an ihnen. Sagen Sie zu sich selbst: »Meine Fehler machen mich einzigartig und kostbar.« Stellen Sie sich vor den Spiegel, strahlen Sie sich an, und sagen Sie laut: »Ich stehe zu meinen Fehlern.« Sie können beispielsweise wundervolle Berichte schreiben, aber nie rechtzeitig. Sie sind eine hervorragende Organisatorin, aber Sie nehmen sich immer zu viel vor. Sie bleiben mit bewundernswerter Ausdauer an einer Sache dran, aber leider ist es manchmal eine ganz und gar nicht lohnende Sache.

Seien Sie dankbar für die Freundlichkeit anderer, die im Großen und Ganzen mit Ihren Fehlern wunderbar leben können. Akzeptieren Sie Ihr unvollkommenes Ich. Nach all den Jahren haben Sie es sich verdient! Die folgenden Übungen können helfen, übertriebenen Perfektionismus abzubauen:

Die 14er-Liste

Wenn Sie sich wie ein Versager oder eine Versagerin vorkommen, machen Sie eine Liste mit 14 Dingen, die Sie an diesem Tag geschafft haben: Sie haben wundervollen Tee gekocht, sind ohne Stolpern die Treppe heruntergelaufen, unfallfrei Auto gefahren, beherrschen die Textverarbeitung auf Ihrem PC …

Diapositiv

»Fotografieren« Sie an jedem Tag in Ihrem Gehirn einen schönen Moment, eine gelungene Arbeit, ein Lob – und sehen Sie sich am Abend dieses Bild an, vielleicht während Sie sich in der Badewanne entspannen oder vor dem Einschlafen im Bett.

Schadensbericht

Amüsieren Sie sich über Ihre Fehler, und erzählen Sie anderen davon. Machen Sie eine nette Geschichte daraus. Die Menschen hören es furchtbar gern, dass auch andere einmal Mist bauen. Die Pannen von heute sind oft die Anekdoten von morgen! Probieren Sie es aus: Sie werden dadurch nicht an Ansehen verlieren, sondern an Liebenswürdigkeit gewinnen.

Der unperfekte Gelassenheitstag

Gestatten Sie sich Momente der Unvollkommenheit, oder legen Sie einmal sogar einen komplett vorsätzlich unvollkommenen Tag ein. Ziehen Sie etwas an, das nicht zusammenpasst; gehen Sie mit einer ungebügelten Hose ins Büro; bitten Sie um Hilfe; antworten Sie auf eine Frage mit »Das weiß ich nicht«; rufen Sie eine falsche Telefonnummer an und sagen Sie »Entschuldigung!«.

Solche gezielt erfolglosen Tage entspannen Ihr Unterbewusstsein, das möglicherweise darauf gepolt ist, dass jeder Tag ein Fortschritt sein muss. Muss er aber nicht! Freunden Sie sich mit dem ruhigen Rhythmus Ihres Herzschlags an, mit dem ganz normalen Kreislauf des Lebens.

Nicht alles ist machbar

»Perfektion ist erreichbar.« Noch so ein Mythos der modernen Industriegesellschaft, millionenfach durch Werbeversprechen in unser Unterbewusstsein gehämmert: das perfekte Haus, der makellose Körper, die vollkommene Altersvorsorge

In der Wirklichkeit aber ist Perfektion selten, flüchtig und wird meist nur zufällig erreicht. Selbst angeblich perfekte Systeme wie zum Beispiel Weltraumfahrzeuge setzen nie auf Vollkommenheit. Sie funktionieren nur deshalb (fast) perfekt, weil alle Systeme mehrfach vorhanden sind – die Erbauer rechnen mit der Unvollkommenheit jeder Einzelfunktion.

Autohersteller berichten, dass Neuwagenkäufer wegen winziger Kratzer ganze Teile oder das ganze Auto umgetauscht haben wollen. Viele Menschen erwarten diese überzogene Perfektion auch von sich selbst. Sie tragen einen unbarmherzigen inneren Richter mit sich herum. Am lautesten ist die innere Stimme beim Aufstehen, beim Einschlafen oder direkt nach einem Fehler: »Du hättest es besser machen müssen« – »Du kannst es besser« – »Schäm dich!«

Die simplify-Lösung: Streben Sie nicht danach, perfekt zu sein, sondern kompetent und einmalig. Entlassen Sie sich selbst in eine entspannte Normalität. Mit den Makeln der meisten anderen Menschen können Sie ja mehr oder weniger gut leben. Seien Sie gegenüber sich selbst ebenso großzügig. Drehen Sie die Lautstärke Ihres inneren Richters herunter. Sagen Sie Ihrer inneren Stimme: »Ich höre dich. Du brauchst mich nicht anzuschreien.«

Versuchen Sie, sich Ihren inneren Richter leibhaftig vorzustellen. Zeichnen Sie ihn, formen Sie ihn aus Lehm, oder fertigen Sie eine Collage aus Illustriertenbildern an. Sehen Sie sich an, wie unbarmherzig und hässlich er ist. Geben Sie ihm dann den Platz, den er verdient: Legen Sie das Bild in eine Schachtel mit alten Sachen, oder weisen Sie ihm in Ihrer Vorstellung einen Platz in der Hundehütte zu. Töten oder zum Schweigen bringen können Sie Ihren inneren Richter nicht. Aber Sie können ihm zeigen, dass er nicht der Chef in Ihrem Leben ist.

Formulieren Sie einen lustigen Satz, mit dem Sie sich selbst beschreiben. Hier ein paar Vorschläge: Ich bin tüchtig, liebenswert, patent und durch und durch unperfekt. Die Entwicklungsstufen meines Lebens: Perfekt, Plusquamperfekt, Unperfekt. Ich bin unvollkommen und muss mir dazu keine Mühe geben. Meine Fehler sind besser als deine. Ich bin unvollkommen, also bin ich.

Sie sind mehr wert als Ihre Taten

»Du bist, was du erreichst« ist das Glaubensbekenntnis vieler Erfolgstrainer – eine gefährliche Halbwahrheit. Natürlich hat ein Mensch, der aktiv ist und an sich arbeitet, persönlich und sozial ein höheres Gewicht als jemand, der nur passiv sein Leben erleidet. Aber wer sich nur über seine Taten definiert, gibt sich und anderen keinen Raum

mehr, seine eigene Persönlichkeit zu genießen. Am Rande des simplify-Weges sind jedenfalls immer wieder große Schilder aufgestellt mit der Aufschrift: Du bist mehr wert als deine Aktivitäten!

Wenn Arbeit alles ausfüllt, fehlt die Lebensbalance. Prüfen Sie anhand des folgenden kleinen Selbsttests, ob Sie sich nicht selbst in dieser Beziehung zu sehr aus Ihrer Lebensbalance bewegen. Denn wirklich zufrieden werden Sie nur sein, wenn Sie sich allen Ihren wichtigen Lebensbereichen angemessen widmen können.

Test

Kreuzen Sie alle Aussagen an, die auf Sie zutreffen:

- ☐ Ich bin ständig beschäftigt.
- ☐ Ich schaffe manchmal mehr, als eigentlich menschenmöglich ist.
- ☐ Langeweile kenne ich nicht.
- ☐ Erschöpfung hebt meine Stimmung.
- ☐ Mein Zeitplan ist so eng, dass nie etwas schief gehen darf.
- ☐ Ich habe öfter Schmerzen in Nacken, Schulter oder Rücken.
- ☐ Ich staune oft selbst, wie schnell mir bestimmte Arbeiten von der Hand gehen.
- ☐ Ich liebe das Gefühl, finanziell nicht nur gut, sondern außerordentlich gut abgesichert zu sein.

Wenn Sie mehr als eine Antwort angekreuzt haben, sind Sie möglicherweise auf den »amerikanischen« Traum der Machbarkeit abonniert: höher hinaus wollen, verbissener kämpfen, mehr Geld machen.

Die simplify-Lösung: Beziehen Sie Ihren Körper, Ihre Beziehungen zu anderen Menschen und die Suche nach dem Sinn in Ihrem Leben in Ihre Lebensgestaltung ein, wie Ihre Freude und Ihren Drang nach Arbeit und Leistung. Verletzen Sie ab und zu Ihre eigenen, strengen Regeln. Tun Sie etwas Ekstatisches. Nehmen Sie sich bewusst Zeit für Dinge, die kein Geld und keinen Erfolg bringen, sondern Ihnen einfach Spaß machen. Hören Sie auf Ihre Familie, Ihre Freunde und Ihren Körper, und erfüllen Sie deren Wünsche.

Senken Sie Ihre Belastungsgrenze

»Ich bin belastbar«, ist in unserer Berufswelt ein positiver Satz. Menschen, die großen Druck aushalten und auch unter Stress ruhig bleiben, gelten als Vorbilder. Die meisten Bücher und Seminare zur Stressbewältigung zeigen Methoden, wie sich die Belastbarkeit noch erhöhen lässt. Der simplify-Weg aber verläuft genau in umgekehrter Richtung: Stehen Sie zu Ihren Schwächen.

Denn ähnlich wie in der Physik gibt es in der Psychologie eine Art Naturgesetz: Die Höhe des Stresses, dem Sie ausgesetzt sind, entspricht genau Ihrer Belastbarkeit. Wer belastbar ist (und das auch öffentlich erklärt), wird immer weiter belastet – bis er irgendwann zusammenbricht.

Beachten Sie aufmerksam die Anzeichen, die Ihnen signalisieren, dass Sie unter mehr Stress stehen, als Sie bewältigen können. Diese Signale können in verschiedenen Lebensbereichen auftreten, sodass Sie den Zusammenhang zunächst gar nicht sehen: Sie werden krank (Probleme mit dem Herz, dem Magen oder dem Rücken). Oder Ihre berufliche Leistung lässt nach, Sie werden zum Opfer von Schikanen und Mobbing. Oder Ihre Partnerschaft kriselt, eine Scheidung droht, die Kinder rebellieren. Oder Ihre Lebensstimmung wird depressiv; Sie suchen Auswege in Alkohol, Drogen oder einem suchtartigen Hobby.

Erlauben Sie sich, schwach zu sein

Wenn eines der Symptome auf Sie zutrifft, ändern Sie Ihr Lebensprogramm und senken Sie Ihre Belastbarkeit. Sagen Sie offen: »Das schaffe ich nicht.« Auch wenn Sie es notfalls (unter Aufbietung aller Reserven, so wie Sie es bisher immer gemacht haben) doch schaffen würden. Reden Sie offen über Ihre Probleme, suchen Sie Helfer und

Verbündete. Gönnen Sie sich Aus-Zeiten wie bei einer Krankheit. Stehlen Sie sich notfalls Zeiten für sich selbst. Verlassen Sie Ihr Büro früher. Machen Sie auf dem Weg von der Arbeit nach Hause einen Spaziergang. Suchen Sie das Alleinsein, gewinnen Sie Abstand von den beruflichen Belastungen *und* den privaten Schwierigkeiten.

Schaffen Sie nicht mehr alles, was man von Ihnen erwartet. Hören Sie einfach einmal auf, zu funktionieren. Sie werden sehen, dass die Folgen weit weniger gravierend sind, als Sie befürchtet haben. Im Gegenteil: Ihr Ehepartner wird Sie möglicherweise so viel liebenswerter finden. Vom Druck befreit, werden Sie aufatmen und spüren, dem Wesentlichen im Leben einen Schritt näher gekommen zu sein – nicht durch Stärke, sondern durch Schwäche.

Vereinfachen Sie alteingesessene Abläufe

In jedem Betrieb und in jeder Organisation gibt es eingefahrene Arbeitsabläufe, die von niemandem mehr hinterfragt werden. Und wehe dem, der das tut. »Das machen wir schon immer so«, lautet oft die Antwort. Dann sollten Sie kontern mit der Grundfrage zukunftsorientierter Unternehmer: »Wie können wir es einfacher machen?« Hier ein paar Vorschläge.

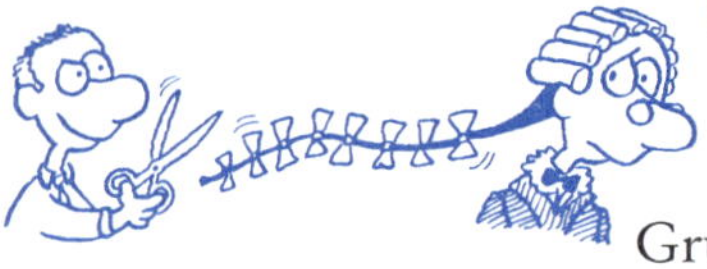

Statt Protokoll: Sofort-Liste

Unfassbar, wie viele Sitzungen es noch gibt, nach deren Ende ein Protokollant seine handschriftlichen Bemerkungen am PC zusammentippen und dann an alle Teilnehmer verschicken muss. Dabei ergeben sich blumige Formulierungen wie »Der Vorsitzende betonte, dass …« In besonders verkrusteten Strukturen gibt es sogar noch den Tagesordnungspunkt »Genehmigung des letzten Protokolls«. Nicht nur, dass der Protokollantenjob zu den schlimmsten Strafarbeiten gehört. Mit dieser Methode wird außerdem Arbeitskraft vergeudet. Protokollprosa kostet Zeit und hat in dieser Form höchstens noch bei Parlamentssitzungen einen Sinn.

Unser simplify-Rat: Der Protokollant schreibt während der Sitzung in einigermaßen lesbarer Handschrift die wichtigsten Ergebnisse in Listenform auf. Die Struktur jedes Ergebnisses ist relativ einfach: Wer macht was mit wem bis wann? Am Ende der Sitzung liest der Protokollant seine Aufzeichnungen vor (das ersetzt die mühsame »Genehmigung des Protokolls«), lässt sie kopieren und gibt jedem Teilnehmer ein Exemplar. Beim nächsten Meeting wird anhand dieses »Sofort-Protokolls« geprüft, ob alle Aufgaben erledigt wurden.

So geht's noch einfacher: Die Ergebnisse werden während der Besprechung für alle sichtbar auf dem Flipchart notiert. Am Schluss bekommt jeder eine Kopie (ein DIN-A1-Flipchart-Bogen lässt sich mit einem A3-Kopierer und etwas Fingerspitzengefühl in ein paar Arbeitsschritten auf A3 verkleinern).

Statt Telefonzentrale: klare Ansprechpartner

»Bindestrich-Null« bei der Angabe der Telefonnummer auf einem Briefbogen ist eine Visitenkarte der Ineffektivität. Wenn alle Anrufer gezwungen werden, sich von einer Telefonzentrale vermitteln zu lassen, kostet das die Nerven und die Arbeitszeit sowohl der in der Zentrale Beschäftigten als auch der Anrufenden.

Die simplify-Methode: Platzieren Sie auf allen Schreiben Ihre Durchwahlnummer groß und deutlich. Wenn Sie zwischendurch an einem anderen Platz arbeiten, leiten Sie Ihren Apparat um. Das ist, statistisch gesehen, wirksamer, als sich von der Telefonzentrale suchen zu lassen: In nur 20 Prozent aller Fälle wird der Gesuchte von der Zentrale gefunden. Wenn Sie nicht erreichbar sind, benutzen Sie Ihre Voice-Mail oder schalten Sie einen Anrufbeantworter ein. Das ist praktischer, als den Anruf von der Zentrale notieren zu lassen. Verringern Sie außerdem »allgemeine« telefonische Anfragen, indem Sie zum Beispiel in einem Prospekt bei den einzelnen Produkten die Durchwahlnummern der jeweiligen Ansprechpartner angeben.

Statt Beirats- oder sonst einer Sitzung: Experten-Pool

Ein Unternehmen wirkt so gewichtig wie die klangvollen Namen der Mitglieder in seinen verschiedenen Beiräten. Regelmäßig werden sie zusammengerufen, das kostet Spesen und die Zeit aller Beteiligten. Einige der Honoratioren geben wertvolle Ratschläge, andere schlürfen nur still ihren Kaffee. Das gilt auch für rein ehrenamtliche Gremien wie Kirchengemeinderäte oder Vereinsvorstände. Faustregel: Es wird viel zu viel turnusmäßig getagt.

Die simplify-Methode: Laden Sie die Experten, die Ihnen helfen könnten, zu einem ersten ausführlichen Treffen ein, bei dem sie Ihr

Unternehmen und die dort Beschäftigten kennen lernen. Ab dann laufen die Verbindungen nicht mehr über regelmäßige Sitzungen, sondern direkt zwischen den einzelnen Verantwortlichen im Unternehmen und dem jeweils kompetenten Berater. Das kann telefonisch geschehen, per Fax oder bei einem persönlichen Treffen. So werden nur die Berater konsultiert, die wirklich Hilfe bringen. Das ist für beide Seiten angenehmer. Die klangvollen

Beraternamen können Sie mit noch besserem Gewissen auf Briefbögen oder Prospekten aufzählen – denn nun tun sie wirklich, wofür sie gewonnen wurden: Sie beraten.

Statt Reisekostenabrechnungen: Pauschalen

Kaum ein Thema enthält so viel Sprengstoff und verbreitet so viel Unlust wie die Abrechnung von Geschäftsreisen. Die Buchhalter argwöhnen, dass die Reisenden sich amüsieren und an den Spesen reich werden, und die Reisenden fühlen sich doppelt bestraft: weg von der Familie und finanziell im Minus.

Die simplify-Methode: Vereinbaren Sie Pauschalen für häufiger auftretende Dienstreisen, die sich an den bisher gezahlten Sätzen orientieren. Das erspart dem Reisenden wie der Buchhaltung zeitraubendes Zusammenrechnen. Der Reisende ist motiviert, in einem preiswerteren Hotel abzusteigen oder statt Taxi den Bus zum Flughafen zu nehmen, denn das gesparte Geld bleibt ihm (er muss es möglicherweise allerdings versteuern). Solange die Pauschalen im Rahmen bleiben und nicht als verdecktes Zusatzgehalt verstanden werden können, dürften dem Unternehmen keine steuerlichen Nachteile entstehen. Reisekosten sind für die Firma ja Betriebsausgaben – gleichgültig, ob sie sich an internen Pauschalen oder Steuertabellen orientieren.

Statt Umlauf: Schwarzes Brett

Meldungen, die alle angehen (»Morgen Parkplatz wegen Bauarbeiten nicht benutzen!«), werden gern durch Umlaufmappen oder per E-Mail weitergegeben. Die Mappe bleibt fast immer bei jemandem hängen, und E-Mails werden gern übersehen.

Unser simplify-Rat: Innovative Unternehmen erkennt man heute an gut gestalteten Info-Wänden, die so angebracht sind, dass alle

Mitarbeiter daran vorbeikommen. Eine hervorgehobene Tafel enthält aktuelle Meldungen. Durch ein aktuelles Symbol oder wechselnde Farben sind sie schnell als neu zu identifizieren. Lassen Sie sich durch den Seufzer »Da schaut doch nie jemand hin« nicht abbringen. Nach kurzer Gewöhnungszeit ist es für alle selbstverständlich, dort täglich nachzusehen – vorausgesetzt, veraltete Zettel werden sofort entfernt.

Statt Sitzung: Gehung

Konferenzen finden im Konferenzraum statt, begleitet von vielen ungesunden Ritualen: Kaffee, Kekse, Stillsitzen am Tisch. Im schlimmsten Fall ist der Raum verqualmt, weil die Raucher die Macht übernommen haben.

Die simplify-Methode: Halten Sie eine Besprechung auch einmal im Freien ab. Das geht bei bis zu fünf Teilnehmern sogar während des Gehens. Der Philosoph Sokrates lief während der Seminare mit seinen Schülern grundsätzlich umher und kam dabei auf seine besten Gedanken.

Erweitern Sie Ihren Zeithorizont

Sie haben einen Terminkalender, vielleicht sogar ein Zeitplanbuch oder einen elektronischen Organizer (PDA). Sie legen sich To-do-Listen zurecht. Sie nehmen sich für jeden Tag bestimmte Aktivitäten vor. Aber es bleibt immer etwas übrig. Immer kommt etwas dazwischen. Am Ende des Tages stehen Sie vor einem Berg unerledigter Aufgaben. Zeitmanagement, eigentlich gedacht als Hilfsmittel für ein entspanntes und glückliches Leben, wird so häufig zur Quelle von Spannung und Unglück.

Helfen Sie sich, indem Sie umdenken. Machen Sie Zeitplanung wieder zu einem echten Werkzeug, das Ihnen untertan ist. Sagen Sie sich nicht mehr: »Ich muss heute diese wichtige Aufgabe erledigen«, sondern: »Ich muss für diese wichtige Aufgabe einen guten Tag finden.«

Der Unterschied besteht darin, dass Sie nicht mehr auf das *reagieren*, was der Terminkalender vorschreibt, sondern dass Sie frei *agieren*. Sie schalten von *Reaktion* um auf *Aktion*. Sie werden nicht vom Termin festgelegt, sondern *Sie* legen einen Termin fest.

Planen Sie wochenweise

In der Praxis funktioniert aktive Termingestaltung am besten, indem Sie in Ihren Tagesplan nicht mehr die To-do-Liste integrieren, sondern sie davon abkoppeln. Für die meisten Zeitplansysteme gibt es spezielle To-do-Einlegeblätter. Die lassen sich so ausklappen, dass neben Ihrem Tagesplan die Liste mit den wichtigen Aufgaben zu liegen kommt. In elektronischen Zeitplanern sind die To-do-Listen ohnehin meist eigenständig organisiert. Nun entscheiden Sie, welche dieser Aufgaben Sie heute anpacken. Sie geben *aktiv* einem Ihrer To-do-Punkte die Priorität. Sie sind der Boss, nicht Ihr Kalender!

Das ist nur ein kleiner Unterschied in der Arbeitsweise, kann für Sie aber eine Revolution in Sachen Zeitmanagement bedeuten. Setzen Sie am Anfang so viel auf die ausklappbare To-do-Liste, wie Sie etwa in einer Woche schaffen. Lassen Sie sich aber nicht entmutigen, wenn Aufgaben in die nächste Woche übernommen werden. Sie sind der Herrscher oder die Herrscherin über Ihre Zeit!

Streichen Sie erledigte Posten auf dieser Liste feierlich durch, und freuen Sie sich, dass Sie etwas geschafft haben.

Setzen Sie sich größere Ziele

Wenn Sie sich mit dieser neuen Sicht- und Arbeitsweise angefreundet haben, können Sie auch größere Projekte und Visionen auf die ausklappbare To-do-Liste setzen und sie mit den Aktivitäten des einzelnen Tages verbinden. So haben Sie die großen Linien und Ziele ständig im Blick. Es schwindet die Gefahr, im Kleinkram des Alltags unterzugehen. Bedenken Sie: Kleine Ziele, kleine Erfolge – große Ziele, große Erfolge!

Wenn Sie weiterhin nur das tun, was Sie zur Zeit tun, dann erreichen Sie niemals mehr als das, was Sie zur Zeit erreichen.

simplify-Idee 12
Ent-lasten Sie sich durch konsequente »Neins«

Wenn Sie das Gefühl haben, dass die 24 Stunden eines Tages nicht für die ganzen Aktionen reichen, die Sie tun müssen – dann liegt das nicht daran, dass der Tag zu wenig Stunden hat, sondern dass Sie zu viele Aktivitäten haben. Eine Banalität, auf die überlastete Menschen aber oft nicht mehr kommen. Die simplify-Lösung ist ebenso banal: Nehmen Sie nicht mehr so viele Arbeitsaufträge an, im privaten wie im beruflichen Leben. Wer ohne Erholung arbeitet, wird krank.

Der Druck im Arbeitsleben steigt, in allen Berufen und allen Branchen. Angestellte fürchten um ihren Arbeitsplatz, Selbstständige sorgen sich, Kunden zu verlieren. Auch im zwischenmenschlichen Bereich steigt die Belastung. In der modernen Kleinfamilie konzentrieren sich die Erwartungen, die früher auf die gesamte Verwandtschaft verteilt waren, auf den einzelnen Partner.

Die Folge davon: Angestellte lassen sich zu viele Verpflichtungen aufhalsen, Selbstständige nehmen zu viele Aufträge an. Die Familie ist durch die vielen Überstunden genervt. Um den häuslichen Frieden zu erhalten, lassen sich die Überforderten auch im Privatleben mehr Aufgaben übertragen, als sie eigentlich schaffen. Aus Angst vor den Folgen eines »Neins« sagen sie lieber zähneknirschend »Ja«. Die simplify-Kunst besteht also darin, konsequent Nein zu sagen.

Gesundes Selbstbewusstsein ermöglicht »Neins«

Der Psychologieprofessor Manuel J. Smith aus Los Angeles hat sich auf diese Problematik spezialisiert. Seine These: Wenn Sie »Ja« sagen, obwohl Sie eigentlich »Nein« meinen, dann liegt das in erster Linie nicht an Ihnen, sondern daran, dass Sie von jemand anderem *manipuliert* werden.

Seine Therapie: Steigern Sie Ihr Selbstbewusstsein! Wenn Sie in eine Ja-Nein-Situation kommen, sprechen Sie innerlich folgenden Satz: Ich habe ein Recht darauf, nicht von anderen manipuliert zu werden. Nicht von meinem Chef, nicht von meinen Kunden, nicht einmal von meinem Partner, nicht von meinen Verwandten, nicht von meinem besten Freund.

Stellen Sie sich in einer solchen Situation möglichst hin, fest mit beiden Beinen auf dem Boden, halten Sie Ihr Rückgrat dabei gerade und sprechen Sie still zu sich selbst: »Ich bin ich und habe meinen Raum, der mir ganz allein gehört.«

Der positive Gegenbegriff zum Manipuliertwerden ist Ihr *Recht auf Selbstsicherheit* – als Grundvoraussetzung für Ihre gesunde Beteiligung an menschlichen Beziehungen. Dieses Recht auf Selbstsicherheit lässt sich in fünf Punkten zusammenfassen:

1. Emotionale Souveränität

Sie haben das Recht, Ihre Gefühle selbst zu beurteilen. Ein Beispiel: Ihr Vorgesetzter sagt: »Besuchen Sie Herrn Brüller und überreden Sie ihn zur Kandidatur.« Sie: »Das muss jemand anders machen. Ich habe eine solche Abneigung gegen Herrn Brüller, dass ich das nicht kann.« Vorgesetzter: »Ach was! Das kriegen Sie schon hin.« Der Satz klingt aufmunternd, ist jedoch Manipulation: Er setzt sich über Ihre Gefühle hinweg. Sie haben aber ein Recht auf Ihre Gefühle und darauf, dass Sie von anderen Menschen geachtet werden. Sagen Sie also: »Für mich ist diese Aufgabe unmöglich. Schicken Sie jemand anders, das ist besser für alle Beteiligten!«

2. Geschmacks-Souveränität

Sie haben das Recht, Ihre Vorlieben nicht entschuldigen zu müssen. Eine Verkäuferin sagt beispielsweise zu Ihnen: »Warum gefällt Ihnen der Mantel nicht?« Sie: »Ich mag die Farbe nicht.« Verkäuferin: »Diese Farbe ist jetzt in Mode. Sie gefällt allen unseren Kunden.« Lassen Sie sich auf keine weitere Diskussion ein. Sobald Sie anfangen, Ihren Geschmack zu begründen oder sich dafür zu entschuldigen, schwächen Sie Ihren Selbstwert und ermöglichen es dem anderen, Sie zu manipulieren.

3. Urteils-Souveränität

Wenn Sie die Probleme anderer Menschen lösen sollen, haben Sie das Recht, diese Probleme zu beurteilen. Ihr Ehepartner: »Morgen holst du meine Tante vom Flughafen ab.« Sie: »Nein, das geht unmöglich. Mach es selbst. Ich tue schon so viel für dich.« Ehepartner: »Das finde ich überhaupt nicht. Wenn dir unsere Ehe wirklich etwas bedeuten würde, würdest du viel mehr für mich tun.« Hier steht Urteil gegen Urteil. Wenn

Sie in diesem Beispiel »Ja« sagen und damit nicht mehr zu Ihrem eigenen Urteil stehen, gerät Ihre Beziehung aus dem Gleichgewicht, und der andere wird Sie weiter bis zur Schmerzgrenze manipulieren können. Eine befriedigende Lösung kann es nur geben, wenn die Urteile gegeneinander abgewogen werden und die Partner zu einem Kompromiss kommen.

4. Handlungs-Souveränität

Sie haben das Recht, Fehler zu machen. Ihr Auftraggeber: »Sie müssen übers Wochenende die Kundenauswertung fertig bekommen, egal wie!« Sie: »Unmöglich, meine Familie ist mir wichtiger.« Auftraggeber: »Das wird Ihnen nichts helfen. Ihre Auswertung vor einem Jahr war sehr fehlerhaft, und dafür müssen Sie jetzt büßen.« Von Jesus stammt der berühmte Satz: »Wer unter euch ohne Sünde ist, der werfe den ersten Stein.« Dahinter steckt die nüchterne Erkenntnis: Kein Mensch ist vollkommen. Wenn Sie gelernt haben, selbstsicher zu sein, dann können Sie einen Fehler zugeben, sich entschuldigen und zusammen mit anderen eine Lösung erarbeiten. Lassen Sie sich Ihre Fehler nicht wiederholt vorwerfen und sich zu Strafarbeiten zwingen.

5. Entscheidungs-Souveränität

Sie haben das Recht, unlogische Entscheidungen zu treffen. Ihr Ehepartner: »Du solltest deine Arbeit im Gemeinderat aufgeben.« Sie: »Nein. Sie ist mir sehr wichtig.« Partner: »Ich denke doch dabei nur an dich. Du regst dich dabei viel zu sehr auf und bist gestresst.« Ihr Partner argumentiert hilfreich und logisch, aber trotzdem manipuliert er Sie. Bleiben Sie bei Ihrem »Nein«, und lenken Sie das Gespräch auf ihre unterschiedlichen Bedürfnisse: Sie argumentieren emotional, Ihr Partner logisch. Beides ist berechtigt. Auf dieser Grundlage sollten Sie einen Kompromiss finden.

Sieben Wege, das Nein beziehungsorientiert zu verkaufen

Sie sehen: »Nein« ist das Schlüsselwort zu mehr Souveränität, eigener Zeitgestaltung und mehr Zufriedenheit. Neben der grundsätzlichen Entscheidung für mehr Selbstbewusstsein gibt es auch ein paar bewährte simplify-Tipps, mit denen Sie Ihr »Nein« für den anderen etwas leichter verdaulich gestalten können.

1. »Geben Sie mir etwas Bedenkzeit.« Oder, noch präziser: »Lassen Sie mich darüber nachdenken. Ich rufe Sie in einer Stunde zurück.« Rufen Sie nach einer Stunde an, und sagen Sie höflich und klar Nein, ohne weitere Begründung. Die Bedenkzeit und das zuverlässige Zurückrufen machen Ihre Absage weniger schroff.

2. »Das ist ein reizvolles Angebot!« Würdigen Sie das Anliegen des anderen zunächst mit einem Satz der Anerkennung. Machen Sie dann aber deutlich, dass Ihre Kräfte derzeit anderweitig so stark gebunden sind, dass Sie zu diesem schönen Projekt leider Nein sagen müssen. Erklären Sie dabei nicht, was »das andere« ist und warum es Ihnen wichtiger ist. Das könnte zu Widerspruch oder sogar Streit führen.

3. »Ich schätze Sie sehr!« Wenn Sie eine Bitte oder Anfrage erreicht, loben Sie Ihr Gegenüber und stärken Sie die Beziehung. Leiten Sie danach die Absage ein mit den Worten: »Mit keinem würde ich das lieber machen als mit Ihnen. Aber dieses Mal muss ich Ihnen absagen.«

4. »So etwas mache ich prinzipiell nicht.« Menschen verkraften eine Absage leichter, wenn sie wissen, dass sie nicht persönlich gemeint ist, sondern grundsätzlich gilt: »Ich kaufe grundsätzlich nichts an der Tür.« »Ich hatte in letzter

Zeit kaum Zeit für meine Familie und habe jetzt ganz klar dort die Priorität gesetzt.«

5. »Das tut mir wirklich leid für Sie!« Diese Absage hilft besonders bei indirekten Anfragen: »Wir würden ja so gerne mit der ganzen Familie kommen, aber leider sind die Hotels so teuer …« Interpretieren Sie nichts in die Anfrage des anderen hinein (»Er will wohl, dass ich ihn als Übernachtungsgast zu Hause einlade«), sondern bleiben Sie bei dem, was der Bittsteller wörtlich sagt, und zeigen Sie ihm auf der emotionalen Ebene Verständnis.

6. »Das passt im Augenblick gerade nicht.« Diese Leerformel, die eigentlich nur verschiebt, stellt so manchen Fragesteller zufrieden. Er lässt seine Bitte fallen. Falls er insistiert, setzen Sie noch eine Leerformel drauf: »Ich fürchte, das kann ich jetzt nicht sagen.« Seien Sie umso vorsichtiger mit dieser Variante, je persönlicher die Beziehung ist. Werden Sie gebeten, etwas an einem bestimmten Tag zu tun, können Sie statt »Nein, keine Lust« zunächst auch »Nein, an diesem Termin geht's nicht« sagen. Das verletzt den Bittsteller weniger.

7. »Hm … Nein.« Letztlich die beste Methode. Wenn Sie Nein meinen, sagen Sie auch Nein – mit einer kleinen Pause davor, die Nachdenken und Verständnis für den anderen signalisiert. Sagen Sie das »Nein« mit fester Stimme, und blicken Sie den anderen dabei an. Sonst wirkt es so, als sei doch noch Verhandlungsspielraum. Fügen Sie keine Begründung an, sonst ermuntern Sie den anderen zu einer Diskussion. Eine klare Antwort erspart Ihnen späteren Ärger. Vorteil: Sie vermeiden Missverständnisse und sind für Ihr Gegenüber klar einschätzbar.

simplify-Idee 13
Ent-schleunigen Sie Ihr Leben

Entdecken Sie die kreative Langsamkeit

Jeder von uns hat, wie bereits erwähnt, 24 Stunden Zeit pro Tag zur Verfügung. Aber unsere persönlichen Uhren ticken verschieden schnell. Den Takt Ihrer eigenen inneren Uhr nennen die Fachleute »Eigenzeit«, den Takt Ihrer Chefs, Ihrer Kunden oder Ihrer Familie »Fremdzeit«. Ein wesentlicher Schritt auf dem simplify-Weg ist es, diese beiden Rhythmen miteinander in Einklang zu bekommen.

Finden Sie Ihre »Eigenzeit«

Stellen Sie auf einer Liste zusammen, welche Arbeiten Sie zu welcher Tageszeit am liebsten und am besten erledigen. Unter welchen Bedingungen arbeiten Sie am effektivsten? Welches ist Ihre ideale Zeit zum Aufstehen und zum Einschlafen? Würden Sie gerne einen Mittagsschlaf machen?

Protokollieren Sie auf einer zweiten Liste mindestens eine Woche lang Ihre Arbeitszeiten und beurteilen Sie Ihre subjektive Arbeitsqualität. Aufgrund dieser beiden Listen finden Sie bald heraus, welches »Zeitmuster« für Sie ideal wäre. Klären Sie dann mit Ihrem Chef, Ihren Mitarbeitern und Ihrer Familie, wie sich Ihre Arbeitszeiten daraufhin optimieren lassen.

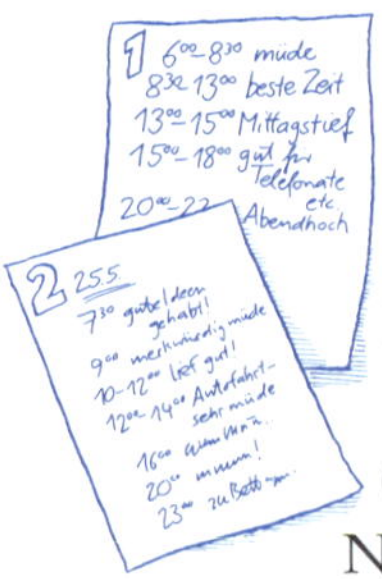

Verlegen Sie zum Beispiel Meetings vom Vormittag (Ihrem persönlichen Leistungshoch) auf den frühen Nachmittag (Ihrem Leistungstief für Alleinarbeit). Oder Sie vereinbaren mit Ihrem Arbeitgeber und Ihrer Familie, dass Sie drei Abende pro Woche zu Hause arbeiten (Ihre kreativste Zeit) und dafür zwei Nachmittage komplett Ihrer Familie zur Verfügung stehen.

Finden Sie Ihre inneren »Zeitdiebe«

Es sind nicht nur die Menschen in Ihrer Umgebung, die Ihnen die Zeit stehlen. Weit mehr, als viele denken, ist das bedingt durch die eigene Persönlichkeitsstruktur. Hier die wichtigsten Arten dieser zeitraubenden Konstruktionen:

Zeitdieb 1: Die hohe Messlatte

Aufgrund Ihrer persönlichen Wertvorstellungen erwarten Sie mehr von sich, als Sie in der zur Verfügung stehenden Zeit erfüllen können.

Die simplify-Lösung: Legen Sie Ihre Messlatte tiefer. Wechseln Sie die Perspektive von Fremdbestimmung zu Selbstbestimmung. Ihre Werte, die Ihre Messlatte bestimmen, sind meist verbunden mit Ihrer Erziehung und Ihrem Elternhaus. Stellen Sie sich in Gedanken vor Ihre Eltern und sagen: »Ich danke euch für alles, was ihr für mich getan habt. Ich stehe jetzt auf eigenen Beinen und mache es auf meine Weise.«

Zeitdieb 2: Die 1 000 Mini-Aufgaben

Sie wollen heute endlich Ihre Steuererklärung machen. Eine wichtige, aber unangenehme Aufgabe. Vorher schauen Sie »noch eben« die Post durch, vereinbaren »noch eben« einen Arzttermin, besprechen »noch eben« den Konzertbesuch, auf den Sie sich so freuen – und schon ist der halbe Tag dahin.

Die simplify-Lösung: Vereinbaren Sie mit sich, dass Sie erst nach einer Stunde Arbeit an der Steuererklärung an irgendetwas anderes überhaupt nur denken. Eine Stunde ist ein überschaubarer, menschenfreundlicher Zeitraum. Meistens sind Sie nach einer Stunde dann so in die wichtige Arbeit vertieft, dass die 1 000 Mini-Jobs ihre Faszination für Sie verloren haben.

Zeitdieb 3: Das Superziel

Falsche Vorstellungen über mögliche Ziele können zu dauerhafter Überforderung führen: »Nächstes Jahr Millionär«, »Ab dem 45. Lebensjahr nur noch Golf spielen« sind extreme Beispiele, die aber immer häufiger anzutreffen sind.

Die simplify-Lösung: Der beste Helfer gegen diese Art von Überforderung ist Ihr (Ehe-)Partner. Sprechen Sie offen über die Zukunft und das, was Sie von einander erwarten. Möglicherweise stellt sich heraus, dass dem anderen eine lebenswerte Gegenwart viel wichtiger ist als eine luxuriöse Zukunft.

Zeitdieb 4: Der nagende Zweifel

Ein dumpfes Gefühl von Unzufriedenheit kann Sie dazu verleiten, Ihren Tagesablauf mit Terminen und Aufgaben zu überfüllen.

Erster Schritt: Analysieren Sie den genauen Ort Ihrer Unzufriedenheit. Versuchen Sie, ihn in Ihrem Körper zu erspüren. Welche Region fällt Ihnen dabei spontan ein? Der Kopf, das Herz, der Bauch, der Rücken? Das gibt erste Anhaltspunkte, an welchen Themen Sie im zweiten Schritt arbeiten sollten:

Beim *Kopf* vorrangig Selbstzweifel: Existenzangst, Sorgen um die Zukunft, Geldprobleme.

Die simplify-Lösung: Ihre hinter allem steckenden Sinnprobleme können Sie weder mit viel Geld noch mit Versicherungen lösen.

Ändern Sie Ihre Suchrichtung und streben Sie nicht in erster Linie nach Sicherheit, sondern vielmehr nach Glück und Zufriedenheit.

Beim *Herzen* vorrangig soziale Probleme: mangelnde Anerkennung, Neid auf andere, Erfolglosigkeit, sich überflüssig vorkommen.

Die simplify-Lösung: Bauen Sie echte Beziehungen zu einigen wenigen Menschen auf, und pflegen Sie sie. Dann geht die Sucht nach Beifall, Lob und beruflichem Erfolg von selbst zurück.

Beim *Bauch* vorrangig stille Wut: mangelnde Stärke, Ungerechtigkeiten, zu viel Unfrieden, mangelhafte Qualität der Umgebung (Chef, Firma, Arbeit).

Die simplify-Lösung: Ärgern Sie sich lautstark, hauen Sie auf den Tisch, brüllen Sie – aber nur kurz. Versuchen Sie dann, den Dingen eine humorvolle Seite abzugewinnen. Stehen Sie über den Dingen und sagen Sie sich im Stillen: »Ärger ist vergeudete Lebenszeit.«

Beim *Rücken* vorrangig lang andauernde Belastungen: Überforderung, überhöhtes Harmoniebedürfnis, ungeklärte Probleme in Partnerschaft und Familie.

Die simplify-Lösung: Vertrauen Sie darauf, dass Sie bereits durch Ihre pure Anwesenheit und Ihr Wesen wirken – und nicht erst durch Ihre Aktion. Machen Sie die Probe: Tauchen Sie zu Sitzungen auf, ohne »Hausaufgaben« gemacht zu haben. Lassen Sie Dinge unerledigt, und geben Sie Ihre Erschöpfung endlich offen zu.

Zeitdieb 5: Die falsche Arbeitsform

Sie haben eine fundierte *fachliche* Ausbildung. Aber niemand hat Sie jemals vorbereitet auf die *Form*, in der Sie Ihren Beruf ausüben. Wer als Einzelkämpfertyp in einem Team arbeiten muss, empfindet Meetings und Rücksichtnahme auf andere als Zeitverschwendung. Wer als Gruppenmensch allein zu Hause arbeiten muss, wartet oft Stunden vergeblich auf den zündenden Einfall und verbraucht viel Zeit durch unkreativen Frust.

Die simplify-Lösung: Prüfen Sie, ob Sie Ihre bisherige Tätigkeit unter stark veränderten Bedingungen besser ausüben können. Vereinbaren Sie mit Ihrem Chef eine Testphase, während der Sie wechseln: vom Innen- in den Außendienst, vom Büro zum Von-zu-Hause-aus-Arbeiten, vom festen zum freien Vertrag (oder jeweils umgekehrt).

Zeitdieb 6: Der falsche Beruf

Wenn Sie nur aus Angst vor Arbeitslosigkeit in einem Beruf verharren, der Ihnen nicht liegt, werden Sie eines Tages seelisch oder körperlich krank. Eine der Hauptursachen für Zeitprobleme und Überforderung ist, dass Menschen beruflich falsch eingesetzt sind und ihre Fähigkeiten nicht zur Geltung bringen können.

Die simplify-Lösung: Überlegen Sie knallhart, welches Risiko letztlich das größere ist: den Arbeitsplatz zu verlieren oder psychosomatisch zu erkranken, womöglich für den Rest Ihres Lebens. Haben Sie Mut zur Veränderung, auch in höherem Alter. Der Arbeitsmarkt wird immer dynamischer. Es wächst die Zahl der »Seniorenfirmen«, gegründet von ausgestiegenen 50- und 60-Jährigen, die bevorzugt ihre eigene Altersschicht einstellen.

Besiegen Sie die Hetzkrankheit

In einer von unserem monatlichen Newsletter *simplify your life*® in Auftrag gegebenen Repräsentativumfrage des EMNID-Instituts wurden über 500 Berufstätige gefragt: »Was nervt Sie am meisten an

Ihrem Job?« Mit klarem Abstand auf Platz eins landete – der Zeitdruck. Über 45 Prozent der Befragten klagen darüber, dass sie in immer kürzerer Zeit immer mehr erledigen sollen. Bei der Umfrage unter den *simplify*-Lesern waren es nur 21 Prozent, aber das Problem Zeitdruck lag auch hier auf Platz eins. Das bestätigt: Zeit ist in unserer Gesellschaft die knappste Ressource.

Viele andere Studien (beispielsweise die große Arbeitnehmerumfrage vom INRA-Institut) bestätigten diese Ergebnisse. Bis zu 80 Prozent der Bundesbürger hätten es gern gemächlicher. Hier drei Sofortmaßnahmen, damit Sie zu einem gesünderen Umgang mit dem wertvollen Rohstoff Zeit gelangen

1. Arbeiten ohne Uhr

Nehmen Sie Ihre Armbanduhr ab. Machen Sie es ab und zu wie ein Kind: Lassen Sie sich von anderen Menschen an Termine erinnern. Leben Sie in der Zeit dazwischen in einem »zeitfreien Fenster«. Sehr heilsam ist es auch, sich nur nach den Klängen einer Kirchturmuhr zu richten: In der Zeit zwischen den Viertelstundenschlägen leben Sie ohne direktes Zeitmaß. Wenn es keine Kirchturmuhr in Ihrer Nähe gibt, installieren Sie eine altmodische Pendeluhr mit Schlagwerk im Nebenzimmer.

2. Die Zeit als Garten sehen

Wir verwenden räumliche Bilder, wenn wir von der Zeit sprechen, und zwar meist solche, in denen die Zeit aktiv dargestellt wird und wir selbst passiv: Ich bin unter Druck, der Zeitraum ist mir zu knapp, der Termin sitzt mir im Genick. Ändern Sie Ihre inneren Bilder: Stellen Sie sich die Zeit, die Ihnen an einem Tag zur Verfügung steht, als Garten vor, den Sie durchschreiten. Hier können Sie nach eigenem Ermessen schnell rennen, im Kreis laufen, andere Wege ausprobieren, sich ausruhen. Durch das neue Bild wechselt Ihr Unterbewusstsein die Perspektive: Es ist nicht mehr die Zeit, von der Sie regiert werden, sondern Sie bestimmen Ihre Zeiteinteilung selbst.

3. Finden Sie Ihren persönlichen Rhythmus

Nehmen Sie sich Zeit für einen kleinen Test: Setzen Sie sich entspannt auf einen Stuhl, sehen Sie auf die Uhr und tun Sie dann mit geschlossenen Augen fünf Minuten lang nichts. Denken Sie während dieser Zeit daran, dass Sie *jetzt* leben und dass die Ruhe dieser fünf Minuten Ihnen nie wieder jemand wegnehmen kann. Wenn Sie meinen, dass fünf Minuten vergangen sind, öffnen Sie die Augen und sehen Sie auf die Uhr. Nun können Sie erkennen, wie schnell Sie »ticken«:

Hatten Sie die Augen kürzer als viereinhalb Minuten geschlossen, schlägt Ihr innerer Takt zu schnell. Sie neigen dazu, Zeiträume zu unterschätzen, und packen Ihren Tag zu voll. Gönnen Sie sich mehr Pufferzeiten. Addieren Sie bei Zeitberechnungen etwas zu Ihren Gunsten dazu.

Hatten Sie Ihre Augen länger als fünfeinhalb Minuten geschlossen, »ticken« Sie langsamer als die Uhr. Sie neigen dazu, sich in weiser Voraussicht »Zeitpolster« zu schaffen und Zeit zu »horten«. Sie laufen Gefahr, sich selbst zu unterschätzen und die schnell an Ihnen vorüberziehende Zeit als unabänderbares Schicksal zu betrachten. Schalten Sie um von »Opfer« auf »Täter«: Trauen Sie sich mehr zu und staunen Sie, welche Energiereserven in Ihnen stecken.

Erleben Sie den Zeitgenuss jetzt

Gestern ist Geschichte, das Morgen ist ein Geheimnis, und Heute – ist das Leben! Träumen Sie nicht zu viel von früher, fantasieren Sie nicht zu viel über die Zukunft, sondern vereinfachen Sie Ihr Zeiterleben, indem Sie sich auf die Gegenwart konzentrieren. Hier ein paar Empfehlungen, wie Sie sich von krank machenden Sorgen und Grübeleien befreien.

Länger schauen

Während wir gehen oder fahren, sehen wir normalerweise nur für Sekundenbruchteile auf die alltäglichen Dinge, die uns begegnen. Der Tag fliegt an uns vorbei, ohne dass wir ihn wahrnehmen. Die durchschnittliche Betrachtungszeit, so haben Wissenschaftler herausgefunden, ist in den letzten 50 Jahren immer kürzer geworden. Wir sagen gern: Die Welt wird immer schneller, aber vielleicht auch deswegen, weil wir sie immer schneller wahrnehmen.

Probieren Sie es einmal aus, Objekte mindestens fünf Sekunden lang anzusehen. Das lässt sich besonders gut üben, wenn Sie spazieren gehen oder wenn Sie aus dem Auto oder aus dem Zugfenster sehen. Sie werden merken: Fünf Sekunden sind eine lange Zeit. Diese leicht verlängerte Phase des Anschauens unserer Umgebung kann, so haben dieselben Wissenschaftler entdeckt, die Lebensfreude und die Lebensqualität spürbar steigern.

Benennen Sie die Dinge laut

Wenn Sie das nächste Mal allein spazieren gehen, dann tun Sie einmal etwas, das Ihnen sehr verrückt vorkommen wird: Sagen Sie laut die Namen der Dinge, die Sie sehen: Amsel, Schäfchenwolken, Löwenzahn, Kies … Kinder tun das, wenn sie sprechen lernen. Auf diese Weise aktivieren sie beide Gehirnhälften und verankern die Begriffe in Ihrem Gedächtnis. Wenn Sie es als Erwachsener tun, stärkt das Ihr Gegenwartsbewusstsein – und das Gefühl, gehetzt zu werden, lässt spürbar nach.

Routinen verlangsamen

Die meisten Menschen erledigen unangenehme Routinearbeiten schnell und schlampig, um Zeit zu sparen. Dadurch werden solche Arbeiten aber noch unangenehmer, denn die hastige Ausführung schenkt einem keine Befriedigung. Machen Sie es einmal anders herum: Führen Sie Arbeiten, die sich wiederholen, besonders langsam und genussvoll durch. Füllen Sie eine Überweisung betont langsam aus, schreiben Sie »schön«. Sie werden sehen: So erleben Sie auch langweilige Routine wieder bewusst. Das bereichert Ihr Leben, und bei der dabei »verlorenen« Zeit handelt es sich um ein paar wenige Sekunden.

Bauchatmen

Strecken Sie beim Einatmen bewusst Ihren Bauch heraus (vielleicht müssen Sie dazu den Gürtel lockern). Bewusstes Atmen ist die Grundlage jeder Meditation und bringt Sie auch in Stresssituationen von der Haltung »Mit mir wird etwas gemacht« zurück in das Bewusstsein: »Hurra, ich lebe!«

Falschhand-Essen

Essen Sie einmal mit der linken Hand (wenn Sie Rechtshänder sind). Weil Sie sehr aufpassen müssen, dass nichts herunterfällt, werden Sie langsamer, bewusster und genussvoller essen.

Aufschieberitis ist eine Frage der Perspektive

Die ungute Angewohnheit, Arbeiten erst auf den letzten Drücker zu erledigen, ist so schwer zu bekämpfen, weil ihr Wesen so schwer zu verstehen ist. Von Neil Fiore, einem der Altmeister auf dem Gebiet der Arbeitsorganisation, stammt eine höchst anschauliche

Metapher, die den Mechanismus der Aufschieberitis deutlich macht: Das Bild vom Balken – es ist eine Frage der Perspektive, aus der Sie den Balken sehen.

Stellen Sie sich vor, Sie haben die Aufgabe, über einen 30 Zentimeter breiten und zehn Meter langen Balken zu gehen, der auf dem Boden liegt. Keine schwere Aufgabe, oder? Sie haben alle Fähigkeiten, um das zu schaffen. Sie würden die Aufgabe ohne Zögern beginnen.

Variante 1: Vom Job zur Katastrophe

Stellen Sie sich vor, der Balken liegt zwischen zwei Häusern in 30 Meter Höhe über einer Straßenschlucht, und Sie werden aufgefordert, hinüberzugehen.

Schon bei der Vorstellung wird Ihr Adrenalinspiegel steigen. Ein kleiner Fehler (auch wenn er sehr unwahrscheinlich wäre), und die Sache hätte verheerende Konsequenzen. Wie gelähmt stehen Sie vor Ihrer Aufgabe.

In der Realität waren Sie es selbst, der den Balken auf 30 Meter Höhe angehoben hat. Sie haben die Bedeutung einer normalen Aufgabe dermaßen gesteigert, dass sie zu einer außergewöhnlichen Belastung geworden ist, bei der Sie einen Fehler als Katastrophe empfinden.

Variante 2: Vom Irrsinn zum Heldentum

Neue Vorstellung: Der Balken liegt immer noch in schwindelerregender Höhe, aber diesmal brennt das Haus auf Ihrer Seite lichterloh. Ihr Leben können Sie nur retten, indem Sie so schnell wie möglich über den Balken kommen. Sie spüren die Veränderung: Sofort entwickeln Sie kreative Lösungen; Sie würden auf dem Hintern vorsichtig über den Balken rutschen oder mutig mit Anlauf und ohne Hinuntersehen auf die andere Seite rennen.

Wieder waren Sie es selbst, der das Haus angezündet hat. Durch Aufschieben haben Sie sich selbst unter Druck gesetzt und werden in der Regel die Aufgabe meistern – gestresst, mit Furcht und Zittern. Aber mit großer Genugtuung, denn Sie haben (wie Sie finden) eine grandiose Aufgabe meisterhaft bewältigt. Hätten Sie bloß den auf dem Boden liegenden Balken überquert, wäre dieses Heldengefühl niemals in Ihnen aufgekommen.

Deswegen werden Sie es – selbst wenn Sie das bewusst gar nicht wollen – beim nächsten Mal wieder so machen. Sie bleiben im Teufelskreis der Aufschieberitis gefangen. Sie werden die Aufgabe wieder künstlich in ihrer Bedeutung steigern und sich bewusst unter Druck setzen.

Variante 3: Der Ausweg aus dem Teufelskreis

Wieder überspannt der Balken die lebensgefährliche Straßenschlucht, aber das Haus brennt nicht, und unter dem Balken ist ein stabiles Netz angebracht, in das Sie bei einem Fehler sicher fallen würden. Jetzt können Sie Ihre Aufgabe angehen, und sie würde Ihnen vermutlich sogar Spaß machen.

Dieses Sicherheitsnetz ist Ihr Selbstwertgefühl. Es ist der beste Schutz gegen Ihre Verzögerungstaktik, das Haus anzuzünden.

So befreien Sie sich von der Aufschieberitis

Vermeiden Sie Sätze mit »Ich muss« Sagen Sie solche Sätze weder laut noch still zu sich selbst. Denn bei »Ich muss« hat Ihr Gehirn zwei widersprüchliche Aufgaben zu erfüllen: Es soll die Energie für die zu erledigende Arbeit bereitstellen, und es soll Sie vor der Bedrohung durch das mögliche Scheitern schützen. Ihr Körper rüstet sich gleichzeitig für Kampf und Flucht, zwei Energien, die sich gegenseitig aufheben und Sie am Ende kraftlos zurücklassen.

Die bessere Lösung: Sagen Sie »Ich will« oder »Ich kann«. Und meinen Sie es. Sagen Sie es laut zu sich selbst und zu anderen. Stellen Sie sich vor Ihrem geistigen Auge nicht Ihr Scheitern vor, sondern wie Sie die Aufgabe erfolgreich gemeistert haben.

Konzentrieren Sie sich auf den Anfang Wenn Ihre Seele weiß, dass Sie schaffen, was Sie sich vorgenommen haben, können Sie während der Ausführung das Ziel loslassen. Das klingt für zielstrebige Menschen eigenartig. Aber konzentrieren Sie sich lieber auf den Anfang, auf den ersten Schritt. Verlieben Sie sich nicht in das Endergebnis, sondern in das Tun. Lernen Sie, den Weg liebevoll anzusehen – und nicht nur das Ziel.

Erledigen Sie Ihre Arbeit nicht perfekt Der Wunsch nach Vollkommenheit ist der am häufigsten vorgebrachte Grund, es erst gar nicht zu versuchen. Viele Menschen schreiben kein Buch, weil Sie wissen, dass es nie perfekt sein wird. Sie bleiben an ihrem angestammten, ungesunden und schlecht bezahlten Arbeitsplatz, weil sie sagen: »Den perfekten Arbeitsplatz gibt es nicht.« Orientieren Sie sich stattdessen an den Menschen, die (unperfekte) Bücher schreiben und es wagen, zu einem anderen (unperfekten) Arbeitsplatz zu wechseln.

Spielen Sie mehr Manche Menschen bestrafen sich, wenn sie unter Termindruck geraten. Sie löschen alle Spiele auf ihrem PC, verzichten auf den Spaziergang und spielen abends nicht mit den Kindern.

Nun haben sie weniger Lebensfreude und Ausgleich – und ihre Arbeitsleistung sinkt, anstatt zu steigen.

Durchbrechen Sie diesen Kreis, indem Sie unter Druck mehr als gewöhnlich auf Entspannung achten und aktiver am Leben teilnehmen als sonst. Setzen Sie dafür klare Zeiträume: eine halbe Stunde spazieren gehen, zehn Minuten Patience spielen am PC. Ihr Geist arbeitet während der spielerischen Pause kreativ weiter und macht Sie mental fit. Freizeit ohne Schuldgefühle gibt Ihnen die Kraft, in der restlichen Zeit hochwertige Arbeit zu leisten. Außerdem bewahrt Sie eine gewisse Dosis Spiel vor stressbedingten Erkrankungen.

Deuten Sie Ihre Angst richtig Beim Beginn eines großen Projekts empfinden Sie in der Regel Angst und Unruhe, weil Sie in Gedanken bereits auf dem Gipfel des Berges sind und die enorme Höhe dieses Ziels sehen. Gesteuert von dieser Angst geben viele auf. Lernen Sie, dass solche Angst ganz natürlich ist und Sie nicht zum Aufgeben bringen soll, sondern zur Einteilung des langen Weges in sinnvolle Einzeletappen.

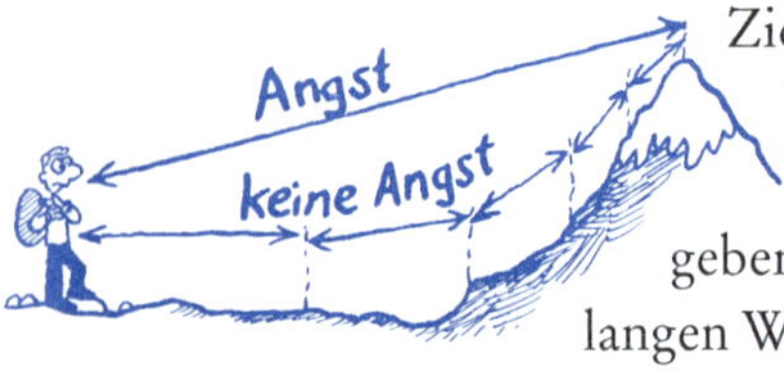

Arbeiten Sie mit dem umgekehrten Kalender Notieren Sie auf einem Blatt Papier in der ersten Zeile den Endtermin Ihres Projekts. Bewegen Sie sich dann in jeder Zeile einen Schritt aus der Zukunft zurück in die Gegenwart. Natürlich könnten Sie auch in Ihrem normalen Kalender rückwärts rechnend die einzelnen Schritte Ihres Projekts eintragen, aber dann bewegten Sie sich zeitpsychologisch gegen den Strom. Dagegen entwickelt Ihr Unterbewusstsein eine natürliche Abneigung. Der umgekehrte Kalender dagegen wirkt natürlich: Das Projekt schafft sich von oben nach unten, mit der Schwerkraft sozusagen, seine ihm gemäße Struktur. Wenden Sie den umgekehrten Kalender *sofort* an, wenn Sie sich überfordert fühlen.

Sorgenarbeit Sorgen bremsen und demotivieren. Normalerweise denken Sie beim Sich-Sorgen-Machen aber die möglichen Probleme nur an (»Das wäre furchtbar, wenn ich wieder zu spät abliefere ...«) und hören an diesem Punkt auf. Das genügt meist, dass Sie sich den drängenden Gefahren durch Flucht entziehen. Sorgenarbeit jedoch bedeutet: Denken Sie weiter! Entwickeln Sie ein Szenario, was schlimmstenfalls geschehen würde, wenn Sie zu spät liefern (»Ich würde meinen Job verlieren«). Aber bleiben Sie auch dabei nicht stehen, sondern denken Sie noch weiter: Was würde ich *tun*, wenn das einträfe (»Ich würde aufatmen« oder »Ich würde die Fortbildung zum Systemtrainer machen«)?

Wenn Sie das alles nun konsequent durchspielen, haben Sie einen großen Vorteil gegenüber Menschen, die Angst vor dem Scheitern haben: Sie wissen, dass Sie auch Kraft für diesen Fall haben. Das gibt Ihnen das Selbstvertrauen, nicht mit Angst, sondern mit Spaß auf dem Balken über den Abgrund zu gehen.

Delegieren Sie konsequent

Auf der Liste der zeitsparenden Tätigkeiten steht das Thema »Arbeit abgeben an andere« ganz oben. »Delegieren, das ist doch nur etwas für Chefs!« – so lautet ein häufiges Vorurteil. Dabei können auch die vom Nutzen des Delegierens profitieren, die sich als Einzelkämpfer fühlen: freiberufliche Ein-Personen-Unternehmen, Hausfrauen oder Angestellte im unteren Bereich einer Firmenhierarchie. Es gibt mindestens fünf gute Gründe für Delegieren:

1. Delegieren hilft, Fähigkeiten, Initiative und Kompetenz der Mitarbeiter zu fördern und zu entwickeln.
2. Delegieren in der Familie hilft, die Selbständigkeit Ihrer Kinder zu unterstützen und auszubilden.

3. Delegieren bedeutet, anderen etwas zuzutrauen und ihnen damit Lebenszuversicht zu geben.
4. Delegieren erfordert von Ihnen, mit anderen Menschen kooperativ umzugehen, und entwickelt Ihre soziale Kompetenz.
5. Delegieren hilft Ihnen, Ihr Leben zu vereinfachen und sich auf die wesentlichen Aufgaben zu konzentrieren.

Damit Delegieren gelingt, sollten Sie die Grundregeln dafür kennen und beachten:

1. Übertragen Sie Kompetenz

Mitarbeiter im Berufsleben und Kinder in der Familie reagieren meist positiv, wenn sie Kompetenz und Verantwortung übertragen bekommen. Deshalb: Schreiben Sie nicht alle Schritte haarklein vor. Ein Beispiel: Wenn Sie Ihr Kind zum Einkaufen schicken, geben Sie ihm eine Liste mit, die Platz lässt für eigene Entscheidungen (»irgendein leckeres Obst«, »deine Lieblingswurst«). Drücken Sie ein Auge zu, wenn Sie mit seiner Wahl nicht ganz zufrieden sind. Geben Sie den Spielraum vor, in dessen Rahmen der andere Verantwortung übernimmt (»Mehr als 20 Euro darf es nicht kosten«).

2. Delegieren Sie Herausforderungen

Delegieren Sie nicht mit der Einstellung: »Diese anspruchslose Aufgabe muss ich loswerden.« Sondern stellen Sie den Reiz der Arbeit heraus. Beim Beispiel mit dem Einkaufen etwa: »Ich bin gespannt, ob du die Sonderangebote ausnutzen kannst.«

3. Delegieren Sie größere Aufgaben mit Zwischenzielen

Es ist besonders lohnend, auch mittel- und langfristige Aufgaben zu delegieren. Geben Sie dabei genügend Zeit, und prüfen Sie in regelmäßigen Abständen nach, ob der andere nicht überfordert ist. Ein Beispiel: Ein Zeitschriftenarchiv soll geordnet werden, wofür sechs Tage veranschlagt sind. Prüfen Sie am zweiten Tag, ob ein Drittel fertig ist. Spornen Sie den Mitarbeiter an, wenn er noch nicht so weit ist. Falsch ist es dagegen, erst am sechsten Tag zu fragen, ob alles fertig ist – und insgeheim mit dem Scheitern zu rechnen.

Delegieren Sie täglich so oft und so viel wie möglich. Delegieren Sie nicht nur an Mitarbeiter oder Familienmitglieder, sondern auch an andere Abteilungen und externe Dienstleister (Schreibbüro, Fensterputzer, Gärtner).

Delegieren Sie auch im Privatleben

Die Zeit, die Sie zu Hause verbringen, ist kostbar: Zusammensein mit den Kindern oder Bekannten, Fitness für Ihren Körper, Meditation, Weiterbildung und viele andere Tätigkeiten sind eigentlich unbezahlbar. Stattdessen verbringen Sie Unmengen Zeit mit Einkaufen, Hausarbeit, Putzen, Reparaturen. Lernen Sie von den Business-Profis und übertragen Sie deren Lebensgewohnheiten ins Privatleben.

Engagieren Sie einen Fahrer

Das mag auf den ersten Blick versnobt erscheinen. Rechnen Sie aber mit spitzem Stift nach, wie viel wertvolle Zeit Sie gewinnen könnten, wenn Ihnen jemand die Einkäufe abnähme. Dazu die vielen anderen Besorgungen: Bücher von und zur Bibliothek bringen, Briefe und Pakete zur Post, Filme zur Entwicklung und wieder abholen, Wäsche zur Reinigung …

Wenn Sie selbst einkaufen, machen Sie möglicherweise wenig Stopps, um so Zeit zu sparen, und kaufen auch einmal in einem teuren, näher liegenden Laden. Einen bezahlten Fahrer können Sie zu mehreren Läden und weiter entfernten Großmärkten schicken. So spart Ihr Beauftragter einen Teil seines Honorars selber wieder ein.

Viele junge Leute fahren gern Auto. Eine Einkaufsliste legen Sie als »simplifyer« wahrscheinlich sowieso an – warum also nicht dem amerikanischen Vorbild folgen und einen »Errand Runner« engagieren? Mit einem Zettel am örtlichen Supermarkt finden Sie schnell jemanden. Reden Sie auch mit den Eltern des/der jungen Fahrer/in, bevor Sie zusagen. Aus Versicherungsgründen ist es am besten, wenn Ihr Fahrer sein eigenes Auto mitbringt. Bieten Sie ihm am besten einen Festpreis für alle Einkäufe. Alternative: Sie sprechen mit einem Profi (im Branchentelefonbuch unter »Kurierdienste«).

Lassen Sie liefern

Immer mehr Buchhandlungen in der Nachbarschaft oder Online-Buchhändler liefern Bücher direkt zu Ihnen nach Hause, und Sie können telefonisch oder per Fax bestellen.

Wenn Sie sich Ihre Zeitung liefern lassen, warum nicht auch die Brötchen dazu? Fragen Sie herum, ob es für Ihr Wohngebiet einen Frühstücksdienst gibt (oder suchen Sie im Branchentelefonbuch unter »Frühstücksservice«). Wegen frischer Croissants oder Brezeln brauchen Sie nicht morgens hungrig zum Bäcker laufen.

Für fast alles gibt es inzwischen Versender: Büroartikel, Kleidung, Wein, Möbel. Lassen Sie sich vor allem Dinge liefern, die Sie in einem Ladengeschäft nur ungern aussuchen und die Sie problemlos aus einem Katalog bestellen können. Wenn bei Ihnen tagsüber niemand zu Hause ist und Sie keinen Nachbarn haben, der die Pakete für Sie entgegennimmt, lassen Sie sich die Sachen an Ihren Arbeitsplatz liefern.

Stoppen Sie Störenfriede

Das Problem gibt es im Beruf und zu Hause gleichermaßen: Sie haben sich etwas vorgenommen, sind mitten drin in einer Sache, da werden Sie auch schon unterbrochen. Von Kollegen, Vorgesetzten, Untergebenen, einem Anrufer oder Besucher, dem Ehepartner oder den Kindern.

Mit den richtigen Techniken können Sie typische Unterbrechungssituationen vermeiden. So schaffen Sie Abhilfe, ohne sich bei anderen Menschen unbeliebt zu machen:

simplify-Unterbrechungs-Stopps für Chefs

Schließen Sie Ihre Tür

Die permanent »offene Tür« als positives Beziehungssignal ist bei Führungsprofis inzwischen out. Im modernen Top-Management wird flexibler gedacht: Die Tür ist geschlossen, wenn Wichtiges zu erledigen ist oder konzeptionelle Arbeiten und Entscheidungen anstehen. Die Tür ist offen, wenn Unterbrechungen nicht stören. Chefs in amerikanischen Unternehmen lehnen ihre Tür häufig an, um potenzielle Störenfriede auf Distanz zu halten, den Mitarbeitern aber gleichzeitig zu signalisieren, dass sie in wirklich wichtigen Dingen ansprechbar sind.

Aus-Zeiten

Vereinbaren Sie mit Ihren Mitarbeitern, dass Sie zu bestimmten Tageszeiten nicht gestört werden wollen. Das gilt auch für Besucher von außen. Lassen Sie sich von Ihrer Sekretärin oder der Telefonzentrale abschirmen. Auf diesen Zeitpunkt werden keine Termine gelegt und keine Anrufe durchgestellt. Wenn

Sie alleine arbeiten, schalten Sie zu diesen Zeiten konsequent den Anrufbeantworter ein.

»Ein-Zeiten«

Legen Sie daneben eine bestimmte Tageszeit fest, in der Sie für Ihre Mitarbeiter zu sprechen sind. Halten Sie diese Zeiten ein, damit sich die neue Gewohnheit bei den Mitarbeitern verankert.

Kummerkasten

Damit Sie ungestört bleiben, wandern alle Fragen als kurze schriftliche Notiz in eine Chefmappe vor Ihrer Tür. Nach Ihrer Aus-Zeit erledigen Sie zuerst diese Mappe.

Mal ehrlich ...

Ein Chef, der darüber klagt, dass er zu nichts kommt, sollte in einer

Berghütte oder einem Wellness-Hotel arbeiten und dabei Zukunftsvisionen für seine Firma entwickeln! Eine gute Führungskraft kann ihren Laden 14 Tage alleine lassen. Alle Arbeitsbereiche sollten so organisiert sein, dass Probleme von den Mitarbeitern selbst gelöst werden.

simplify-Unterbrechungs-Stopps für Mitarbeiter, die vom Chef gestört werden

Viele Vorgesetzte erwarten noch immer, dass Ihre Mitarbeiter alles stehen und liegen lassen, wenn sie nach ihnen rufen. Nicht selten muss der Mitarbeiter dann auch noch warten, bis der Chef ein Telefonat beendet oder einen Besucher verabschiedet hat. Abhilfe könnten folgende Maßnahmen schaffen:

Arbeit mitnehmen

Nehmen Sie nach Möglichkeit immer Unterlagen mit, an denen Sie im Vorzimmer arbeiten können, während Sie auf den Chef warten. So nutzen Sie diese Zeit optimal und hinterlassen außerdem einen aktiven Eindruck.

Vorplanung

Handeln Sie aktiv statt reaktiv. Warten Sie bei wichtigen Projekten nicht, bis der Chef Sie ruft. Schlagen Sie ihm von sich aus einen für beide Seiten günstigen Termin vor. Der Vorteil: Sie haben Zeit, sich entsprechend vorzubereiten, und das spart beiden Zeit.

Mal ehrlich …

Prüfen Sie selbstkritisch, ob Ihr Chef wirklich der Störenfried Ihrer Arbeit ist. Wenn er gut organisiert ist, klare Ziele setzt, Prioritäten definiert und Sie nur aus triftigen Gründen bei der Arbeit stört, dann raubt er Ihnen eigentlich keine Zeit. Wenn Sie sein Auftauchen trotzdem als Störung betrachten, hat das meist einen anderen Grund. Sie machen möglicherweise Frustrationen ganz anderer Art unbewusst an Ihrem Chef fest. Versuchen Sie, die wahren Gründe herauszufinden. Vielleicht wollen Sie den Job wechseln oder mehr Selbstbewusstsein haben.

simplify-Unterbrechungs-Stopps für Kollegen und Gleichrangige

Seien Sie diplomatisch

Setzen Sie auf gegenseitiges Verständnis und regelmäßige Kommunikation zu festgelegten Zeiten. Erklären Sie Ihren Kollegen, dass Sie nach Ihrer inneren Bio-Uhr am besten in einem bestimmten Zeitabschnitt arbeiten können. Hängen Sie eine Notiz an der Tür auf: Bitte zwischen 14 und 16 Uhr nicht stören. Einigen Sie sich mit den Kollegen auf einen festen Termin pro Tag oder Woche, bei dem gemeinsame Angelegenheiten besprochen werden, die mit der Arbeit zusammenhängen.

Mit gutem Beispiel voran

Reißen Sie auf keinen Fall andere Kollegen aus der Arbeit, indem Sie unangemeldet in der Tür stehen. Vereinbaren Sie per Telefon einen Termin. Auf diese Weise können Sie einen Betrieb mit einer hektischen Alles-sofort-Kultur in sinnvoller Weise »entschleunigen«.

Klar und deutlich

Steht dennoch eine Plaudertasche bei Ihnen in der Tür, dann drehen Sie Ihr nur kurz den Kopf zu, und sagen Sie freundlich und bestimmt: »Ich stecke gerade an einem heiklen Punkt und möchte das für einen Kunden heute noch fertig haben. Danach ist wieder mehr Luft. Danke, dass Sie Verständnis dafür haben.« Mit einem netten Lächeln und Kopfnicken wenden Sie sich dann *sofort* wieder Ihrer Arbeit zu.

Vorbeugender Small Talk

Pflegen Sie am Morgen, beim Mittagessen und am Ende des Arbeitstages das soziale Netz durch freundlichen, zeitlich klar begrenzten Small Talk, mit dem Sie Ihren Integrationswillen und Ihre Achtung vor den Kollegen ausdrücken. Manche Unterbrechungen durch Kollegen sind instinktive Versuche, sich des Zusammenhalts in der Gruppe zu versichern. Fünf Minuten am Tag genügen dafür völlig.

Mal ehrlich …

Prüfen Sie selbstkritisch, wie groß Ihr eigener Anteil an den Unterbrechungen ist. Lieben Sie selbst ein kleines Schwätzchen? Haben Sie Angst, durch mehr Abgrenzung andere vor den Kopf zu stoßen oder zum Außenseiter zu werden? Sind Sie vielleicht mit Ihrer Arbeit über- oder unterfordert und deshalb unbewusst immer für eine Unterbrechung offen?

simplify-Unterbrechungs-Stopps für alle, die sich selbst gern unterbrechen und im Büro arbeiten

Je langwieriger, komplizierter und unangenehmer eine Aufgabe ist, umso größer ist die Versuchung, sich mit selbstgemachten Unterbrechungen von der ungeliebten Arbeit abzuhalten. Irgendwann muss die Angelegenheit aber doch erledigt werden, und dann müssen Sie den Preis für Ihre Unterbrechungen zahlen: Sie arbeiten unter Druck, sind unzufrieden und liefern möglicherweise nicht die optimale Qualität. Hier die häufigsten Spielarten der Selbststörung im Büro und was Sie dagegen machen können:

Privatbereich abtrennen

Problem: Sie besuchen die Kollegen gern auf ein privates Schwätzchen (»Frau Meckler hat solche Probleme mit ihrem Sohn.«).

Die simplify-Lösung: Treffen Sie sich außerhalb der Bürozeiten, zum Beispiel in der Mittagspause.

Am Ort bleiben

Problem: Sie besuchen eine andere Abteilung oder eine Zweigstelle, obwohl das gar nicht nötig oder per Anruf zu erledigen gewesen wäre.

Die simplify-Lösung: Achten Sie probeweise die nächsten zwei Wochen lang konsequent auf telefonische Lösungen. Betrachten Sie jeden Anruf als »gesparte Reisezeit«.

Kreativpausen begrenzen

Problem: Sie wandern im Büro oder auf dem Stockwerk herum, um nachzudenken (»Im Gespräch mit anderen fällt mir einfach mehr ein.«).

Die simplify-Lösung: Ans Fenster stellen und drei Minuten hinausschauen, dabei den Ohrenrand (die sogenannte »Denkmütze«) kräftig durchkneten, von oben nach unten, dreimal hintereinander. Das erfrischt und aktiviert das Gehirn.

Staus vermeiden

Problem: Sie gehen häufig zum Kopierer oder anderen gemeinschaftlich genutzten Geräten, und zwar während der Hauptbetriebszeiten (»Ich musste so lange warten und anstehen.«).

Die simplify-Lösung: Herausfinden, wann am Kopierer nichts los ist, und mehrere Kopiervorgänge zusammenlegen. Oder noch besser: diese Arbeit delegieren.

Meetings einschränken

Problem: Besprechungen und Sitzungen mit Kollegen und Mitarbeitern ziehen sich in die Länge (»Man muss sich doch besser kennen lernen und Kontakte pflegen.«).

Die simplify-Lösung: Bitten Sie nur die Mitarbeiter dazu, die mit dem Projekt wirklich zu tun haben. Legen Sie vorher klar die Themen fest und setzen Sie ein Zeitlimit. Sind Sie nicht selbst der Veranstalter der Besprechung, können Sie sich dieses Limit auch individuell einräumen lassen: »Ich muss um 15 Uhr hier wieder raus.«

simplify-Unterbrechungs-Stopps für alle, die sich selbst gern unterbrechen und zu Hause arbeiten

Wenn Sie alleine arbeiten, fallen viele Störungen des typischen Büroalltags fort. Dafür müssen Sie sich immer wieder selbst motivieren. Die häufigsten Probleme:

Dranbleiben mit dem Blitz-Block

Problem: Während einer langwierigen Sache kommen Ihnen plötzlich viele gute Ideen zu ganz anderen Projekten (»Ich bin eben ein kreativer Chaot. Man muss auf seine Eingebungen hören.«).

Die simplify-Lösung: Halten Sie für solche Momente einen »Ideenblock für Geistesblitze« oder ein Diktiergerät bereit. Umreißen Sie den Gedanken kurz und versehen Sie ihn mit dem Datum. Kehren Sie danach umgehend zur eigentlichen Aufgabe zurück.

Belohnungen aussetzen

Problem: Sie spielen Computerspiele oder surfen länger im Internet herum, als nötig wäre.

Die simplify-Lösung: Benutzen Sie PC-Spiele und Web-Surfen konsequent als Selbstbelohnung (»Wenn ich das und das geschafft habe, gönne ich mir eine Runde Monkey Island am Computer.«). Gegen ausufernde Internet-Sucht hilft ein lächerlich einfaches altes Hilfsmittel: Stellen Sie sich einen Wecker, der Sie nach 20 Minuten in die Wirklichkeit zurückholt!

Der beste Trick gegen die »Angst vor dem weißen Blatt«

Problem: Sie müssen etwas schreiben, und der Anfang fällt Ihnen so schwer, dass Sie wie vernagelt vor dem Bildschirm oder dem Papier sitzen.

Die simplify-Lösung: Beginnen Sie nicht mit dem ersten, sondern mit dem zweiten oder dritten Satz. Beim Schreiben am PC ist es kein Problem, den Anfangssatz später einzufügen – und der wird Ihnen meist wie von selbst aus der Tastatur fließen, wenn Sie den Rest des Textes erst einmal fertiggestellt haben. Beim handschriftlichen Arbeiten lassen Sie über Ihren Anfangssätzen etwas Platz frei.

Mit Anlauf springen

Problem: Sie stehen vor einer Aufgabe, die Sie ungern tun.

Die simplify-Lösung: Benutzen Sie eine Vorlage als »Anlauf«. Öffnen Sie eine Datei ähnlicher Art, über die Sie »drüberschreiben« können. Oder besorgen Sie sich eine schriftliche Vorlage, die Sie munter abschreiben und an der Sie nur einzelne Worte verändern. Sie werden sehen: Nach einiger Zeit können Sie sich von dem Mustertext abstoßen wie ein Skispringer von der Schanze und selbst formulieren.

Wilder Sturm

Beginnen Sie mit einem schriftlichen Brainstorming. Zwingen Sie sich, auf ein leeres Blatt Papier fünf Minuten lang einzelne Begriffe zum Thema aufzuschreiben. Verbinden Sie anschließend, was zusammengehört, und rahmen Sie den Begriff ein, mit dem Sie beginnen.

simplify-Unterbrechungs-Stopps bei Besuchern und Kunden

Zur Sache kommen

Beschränken Sie die Anfangsbegrüßung auf wenige, freundliche Sätze. Lenken Sie das Gespräch keinesfalls auf Allgemeines oder Privates. Fragen Sie nicht: »Wie geht's denn so?«, sondern beginnen Sie sachlich: »Worum geht's denn?«

Lassen Sie Ihren Körper sprechen

Bieten Sie ungebetenen Besuchern nichts zu trinken an. Machen Sie es sich nicht bequem. Lehnen Sie sich nicht gemütlich im Sessel zurück, sondern halten Sie sich gerade.

Der Kniff mit der Armbanduhr

Stecken Sie schon zu Beginn des Besuchs einen klaren zeitlichen Rahmen ab. Richten Sie sich dabei nach der Bedeutung Ihres Gastes (»Wir haben 10 Minuten/eine knappe Stunde, also kommen wir doch gleich zur Sache!«). Sorgen Sie dafür, dass Ihr Gesprächspartner von seinem Platz aus auf eine Uhr in Ihrem Zimmer blicken kann. Besonders wirksam: Nehmen Sie nach Ihrem Hinweis auf die Zeit Ihre Armbanduhr ab, und legen Sie sie demonstrativ vor sich hin.

Ein Bonbon zum Schluss

Geben Sie Ihrem Gast das Gefühl, dass Sie ihn schätzen, Wertschätzung bei Ihnen aber keine Frage der Zeit ist. Formulieren Sie gegen Ende des Gesprächs auf jeden Fall ein Lob. Das versüßt den Abschied.

Bitte sehr, bitte gleich

Wenn ein Problem gleich gelöst werden kann, tun Sie es. Wenn nicht: Delegieren Sie es an einen Mitarbeiter, oder bitten Sie den Gast um eine kurze schriftliche Zusammenfassung der wichtigen Punkte.

Vorbeugende Maßnahme

Vereinbaren Sie mit Ihrer Sekretärin oder den Kollegen, dass sich diese bei unangemeldetem Besuch nach spätestens 15 Minuten über das Telefon mit einem »dringenden« Anliegen melden.

Endsignale senden

Für das angestrebte Ende des Gesprächs setzen Sie deutliche Signale: Schließen Sie Ihren Zeitplaner, bewegen Sie Papiere auf dem Schreibtisch, rutschen Sie auf Ihrem Stuhl nach vorne. Fassen Sie das Ergebnis der Besprechung in einem Satz zusammen, und fügen Sie hinzu: »Ich denke, wir sind einen ganzen Schritt weiter gekommen. Ihr Besuch hat mich gefreut.« Ihr Gast wird die Signale zum Aufbruch erkennen und sich erheben. Stehen Sie gleichzeitig mit auf.

Die Notbremse

Notfalls beenden Sie das Gespräch klar dadurch, dass Sie mit einem positiven Gesichtsausdruck leicht in die Hände klatschen und sagen: »Ich denke, nun ist alles geklärt.« Stehen Sie dann zügig auf.

Gehen Sie mit

Ein Gast beurteilt Sie weniger nach der effektiven Minutenanzahl, die Sie ihm gewidmet haben, sondern nach dem letzten Eindruck.

Bringen Sie Ihren Gast zur Tür, begleiten Sie ihn zum Aufzug oder zu seinem Wagen. Das gibt ihm das Gefühl, dass Sie etwas für ihn tun. Dadurch können Sie auch ein nur zehn Minuten dauerndes Gespräch zu einem intensiven positiven Erlebnis für den Gast machen.

Vorausplanen

Wenn das Gespräch länger gedauert hat als geplant: Bitten Sie Ihren Besuch, für das nächste Treffen unbedingt vorher einen Termin auszumachen, damit Sie mehr Zeit für ihn haben.

Bekämpfen Sie die Durchhalte-Müdigkeit

Eines der typischen Phänomene von Menschen, die zu Unordnung neigen, ist ihre Weigerung, eine begonnene Arbeit vollständig zu beenden. Das klassische Beispiel: Die Zahnpastatube nach Gebrauch nicht wieder zuschrauben. Andere Formen der Durchhalte-Müdigkeit:

- Speisereste und -verpackungen im Auto lassen, nachdem Sie gegessen haben.
- Das Wechselgeld nicht in den Geldbeutel, sondern irgendwo in die Jackentaschen tun.
- Mäntel und andere Kleidung nach dem Ausziehen nicht aufhängen.
- Schmutzige Wäsche nicht sofort in den Wäschekorb werfen.
- Werkzeug nach getaner Arbeit nicht wegräumen.

Bedenken Sie: Sie sparen dadurch niemals Zeit, denn früher oder später müssen die Sachen ja doch aufgeräumt werden. Dazwischen aber entsteht möglicherweise ein Chaos, das Ihnen das Leben unnötig schwer macht.

Das 30-Sekunden-Prinzip

Viele Menschen, die zu Unordnung neigen, fühlen sich gehetzt. Angesichts der vielen Aufgaben, die auf sie warten, sagen sie zu dem vor ihnen liegenden Job »jetzt nicht!« – und überschätzen die Zeit, die seine Erledigung benötigt. Messen Sie mit dem Küchenwecker oder einer Stoppuhr, wie lange die Arbeiten dauern, um die Sie sich drücken, weil Sie sie nicht gerne tun. Wenn Sie entdecken, dass es nur 20 Sekunden dauert, die Jacke in den Schrank zu hängen, werden Sie in Zukunft bereitwilliger darangehen. Das Saugen eines Zimmers dauert vier Minuten, ein Herrenhemd zu bügeln etwa drei Minuten.

Wenden Sie das 30-Sekunden-Prinzip an, um Ihre Durchhalte-Müdigkeit zu bekämpfen: Wenn die Fertigstellung des Jobs 30 Sekunden oder weniger dauert, dann erledigen Sie ihn sofort. Wenn Sie diese Regel beherzigen, werden Ihr Auto und Ihr Haus bald aufgeräumter aussehen – und es wird auch so bleiben.

Dämmen Sie die Informationsflut ein

Wir verbringen immer mehr Zeit mit Medien. Die Flut von Information und Unterhaltung kennt keine Ebbe mehr. Jedes neue Medium tritt mit dem Versprechen an, unser Leben zu vereinfachen, aber kein altes Medium fällt wirklich weg. Finden Sie auch hier Ihren simplify-Weg und wählen Sie aus den folgenden Vorschlägen die aus, die für Sie passen.

Reduzieren Sie Ihren »Das sollte ich lesen«-Stapel

Belasten Sie sich nicht mit Stößen ungelesener Zeitungen, Zeitschriften, Broschüren und Prospekte. Wenn der Stapel höher ist, als Sie in einem Monat lesen könnten, ist er nur noch eine seelische Bürde. Gehen Sie alle Schriftstücke durch, heben Sie die drei interessantesten auf und entsorgen Sie den Rest. Wetten, dass Sie sich erleichtert fühlen? Lesen Sie die drei »geretteten« Schriften am besten noch am gleichen Tag, und werfen Sie danach so viel wie möglich davon weg (siehe nächster Tipp).

Lesen Sie Zeitschriften mit dem Messer

Wenn Sie einen informativen Artikel entdeckt haben, schneiden Sie ihn heraus. Damit vermeiden Sie, dass sich bei Ihnen die Magazine stapeln, »weil da noch etwas drin ist, das ich lesen wollte«.

Versehen Sie Bücher mit einem eigenen Index

Wenn sie in einem Buch auf etwas Interessantes stoßen, legen Sie sich im hinteren Buchdeckel ein eigenes Stichwortverzeichnis (mit Seitenangabe) an. Dadurch wird es einfach, die »guten Stellen« eines Buchs wiederzufinden. Außerdem lesen Sie dadurch bewusster und strukturierter.

Falls Ihnen das zu aufwendig ist: Farbige Klebezettel (zum Beispiel Index Tabs von 3M) tun's auch. In der Regel sind es in einem Buch drei bis zehn Stellen, auf die Sie sich später noch einmal beziehen und die Sie wiederfinden möchten. Durch die farbigen Zettel, die Sie am besten am oberen Buchrand herausstehen lassen, finden Sie diese Stellen

schnell wieder. Außerdem sehen Sie auf einen Blick, dass Sie dieses Buch schon einmal intensiv gelesen haben.

Das gilt nicht nur für Sachbücher, sondern auch für Romane. Wenn es eine Stelle gibt, die Sie sehr bewegt hat – Zettel dran!

Lesen Sie keine Tageszeitung

Die Zeitung zum Frühstück ist eine liebe Gewohnheit. Der Informationsgehalt ist meist gering. Selbst bei guten Tageszeitungen ist es in der Regel nur ein einziger Artikel, der Sie so sehr anregt, dass Sie im Lauf des Tages anderen Menschen davon erzählen werden. Und mal ehrlich: Was wäre verloren, wenn Sie diesen Artikel nicht gelesen hätten?

simplify-Trick: Delegieren Sie das Zeitunglesen an ein anderes Familienmitglied. Ist etwas wirklich Interessantes dabei, wird es Sie ganz von selbst darauf aufmerksam machen. Die Tagesinformationen erhalten Sie im Autoradio, im Küchenradio (ein guter Platz zum Genießen von Hörfunk) oder in den Abendnachrichten. Lesen Sie zum Frühstück lieber Fachzeitschriften, am besten ausgewählte Artikel. Oder, noch besser, nutzen Sie diese Zeit zur Kommunikation mit der Familie. Im Beruf sind Arbeitsbesprechungen unentbehrlich – im privaten Bereich ist es die »Frühstückskonferenz«.

Wenn Sie sich nicht von Ihrer Zeitung trennen können: Lesen Sie nur ausgewählte Teile, deren Informationen Sie weiterbringen (zum Beispiel Wirtschaftsteil, politischer Kommentar). Blättern Sie den Rest nicht einmal durch. Der Zeitaufwand dafür ist – verglichen mit dem Resultat – enorm.

Notizbuch statt Zettelwirtschaft

Wenn Sie sich etwas notieren, dann entweder in Ihren Zeitplaner oder in ein kleines Notizbuch, in das alle Dinge kommen, die nicht vergessen werden sollen. Herumfliegende Zettelchen lassen auch Ihre Konzentration vagabundieren. Wer Zettel verstreut, wird selbst zerstreut!

Reduzieren Sie alltägliche Werbetafeln

T-Shirts und Mützen mit Werbebotschaften, Kaffeetassen mit Markenartikel-Slogans, lustige Sprüche am Kühlschrank, T-Shirts, Reklamekulis und 1000 andere Gegenstände in Ihrem Umfeld senden fortwährend Nachrichten aus, die Ihr Bewusstsein ablenken und Ihr Unterbewusstsein stören. Verbannen Sie diese gesammelten Ablenkungsmanöver aus Ihrem Gesichtskreis. Füllen Sie zum Beispiel Frühstücksflocken aus der marktschreierischen Packung um in ein einfaches großes Glasgefäß.

Präsentieren Sie Kinderbücher frontal

Um Kinder und Jugendliche zum Lesen zu motivieren, machen Sie's wie ein Buchhändler, und stellen Sie (wöchentlich wechselnd) ein oder zwei Bücher mit der Titelseite nach vorn ins Regal. Das signalisiert dem Kind »Wie schön! Das habe ich ja auch noch!« und vermittelt die unterschwellige Botschaft »Bücher sind wichtig«.

Lesen Sie Informationsdienste

Zur Abwechslung mal ein bisschen Eigenwerbung: Für dieses Buch haben wir über 650 deutsche und amerikanische Bücher durchforstet, ein zwei Meter hohes und zwei Meter breites Regal voll. Auf den gut 350 Seiten dieses Buches erhalten Sie den Extrakt eines Stapels von gut zwölf Metern Höhe, der über 7000 Euro und viel Lesezeit kostet.

Unser monatlicher Newsletter *simplify your life®* hält Sie über weitere Neuerscheinungen aus dem Lebenshilfe- und Managementmarkt und vielen weiteren Wissensgebieten auf dem Laufenden. Wie Sie ihn bestellen können, steht am Ende dieses Buches. Der monatlich erscheinende Lothar J. Seiwert-Coaching-Brief zeigt Ihnen, wie Sie professioneller arbeiten und leben (*www.coaching-briefe.de*).

Neben unserem Service gibt es noch weitere Dienste, mit denen Sie Ihre Informationsaufnahme enorm optimieren können. Top-Manager nutzen das längst. Ein Beispiel ist der *8-Seiten-Dienst* (zu bestellen bei ISI Marketing GmbH, Trimonte Park, Wasserstr. 219, 44799 Bochum, übers Internet: www.Acht-Seiten-Skript.de): Die Kernaussagen jeder wichtigen Buchneuerscheinung auf acht DIN A4-Seiten. Hervorragend für den Businessbereich ist auch der (kostenpflichtige) Internet-Dienst *www.GetAbstract.com*.

Besiegen Sie die Fernsehsucht

Fernsehen ist an sich nichts Schlechtes. Kein anderes Medium erreicht alle Sinne so nachhaltig und intensiv. Eine schwedische Studie von 1995 belegte sogar, dass Kinder aus Familien ohne Fernseher in Sachen Allgemeinbildung und praktischer Intelligenz gegenüber »Fernsehkindern« benachteiligt sind – vorausgesetzt, diese Kinder sitzen nicht ununterbrochen vor dem Gerät. Dauerglotzen zerstört die positiven Wirkungen des Fernsehens. Hier ein paar simplify-Tipps, wie Sie die heimische Mattscheibe sinnvoll nutzen.

Eine Sendung und dann Pause

Schalten Sie den Fernseher nie »einfach so« an. Suchen Sie vorher eine bestimmte Sendung aus, die Sie sich ansehen wollen. Vereinbaren Sie mit sich, dass Sie *unmittelbar* nach dieser Sendung wieder ausschalten und allen »Bleiben Sie dran!«-Aufforderungen trotzen. Besonders wichtig ist das, wenn Sie abends allein im Hotelzimmer sind und gegen die ungewohnte Einsamkeit den Fernseher einschalten.

Der Weggeh-Trick

Manchmal sind Sie von einem eigentlich wertlosen Film gefesselt und bleiben vor dem Fernsehapparat sitzen, obwohl Sie das gar nicht mehr möchten. Abhilfe: Gehen Sie bei laufendem Gerät aus dem Zimmer. Ist der »magische Faden« erst einmal abgerissen, fällt es Ihnen leichter einzusehen, dass der Film das Anschauen nicht lohnt. Kehren Sie in den Raum zurück, und schalten Sie dann den Fernseher aus.

Fernsehen delegieren

Wenn Sie eine bestimmte Sendung sehen möchten, weil sie aus beruflichen oder aus Hobbygründen für Sie interessant sein könnte: Bitten Sie jemand anders, diese Sendung anzuschauen, und zeichnen Sie das Programm auf Video auf. Später fragen Sie ihn, welche Teile davon – wenn überhaupt – für Sie interessant sind. Nur diese sollten Sie dann auf Video ansehen.

Der 50-Prozent-Entzug

Unterbrechen Sie den Serienzwang. »Daily soaps« und andere Serienprogramme können süchtig machen. Falls Sie infiziert sind, sehen Sie sich nur noch jede zweite Sendung an. Dann bekommen Sie die Handlung immer noch mit, sparen Zeit und kommen leichter davon los.

Zöpfe ab!

Überdenken Sie Ihre Fernsehrituale. Können Sie ohne Tagesschau nicht leben? Entwickeln Sie Alternativen, etwa das Anhören der

ausführlichen Nachrichten in einem öffentlich-rechtlichen Radiosender (die meist ausführlicher berichten als das Fernsehen). Damit verhindern Sie, dass die TV-Nachrichten für Sie zur »Einstiegsdroge« ins Abendprogramm werden.

Vereinfachen Sie Ihre Kommunikation

Die wenigsten Menschen schreiben gerne. Wer einen Text verfassen muss, schiebt diese Aufgabe oft lange vor sich her. Der wichtigste simplify-Rat zu diesem Thema lautet: Hängen Sie's niedriger! Schreiben Sie nicht perfekt, sondern halbperfekt, kümmern Sie sich nicht um Stilfragen oder Rechtschreibfehler. Bringen Sie die ungeliebte Aufgabe hinter sich, je schneller, desto besser. Hier ein paar bewährte Tipps zur Vereinfachung.

Entkrampfen Sie schriftliche Memos

»Schreiben Sie mir darüber einen Bericht.« In den USA ist das schon lange eine Seuche, in deutschen Büros beginnt sie gerade. Überzeugen Sie Ihren Chef, dass es dabei auf den Informationsgehalt ankommt und nicht auf Schönheit. Oft ist eine Kopie des entscheidenden Schriftstücks (Brief, Prospekt, Zeitungsartikel) mit ein paar handschriftlichen Anmerkungen die einfachste Lösung. Sagen Sie »in den USA wird das auch so gemacht«, und das ist nicht einmal gelogen.

Schreiben Sie einfacher und farbiger

Geschäftliche Briefe sind häufig eine Art Museum der Gewohnheiten früherer Zeiten, und selbst private Schreiben enthalten Floskeln, die eigentlich längst ausgestorben sind. Da wird *höflich ersucht, anliegend gefunden, hochachtungsvoll verblieben* und in ewiger Eintönigkeit *freundlich gegrüßt*.

Lassen Sie den Muff aus Ihren Briefen verschwinden! Das kostet anfangs etwas Überwindung, aber schon nach kurzer Zeit werden Sie merken, dass die frische Schreibe mehr Spaß macht, dass die unangenehme Korrespondenz leichter von der Hand geht und die Empfänger Ihre Zeilen mit mehr Freude lesen.

Benutzen Sie alle Ihre Sinne! Schreiben Sie, was Sie sehen, hören, schmecken und empfinden. Halten Sie es außerdem mit dem Briefideal von Kurt Tucholsky: Schreiben, wie man spricht. Dazu gehört der mittlerweile allgemein anerkannte Briefbeginn »Guten Tag, Herr …«.

Vereinfachen Sie Ihre E-Mail

»Sie haben 35 neue Nachrichten.« Immer mehr Arbeitnehmer werden von ihrem Computer mit solchen Botschaften begrüßt. Neben Briefpost und Faxen will eine ständig steigende Zahl elektronischer Botschaften beachtet und beantwortet werden. In manchen Unternehmen werden die Mitarbeiter von Spezialisten geschult, damit sie neben dem Bearbeiten von E-Mails überhaupt noch zu anderen Tätigkeiten kommen. Einer dieser Spezialisten ist Nathan Zeldes, Produktivitätsmanager bei Intel Israel, und das sind seine Ratschläge:

Ungeöffnet löschen

Sehen Sie die Posteingangsliste mit Absendern und Themen genau durch, bevor Sie die einzelnen Meldungen lesen. Viele Nachrichten können Sie ungelesen löschen. E-Mail-Programme wie Outlook haben Filter, mit denen Sie bestimmte Arten von unerwünschten Meldungen von vornherein abweisen können. E-Mails mit Betreffzeilen in Großbuchstaben sind zum Beispiel so gut wie immer amerikanische Werbung.

In Körbchen verteilen

Bilden Sie den sinnvollen Umgang mit Papier im PC nach. Missbrauchen Sie den Ordner »Posteingang« nicht als Sammelbehälter, sondern legen Sie die Nachrichten nach dem Lesen in projektbezogenen Ordnern ab.

Sofort beantworten

Nutzen Sie den größten Vorteil von E-Mail: die schnelle Antwortmöglichkeit. Das sollte Ihnen in Fleisch und Blut übergehen: nach dem Lesen eine Meldung entweder löschen oder beantworten. Wenn Sie noch etwas arbeiten müssen, bevor Sie die volle Antwort geben können, schreiben Sie einen ganz kurzen Zwischenbescheid.

Fünf-Wochen-Ordner einrichten

Etwas Ähnliches wie den bewährten »Vor-Papierkorb« im papiernen Büro sollten Sie auch im PC haben. Legen Sie im Ordner »Fünf Wochen« alle Nachrichten ab, bei denen Sie sich nicht sicher sind, ob der Absender darauf noch einmal zurückkommt, oder die Sie anderweitig brauchen könnten. Sehen Sie diesen Ordner alle fünf Wochen durch und löschen Sie, was sich erledigt hat.

Kürzel erfinden

Vereinbaren Sie mit Ihren Kollegen Abkürzungen in der Betreffzeile, aus denen schnell ersichtlich ist, worum es geht. Beispiele: »To do« oder »HB« (Handlungsbedarf) für wichtige Sachen, die erledigt werden müssen. »Info« oder »NZI« (nur zur Information) für nicht ganz so brenzlige Themen.

»E-Mail-SMS« nutzen

Praktisch sind Nachrichten, die sich komplett in der Betreffzeile unterbringen lassen. Schließen Sie die Betreffzeile mit »eom« (End of message) oder »nfm« (no further message) ab, damit der Empfänger Ihre E-Mail nicht öffnen muss. Besonders passend sind solche Kurzbotschaften als Empfangsbestätigung: »Vielen Dank für die prompte Antwort! (nfm)«

Abwesenheit mitteilen

Es ist kein unvermeidbares Schicksal, dass Sie nach Ihrem Urlaub Hunderte ungeöffneter E-Mails vorfinden. Die meisten E-Mail-Programme bieten das Feature »out of office«. Dann bekommen alle Absender eine Nachricht, wann Sie wieder da sind, und wissen, warum sie keine Sofort-Nachricht erhalten.

CC sparsam verwenden

E-Mails lassen sich sehr leicht an einen großen Adressatenkreis versenden. Das tun manche Menschen gern, um sich nach allen Seiten abzusichern. Vereinbaren Sie in Ihrer Firma, dass das nur noch in Ausnahmefällen genutzt werden sollte, denn vor allem die CC-Manie (»carbon

copy«, heißt eigentlich »Kohlepapier«) ist schuld an der E-Mail-Schwemme in den Betrieben.

Vorsicht bei Anhängen

Eine andere Unsitte: An eine E-Mail Bild- und andere Riesendateien anzuhängen. Tun Sie das sparsam und nur wenn Sie wissen, dass der Empfänger die Datei in dieser Größe braucht. Sonst ist es höflicher, ihm die entsprechenden Passagen auszuschneiden und nur die zu versenden. Wenn Sie Bilder verschicken, die nur zur Information dienen, verkleinern Sie sie vorher auf Bildschirmformat (maximal 700 Bildpunkte hoch) und speichern Sie Farbbilder im platzsparenden JPG-Format ab.

Sobald Sie in Ihrer Posteingangsliste große Nachrichten sehen, öffnen Sie erst die E-Mail und sehen nach, um was für eine angehängte Datei es sich handelt, bevor Sie sie zeitraubend auf Ihren PC herunterladen.

Fassen Sie sich kurz

Machen Sie es sich zum Ziel, möglichst kurze und prägnante E-Mails zu schreiben. Zitieren Sie bei Antworten die Nachricht Ihres Adressaten nur, wenn es unbedingt erforderlich ist, und selbst dann nur in Auszügen. Das vereinfacht dem anderen die Lektüre – und zur Vereinfachung wurde E-Mail doch eigentlich erfunden.

simplify-Idee 14
Ent-fliehen Sie ab und zu

Wenn es sich um eine Aufgabe handelt, die Sie nur alleine bewältigen können, und nicht gestört werden wollen, hilft nur eins: die

Flucht! Erfolgreiche kreative Menschen haben alle ihre Fluchtburgen, in die sie sich für ihre Arbeit zurückziehen. Es muss ja nicht gleich Ernest Hemingways Bungalow mit Meerblick sein. Hier ein paar Anregungen für den simplify-Trick Zweitbüro:

Im Auto, auf dem Rücksitz

Wenn es die Witterung erlaubt (nicht zu heiß, nicht zu kalt), schlagen Sie Ihr Zweitbüro im Auto auf. Fahren Sie an einen abgelegenen Ort, an dem Sie nicht gestört werden und setzen Sie sich (das ist der Kniff) auf den Rücksitz. Hier sind Sie nicht mehr der Chauffeur, sondern der Chef!

Unter freiem Himmel

Vom Wetter abhängig ist das Zweitbüro im Park, an einem See oder sonst einem inspirierenden Platz in der freien Natur. Manche Menschen haben dagegen eine innere Abneigung: »An so einem schönen Platz arbeiten? Hier will ich mich doch entspannen!« Dabei unterschätzen sie die enorme Energie, die von einem positiven Ort ausgeht. Keine Sorge, Sie machen den schönen Platz mit Ihrer Arbeit nicht kaputt. Es funktioniert anders herum: Durch die Anmut der Umgebung wird auch Ihre Arbeit angenehmer und reizvoller werden.

Verwaiste Räume

In fast jeder Firma gibt es ungenutzte Räume: große Sitzungszimmer, eine Kantine außerhalb der Essenszeiten, leerstehende Büros oder wenigstens ein zeitweise leerstehender Schreibtisch eines Außendienstmitarbeiters (mit dem Sie sich vorher abstimmen, wann Sie seinen Platz nutzen dürfen). Wichtig ist, dass der entsprechende Raum möglichst weit von Ihrem Büro entfernt ist. Dann melden Sie sich ab, als ob Sie außer Haus gehen, stellen das Telefon auf Anrufbeantworter oder wie immer Sie Ihre Abwesenheit organisieren. Vor Ihnen liegen zwei, drei Stunden ohne Störung, in denen Sie Wunder vollbringen können.

Kraftorte

In einem Werbespot der Firma Microsoft wird gezeigt, wie sich eine Mitarbeiterin mit ihrem Notebook-PC in eine Kirche verzieht, um endlich ungestört arbeiten zu können. Wenn Sie nicht die einzige Person im Kirchenraum sind, wird das mit dem Tastaturgeklapper sicher etwas problematisch. Die Grundidee aber ist durchaus clever: kraftvolle Plätze aufsuchen, die positiv auf Ihre Konzentration und Inspiration wirken. Wenn Sie mit einem Buch und einem Notizblock als Arbeitsmittel auskommen, werden Sie auch niemanden stören. Gute Alternativen zur Kathedrale: eine öffentliche Bibliothek, ein altmodisches Cafe (in dem Sie in Ruhe gelassen werden), ein Selbstbedienungsrestaurant (ganz ohne störende Ober), ein Museum oder das Foyer eines Hotels.

Die Bahn

Finden Sie heraus, welche Orte für Ihre Kreativität positiv sind. Bei mir ist es die Eisenbahn. Wenn ich weiß, vor mir liegen vier Stunden Fahrt, ohne Telefon und Leute, die zur Tür hereingucken – dann ist mein Geist frei, um komplizierte Artikel zu lesen oder zu verfassen. Notfalls tut es sogar die Flughafenlinie der S-Bahn, die ich mit der Monatskarte kostenlos mitnutzen kann. Arbeiten in der Bahn kann allerdings schief gehen: Wenn der Zug überfüllt ist (am Freitag- und Sonntagnachmittag immer); wenn Sie

an ein quasselndes Gegenüber geraten; wenn eine johlende Reisegruppe im Waggon ist; oder wenn Bahnfahren Sie müde macht – manche Leute schlafen nach den ersten Kilometern Geschunkel ein.

In der Luft

Andere Menschen arbeiten am liebsten im Flugzeug. Die zerrissenen Prozeduren (Einchecken, Warten, Einsteigen, Starten, Landen, Aussteigen, aufs Gepäck warten) sind allerdings Gift für jede innere Konzentration, und der eigentliche Flug ist innerhalb Europas ja meist ziemlich kurz.

Am Ort Ihrer Fantasie

Suchen Sie nach weiteren ungenutzten Räumen, die Ihnen die Abschottung von Störungen bieten, die für die kompromisslose Konzentration auf *eine* Priorität notwendig ist. Sie werden sehen: Schon die Suche nach solchen Orten ist ein kreativer Akt, der sich lohnt.

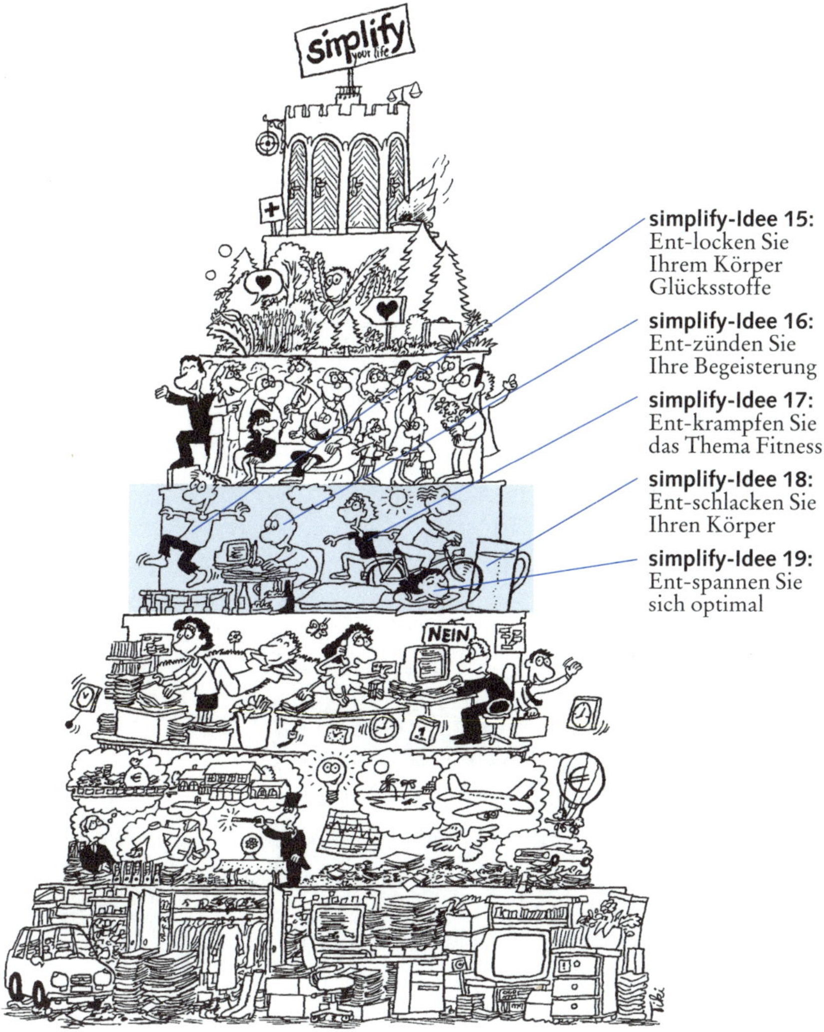

Stufe 4 Ihrer Lebenspyramide

Vereinfachen Sie Ihre Gesundheit

Ihr simplify-Traum: Fünfte Nacht

Befreit von vielen kleinen und großen Lasten sind Sie fast schwerelos hinaufgeschwebt zur vierten Stufe der Pyramide. Unter Ihnen die poröse Wand mit Ihren Aktivitäten, pausenlos umkreist von den Zifferblättern der Uhren, die inzwischen aber viel weiter entfernt zu sein scheinen. Sie merken, wie Sie sich selbst immer näher gekommen sind. Bei den Dingen und dem Geld hatten Sie sich selbst kaum wahrgenommen. Auf der dritten Stufe, der Zeit, wurde Ihnen schon klarer, dass diese sich langsam aufreibende Wand unmittelbar mit Ihnen verbunden ist.

Auf der vierten Stufe durchströmt Sie ein bisher auf Ihrer Pyramide nicht da gewesenes Gefühl von Heimat und Intimität. Beim ersten Hinsehen erscheint es Ihnen, als bestünde dieser Teil des Bauwerks nur aus Spiegeln. Wohin Sie auch blicken, Sie sehen nur sich selbst: mal aus der Entfernung, mal ganz nah. Sie sehen einzelne Körperteile von sich und können manchmal sogar durch Ihre Haut hindurchsehen. Vertraute Gerüche umwehen Sie. Beim Herumgehen fühlen Sie wohlige Wärme und eisige Kälte, manchmal ein angenehmes Prickeln und dann wieder einen stechenden Schmerz. Mal sind Sie matt und müde, mal sprühend vor Kraft.

An einigen Stellen sehen Sie Stangen und Rohre und eigenartige Leitungen, die offenbar in andere Geschosse der Pyramide führen. Sie sind hier auf der Ebene Ihrer körperlichen Gesundheit und natürlich auch aller Ihrer Krankheiten. Das wussten Sie bereits, dass es Verbindungen gibt zwischen Ihrer körperlichen Verfassung und Ihren Finanzen, Ihrem Besitz und vielen anderen Aspekten Ihres Lebens. Aber nun sind Sie doch erstaunt, wie vielfältig diese Abhängigkeiten sind, wie die ganze vierte Stufe Ihrer Lebenspyramide ständig hin und her und auf und ab bewegt wird durch ein Gewirr von nicht zur Ruhe kommenden Verknüpfungen.

Während Sie das alles sehen, machen Sie eine überraschende Entdeckung: Sobald Sie eine der Verbindungsleitungen genauer untersuchen und sich überlegen, wohin sie führen könnte, wird sie dünner und schwächer. Manche ziehen sich dabei ganz zurück. Sie hören Ihren Körper erleichtert seufzen, ein kleiner Strom von Glück schießt durch Ihre Adern. Und wieder ahnen Sie, was Sie auf dieser Stufe Ihrer Lebenspyramide tun werden.

Das simplify-Ziel für Stufe 4

Lernen Sie, auf Ihren Körper zu hören, und bewahren Sie seine Kräfte.

»Das Wichtigste ist doch die Gesundheit!« sagen viele Menschen. Und meinen dabei meist die Abwesenheit von Krankheiten. Dabei ist Gesundheit mehr als das – und gleichzeitig auch weniger.

Gesund sein bedeutet mehr, als nicht krank zu sein. Gesund ist, wer sich wohl fühlt in seinem Leib und aus körperlicher Anstrengung Glück bezieht, wer vorbeugend die Kräfte seines Körpers bewahrt und ausbaut.

Gesund sein bedeutet aber auch, krank sein zu dürfen. Ihre Erkrankungen sind mit Ihrem seelischen Wachstum untrennbar verbunden. Wie beim Kind die Kinderkrankheiten entscheidend zur Entwicklung beitragen, so gehört es zu den wichtigen Fähigkeiten eines Erwachsenen, die Signale des Körpers zu verstehen und zu nutzen. Wer unangenehme Symptome beim ersten Auftauchen mit Arznei oder anderen ärztlichen Mitteln wegdrückt, bringt sich um einen wertvollen Schatz der inneren Reifung und des tiefen Verständnisses für andere. Außerdem kann es gefährlich sein, nicht nach dem eigentlichen Grund der Krankheit zu suchen und das Problem nicht an der Wurzel zu packen.

Bei kaum einem anderen Stockwerk Ihrer Lebenspyramide ist es so wichtig wie hier, einen positiven Anfang zu haben. Deswegen zeigen wir Ihnen zu Beginn ein paar simplify-Schritte, mit denen Sie auf einfachste Weise Zufriedenheit und Glück erfahren.

simplify-Idee 15
Ent-locken Sie Ihrem Körper Glücksstoffe

Bewegen Sie sich

Sorgen Sie dafür, dass Sie jeden Tag mindestens eine halbe Stunde normale körperliche Bewegung haben, am besten an der frischen Luft. Geeignet sind Rad fahren, Spazieren gehen, Gartenarbeit, Joggen oder jede andere Sportart, die Ihnen Spaß macht, aber auch ganz normales Gehen.

Durch Bewegung werden Beta-Endorphine im Körper freigesetzt. Diese körpereigenen Peptide steuern die Informationsübermittlung zwischen den Nerven- und Gehirnzellen und haben eine entfernt dem Opium verwandte Wirkung: Depressive Stimmungen werden vertrieben, Ihr Schmerzbewusstsein sinkt. Die ideale Betätigung wäre übrigens Tanzen, das die positive Wirkung von Musik mit sozialen Kontakten verbindet.

Wenn Sie eine Rolltreppe oder einen Lift sehen, sagen Sie sich automatisch: »Ich nicht!« und halten Sie Ausschau nach dem Treppenhaus. Treppensteigen ist die billigste und wirksamste Fitnessübung, die es gibt. Oben (oder unten) angekommen werden Sie Ihr Herz deutlich spüren, zugleich aber auch ein feines kleines Glückserlebnis haben.

Spüren Sie den Himmel

Blicken Sie mindestens einmal pro Tag ganz bewusst in den Himmel. Spüren Sie die Weite des Himmels und des Weltalls über sich, atmen Sie dabei bewusst tief und frei durch, und spüren Sie den Erdball unter Ihren Füßen. Damit können Sie sich buchstäblich von den Lasten und dem Druck der auf Ihnen liegenden Pflichten und Aufgaben befreien. Übrigens: Wenn Sie so stehen, dass Sie genau nach Osten sehen, stehen Sie in »Fahrtrichtung Erde«. So herum dreht sich der Erdball, und Sie drehen sich mit – in unseren Breiten mit immerhin über 1 000 Stundenkilometern!

Glücksexperten raten dazu, wenigstens einmal pro Monat so früh aufzustehen, dass Sie aufs freie Land hinausfahren und den Sonnenaufgang erleben können. Weitere endorphinfördernde Aktionen sind: morgens barfuß im nassen Gras laufen (Kneipps gutes altes »Tautreten«), Schwimmen unter freiem Himmel (in einem See oder einem beheizten Freibad), Stille in der Natur genießen. Falls Sie einen besonders schweren Tag Arbeit vor sich haben: Stehen Sie früher auf und wandern Sie eine halbe Stunde über freie Felder.

Wenn Sie sich von den Schwierigkeiten einer Aufgabe überfordert fühlen und Ihre Motivation leidet, dann rufen Sie sich selbst »Stopp!« zu. Ändern Sie Ihre momentane Körperhaltung, und suchen Sie den Himmel. Gehen Sie ins Freie oder wenigstens ans Fenster. Sehen Sie nach oben, bis sich die Scharfstellung Ihrer Augen auf »unendlich« befindet.

Erinnern Sie sich dabei: Wann habe ich eine ähnliche Aufgabe schon einmal erfolgreich geschafft? Wer und was hat mir dabei geholfen? Machen Sie sich Ihren eigenen Anteil am Erfolg bewusst, und schieben Sie nicht alles auf Zufall und Glück. Selbst die kleinste positive Erinnerung an Ihre eigenen guten Fähigkeiten kann als Antrieb genügen, um Sie wieder zu motivieren und aus dem Leistungstief zu heben.

Lächeln Sie sich gesund

Beginnen Sie jeden Tag mit einem Lächeln vor dem Spiegel. Das klingt auf den ersten Blick albern, ist aber bestens erforscht und in seiner positiven Wirkung nachgewiesen. Ein richtiges, ehrliches Lächeln (bei dem die Backen- und die Augenmuskeln für circa 30 Sekunden angezogen werden) signalisiert dem Gehirn: Achtung, es gibt Grund für gute Laune! Die Grunderkenntnis dieser als »facial feedback« bezeichneten Technik: Die Simulation eines Gefühls kann das Gefühl erzeugen.

Das hilft auch bei Frusterlebnissen oder Ereignissen, die Ihnen die gute Laune vermiesen. Wer lächelt, gewinnt. Die beste Waffe gegen Mobbing!

Lächeln Sie auch beim Einschlafen. Dann ist es dunkel, keiner sieht es – aber Sie spüren es.

Schlafen Sie sich glücklich

Wer in der Nacht gut und tief schläft, steigert seine Glücksfähigkeit. Dabei helfen ein paar einfache Regeln: Keine schweren Speisen zum Abendessen, keinerlei Essen nach 20 Uhr, notfalls vor dem Zubettgehen ein Beruhigungstee oder ein Glas warme Milch, ein festes Einschlafritual, gut lüften, eventuell eine Kuscheldecke, keine 230-V-Elektrogeräte am Bett (Batterieuhr statt Radiowecker!). Der simplify-Tipp für einfaches und effektives Energietanken: Gehen Sie mindestens einmal pro Woche vor 22 Uhr zu Bett.

Wenn Sie Einschlafprobleme haben, versuchen Sie es mit einer der bewährten Entspannungsmeditationen. Zwei besonders schöne haben wir für Sie ausgesucht:

Adler-Meditation

Versetzen Sie sich in Gedanken auf einen hohen Felsen, von dem aus Sie weit in die abendliche Landschaft blicken können. Vor sich

sehen Sie einen Adler in seinem Horst. Langsam breitet er die Schwingen aus und stößt sich dann kraftvoll ab. Mit ruhigen Flügelschlägen segelt er der Abendsonne entgegen. Sie verfolgen jeden seiner Schläge, ganz intensiv und genau, bis er ein winziger Punkt am Horizont ist.

Rollband-Meditation

Sie stehen auf einer ebenerdigen Rolltreppe, wie es sie auf Flughäfen oft gibt. Das Rollband, auf dem Sie stehen, hat aber kein Ende. Es führt Sie ruhig, mit gleichbleibendem Tempo aus der betriebsamen Airport-Halle hinaus, bis Sie unter freiem Himmel sind. Vorbei an wunderschönen Landschaften, einem Fluss, durch einen Wald, führt Sie das Rollband immer weiter, bis zu einem breiten Strand am Meer. Parallel zum Ufer werden Sie an dem endlosen, einsamen und wunderschönen Strand immer weiter getragen, während über dem Meer langsam und glutrot die Sonne versinkt.

Essen Sie sich froh

Allen Warnungen zum Trotz: Nichts trägt so sehr zu unserem Wohlbefinden bei wie das Essen, und zwar von frühester Kindheit an.

Wohlbefinden wird aber nie durch die Menge, sondern allein durch die Qualität erzeugt. Seien Sie wählerisch mit dem, was Sie in Ihren Körper hineinlassen. Inzwischen ist es mehrfach wissenschaftlich nachgewiesen: Essen macht nicht nur den Körper satt, sondern ernährt auch unseren Geist. Unsere simplify-Liste verrät Ihnen, welches Nahrungsmittel welche positive Nebenwirkung hat.

simplify-Ernährungstipps für Körper und Geist

Verbessert die Konzentration: Avocados, Spargel, Karotten, Grapefruit
Stärkt Muskeln und Gehirn: Hering, Rotbarsch
Stärkt das Erinnerungsvermögen: Milch, Nüsse, Reis
Hebt die Stimmung: Orangensaft, Paprika, Sojabohnen, Bananen
Baut Stress ab: Hüttenkäse, Mandeln, Bierhefe
Fördert das Wohlbefinden: Bohnen, Erbsen, Tofu

Fördert den Schlaf: Brot, Nudeln
Fördert soziale Fähigkeiten: Hummer, Weizenkeime
Stärkt das Immunsystem: Knoblauch
Steigert die sexuelle Lust: Austern, Morcheln, Hülsenfrüchte
Schützt vor Herzinfarkt, Krebs und verbessert die Laune: ein Glas Rotwein am Abend

simplify-Idee 16
Ent-zünden Sie Ihre Begeisterung

Die große Entdeckung des ungarisch-amerikanischen Psychologen Mihaly Csikszentmihalyi (gesprochen »Mihai Tschik-sentmihai«), dem führenden Experten der Glücks- und Kreativitätsforschung, lautet: Ob Sie unglücklich sind oder glücklich, hängt nicht so sehr von den Umständen Ihres Lebens, sondern von Ihnen selbst ab.

Glück können Sie nicht erzeugen. Es ist aber auch nicht etwas, das einfach geschieht und wie ein unabwendbares Schicksal über Sie kommt. Die einfache Wahrheit liegt genau dazwischen: Glück ist ein Zustand, auf den Sie sich vorbereiten können. Zwar können Sie Glück nicht herbeiführen, wohl aber wirkungsvoll verhindern. Csikszentmihalyis Zusammenfassung: »Menschen, die lernen, ihre inneren Erfahrungen zu steuern, können ihre Lebensqualität bestimmen. Das kommt dem, was wir Glück nennen, wohl am nächsten.«

Das größte Glück erleben Menschen nicht im Urlaub im Liegestuhl am Meeresstrand. Die besten Momente im Leben sind nicht die passiven oder entspannten, sondern sie ereignen sich, wenn Körper und Seele bis an die Grenzen angespannt sind. Glück erleben Sie, wenn Sie eine Flamme der Neugier in sich entdecken und sie entfachen, bis ein Feuer der Begeisterung daraus wird. Glück ist dabei niemals ein Dauerzustand, sondern es setzt sich aus einzelnen Glückszuständen zusammen. Csikszentmihalyi nennt diesen Zustand *flow* (»Fließen«): Dermaßen in eine Tätigkeit vertieft sein, dass nichts anderes eine Rolle zu spielen scheint – wie Kinder während des intensiven Spiels. Im *flow* »läuft es« wie von selbst, »es flutscht«. *Flow* ist mit innerer Einfachheit verbunden, gleichsam das simplify-Erlebnis an sich. Im *flow* herrscht »Ordnung im Bewusstsein«.

Zu jedem Lebensabschnitt gehören dabei typische Glückserfahrungen, die nicht wiederholbar sind, das Glück der ersten Verliebtheit etwa. Es wäre unsinnig, in einer Ehe immer wieder diesen Kitzel der ersten Begegnung zu erwarten. Seien Sie misstrauisch gegenüber Paaren, die von sich behaupten, »so verliebt wie am ersten Tag« zu sein. Wirkliches Glück entsteht nicht aus der Sehnsucht nach der Vergangenheit, sondern aus der Weiterentwicklung der Seele – beispielsweise das Glück, Kinder zu bekommen, eine bleibende Leistung geschafft zu haben oder trotz einer körperlichen Einschränkung das Leben genießen zu können.

Die Glückserfahrung ist dabei völlig unabhängig von Kultur, Alter, Bildung oder Wohlstand. Csikszentmihalyi fand überdurchschnittlich glückliche Menschen unter Bergbauern, Künstlern, Managern und Chirurgen. Fast alle waren überdurchschnittlich fleißig und machten sich Gedanken über ihr Leben.

In sieben simplify-Schritten zur Glückserfahrung

Noch einmal: Sie können Ihr Glück nicht gezielt erzeugen. Aber Sie können den Boden für aufkeimende Glückserfahrungen vorbereiten. Die folgenden sieben Voraussetzungen haben die Forscher bei ihren Untersuchungen glücklicher Menschen gefunden.

1. Bringen Sie sich total ein

Eine zu starke Trennung von Privat- und Arbeitsleben ist glückshemmend. Angestelltenmentalität (»um 16 Uhr den Griffel fallen lassen«) verhindert *flow*. Glück braucht die Bereitschaft, sich einer Sache ganz hinzugeben. Menschen, bei denen Beruf und Privates ineinander übergehen, kommen leichter zu *flow*-Erfahrungen.

2. Konzentrieren Sie sich auf den Augenblick

Es ist schädlich für die Glückserfahrung, nur für ein fernes Ziel zu arbeiten (viel Geld zu verdienen, eine bestimmte Position zu erreichen). *Flow* erlebt, wer ganz gegenwärtig ist. Im *flow* spielt die Uhrzeit keine Rolle mehr. Alle Handgriffe laufen in der ihnen angemessenen Zeit ab, ohne Hast, aber auch ohne Pause. Die Zeit scheint stehen zu bleiben, der Augenblick erscheint »unvergänglich«. Bemühen Sie sich, Vergleiche mit der Vergangenheit und Träume von der Zukunft auszublenden. Dann steigen Ihre Chancen, intensiven *flow* zu erleben.

3. Konzentrieren Sie sich auf eine Tätigkeit

Menschen, die mehreren Aktivitäten gleichzeitig ihre Aufmerksamkeit widmen müssen, sind dabei unfähig zum *flow*. Erst wenn Sie eine Tätigkeit vollständig ausfüllt, werden Sie Glücksmomente erfahren können.

4. Lernen Sie, Ihre Arbeit zu genießen

Menschen, die *flow* erleben, haben es geschafft, die Beschränkungen ihrer Arbeitsumgebung in Möglichkeiten umzuwandeln. Sie sehen sich selbst als Maßstab für ihre Qualität. Die Anerkennung der anderen oder das Geld, das sie damit verdienen, treten in den Hintergrund. Zu den von Csikszentmihalyi untersuchten Personen mit dem höchsten Glückswert gehörte ein einfacher Arbeiter in einem Stahlwerk, der durch seine Fachkenntnisse und seine Hilfsbereitschaft allseits sehr beliebt war.

5. Vermeiden Sie die Zusammenarbeit mit unzufriedenen Kollegen

Das Arbeitsumfeld hat einen großen Einfluss auf Ihr Glückserleben. Wenn Sie von nörgelnden, negativ denkenden Mitarbeitern umgeben sind, werden Sie sich viel schwerer damit tun, *flow* zu erleben als in einem harmonischen Team. Analysieren Sie klar, welche Menschen in Ihrer Arbeitsumgebung chronisch unzufrieden sind und Sie damit möglicherweise unbewusst anstecken. Schotten Sie sich von solchen Menschen stärker ab, oder lassen Sie sich versetzen.

6. Suchen Sie sich eine Arbeit, bei der Sie die Kontrolle haben

Wer sich als Opfer empfindet und nicht lebt, sondern »gelebt wird«, verliert die Fähigkeit zur Freude, selbst wenn er seine Arbeit hervorragend erledigt. Wechseln Sie deshalb die Stelle, auch wenn diese Arbeit schlechter bezahlt wird oder ein geringes Ansehen bringt.

Wer Glückserlebnisse bei der Arbeit hat, wird seine Arbeit so hervorragend tun, dass er früher oder später auch finanziell und prestigemäßig davon profitiert.

7. Strukturieren Sie Ihre Freizeit

Erstaunlicherweise ist Arbeit leichter zu genießen als Freizeit. Die Arbeitswelt enthält eingebaute Ziele, Regeln und Herausforderungen. Freizeit dagegen ist unstrukturiert, und es kostet Mühe, sie zu etwas umzugestalten, das sich genießen lässt. Scheuen Sie sich daher nicht, Ihre Freizeit zu planen und bewusst zu gestalten. Menschen, die ihre Freizeit nicht vergeuden, haben ein positiveres Lebensgefühl, sie leben länger und sind seltener krank. Wer allerdings während seiner Arbeit nur dem Feierabend und dem Wochenende entgegenfiebert, wird selten *flow* erleben. Nur 18 Prozent aller von Csikszentmihalyi Befragten erlebten *flow* im Freizeitbereich, und bei fast allen geschah dies im Rahmen eines organisierten Hobbys.

simplify-Idee 17
Ent-krampfen Sie das Thema Fitness

95 Prozent aller Freizeitsportler überfordern sich, ohne es zu wissen. Sport ist nicht automatisch gesund – weder für den Körper noch für die Seele – denn in fast allen Sportarten, selbst den Fitness-Aktionen, wird ein Klassensystem aufgebaut: Anfänger, Fortgeschrittene, Leistungssportler. Ein mutiger Einsteiger wird erst einmal gedemütigt. Er will in seiner Gruppe nicht der Schlechteste

sein – und schon ist er wieder im Leistungssog, dem er durch seine sportliche Aktivität ja gerade entfliehen wollte.

Also gar kein Sport? Gern wird hier Winston Churchills Lebensregel »First of all – no sports« zitiert. Wer das tut, sollte bedenken, dass der große Zyniker die letzten 14 Jahre seines bewegungsarmen Lebens im Rollstuhl verbrachte.

Die Lösung heißt: Spaß! Sport, so die Forderung des Gesundheitstrainers (und ehemaligen Leistungssportlers) Gert von Kunhardt, sollte »spaßpflichtig« sein: Schwelgen statt schwitzen. Sanfte Bewegung statt harten Trainings.

Betreiben Sie Minutentrainings

Rückenschmerzen, Verspannungen, Anfälligkeit gegenüber Erkältungskrankheiten – all das und viel mehr können Sie vermeiden, indem Sie Ihre Muskeln trainieren. Fast alle wichtigen Stoffe, die Ihr Körper zum Leben und Gesundbleiben braucht, kann er in den Muskeln selbst erzeugen. Kraft- und Ausdauertraining ist für Gesundheit und Wohlbefinden unabdingbar. Aber: Fast immer wird, wenn der Entschluss dazu erst einmal gereift ist, des Guten zu viel getan. Der simplify-Rat: Steigen Sie um auf »Bewegungs-Homöopathie«, bei der kleine Mengen genügen.

Die schnellste Methode, verkümmerte Muskeln wieder wachsen zu lassen, sind *isometrische Übungen*: fünf bis zehn Sekunden Anspannen gegen einen nicht ausweichenden Widerstand. *Balanceübungen* sind gut für die Mikromuskulatur, und jede *dynamische Bewegung* tut Ihrem Kreislauf gut. Solche Kurzzeittrainings können Sie zu einem festen Ritual Ihres Tagesablaufs machen. Der simplify-Trick: Verbinden Sie wiederkehrende Aktivitäten mit bestimmten Übungen:

- Gehen Sie beim Zähneputzen in die Skiabfahrtshocke und wippen Sie dabei leicht.
- Trocknen Sie sich nach dem Duschen übertrieben gymnastisch ab.
- Wenn Sie sich rasieren, tun Sie das grundsätzlich auf einem Bein stehend.
- Auch das Zuknöpfen von Hemd oder Bluse, Krawattebinden, Schmuck anlegen, Schuh zubinden: ebenfalls prinzipiell auf einem Bein.

- Wenn Sie warten müssen, gehen Sie auf der Stelle (die »Venenpumpe«).
- Beim Warten im Auto drücken Sie zehn Sekunden gegen das Lenkrad, spannen Sie die Gesäßmuskeln an, kreisen Sie mit Schultern und Kopf.

Laufen Sie mit Verstand

Zu den effizientesten Übungen gehört nach wie vor das Laufen. Nehmen Sie sich aber nicht Marathonläufer und Sportstudenten zum Vorbild, sondern denken Sie allein an sich, und befolgen Sie von Kunhardts einfache Regeln:

1. Wärmen Sie sich vor dem Laufen auf: Recken, strecken, dehnen und lockern. Ein bis zwei Minuten genügen.
2. Lockern Sie während der ersten 30 Sekunden Laufen bewusst Arme und Schultern, vermeiden Sie bewusst Anstrengung und versuchen Sie, einen Rhythmus zu finden.
3. Ziehen Sie während der nächsten Laufminute dann willentlich die Bremse an – bis Sie das Gefühl haben, auf der Stelle zu laufen.
4. Erleben Sie während der nächsten Minuten die fantastischen Prozesse in Ihrem Körper: Die Zahl der roten Blutkörperchen erhöht sich, der Blutdruck steigt, die Adern weiten sich, die Hormonregulation setzt ein.

5. Reduzieren Sie Ihr Tempo. Es kommt beim Laufen nicht auf Bestzeiten oder Streckenrekorde an, sondern allein auf Ihr subjektives Wohlbefinden. Machen Sie sich unabhängig von den spöttischen Blicken anderer. Vergessen Sie alle Ideale vom sportlich aussehenden Joggen. Was Sie da machen, ist das urgesunde »Joggeln«.

6. Nach fünf Minuten sind die körperlichen Anpassungsvorgänge abgeschlossen. Nun können Sie ohne Probleme weiterlaufen. Genießen Sie die Umgebung, den Himmel, die Pflanzen, die Gerüche und Geräusche der Natur.
7. Nach zehn bis 20 Minuten Joggeln gibt es einen Qualitätssprung: Neue Kapillargefäße entwickeln sich, schädliche Cholesterine werden abgebaut, der Hormonhaushalt stellt auf stressmindernde Regulation um. Subjektiv haben Sie das leichtfüßige Gefühl, noch endlos so weiterlaufen zu können. Wenn Sie an den »toten Punkt« kommen, haben Sie etwas falsch gemacht.

Wenn Sie lieber Rad fahren, wenden Sie die gleichen Regeln an. Das für Rücken und Gelenke gesündeste Fahrrad ist dabei das gute alte Holland- oder Trekkingrad, bei dem der Oberkörper möglichst aufrecht sitzt.

Nutzen Sie Spaziergänge als Kraftquelle

Es muss nicht immer Joggeln in Joggerkleidung sein. Wenn Sie sich entspannen und dabei trotzdem die wichtigsten Muskelgruppen Ihres Körpers trainieren möchten, gehen Sie spazieren. Normales Gehen an der frischen Luft ist ausgesprochen effektiv, um Ihre allgemeine Fitness zu stei-

gern, Ihr Herzinfarktrisiko zu senken und das Körpergewicht zu kontrollieren.

Die vielen positiven Wirkungen entfalten sich nicht über Nacht. Am besten ist es, wenn Sie Ihren Spaziergang zu Ihrer kontinuierlichen Gewohnheit machen (deshalb ist ein Hund, der bei jedem Wetter ausgeführt werden muss, auch so gesund).

Beginnen Sie mit 30 Minuten täglich, ohne Rücksicht auf das Wetter. Beherzigen Sie den Rat der Briten: »Es gibt kein schlechtes Wetter, es gibt nur ungeeignete Kleidung.« Schlendern Sie nicht, sondern gehen Sie zielstrebig, ohne Hast. Ihr Puls sollte sich während des Gehens nur geringfügig erhöhen, jedenfalls deutlich weniger als beim Joggeln.

Suchen Sie sich einen Partner: Ihren Ehepartner, einen Freund, ein Kind – oder einen Hund, vielleicht auch den der Nachbarn.

Zählen Sie Ihre Schritte und atmen Sie dabei bewusst: Sechs Schritte lang einatmen, sechs Schritte lang die Luft anhalten, sechs Schritte lang ausatmen, sechs Schritte lang ausgeatmet bleiben. Dann wieder alles von vorne. Wenn Ihnen sechs Schritte zu lang sind, ändern Sie die Schrittzahl, wie es Ihnen gut tut. Diese aus Indien stammende Atemübung verhilft Ihnen zu einer ruhigen, ausgeglichenen Grundstimmung und zu einem klaren, aufnahmefähigen Geist.

Suchen Sie sich ein Ziel für Ihren täglichen Spaziergang: einen bestimmten Baum, einen See, einen Fluss oder irgendeinen schönen Ausblick, jedenfalls einen »guten Ort«, an dem Sie gerne sind. Beobachten Sie, wie er sich im Laufe der Jahreszeiten verändert. Dadurch wird aus dem Spaziergang eine »kleine Wallfahrt«, und Sie nehmen zusätzliche mentale Energie auf. Ein besonders schöner simplify-Tipp stammt von Johann Wolfgang von Goethe. Der hatte bei seinen Spaziergängen stets selbst gesammelten Veilchensamen dabei. Den streute er an den Wegesrand und freute sich, wenn es im nächsten Jahr überall dort sprießte und blühte, wo er gegangen war.

Motivationshilfen

- Fangen Sie klein an: Erfrischen statt erschöpfen! Unterfordern Sie sich!
- Fangen Sie aus Überzeugung an, nicht aus Überredung.
- Stellen Sie einen Trainingsplan auf: Wann anfangen? Wie oft? Wie lange? Wo?
- Lassen Sie sich kontrollieren: Verabreden Sie sich mit einem Trainingspartner (aber nicht mit einem, der Sie überfordert!); tragen Sie jedes absolvierte Training in Ihrem Kalender ein.
- Machen Sie sich klar, dass auch das kleinste Fünf-Minuten-Training ein Gewinn ist.
- Nutzen Sie jede Treppe und jede andere Gelegenheit, um sich zu bewegen.
- Es ist nie zu spät! Selbst bei 70-Jährigen sind erstaunliche Muskelzuwächse und Verbesserungen der Herz-Kreislauf-Leistung möglich.

simplify-Idee 18
Ent-schlacken Sie Ihren Körper

Bauen Sie überflüssige Pfunde ab – aber nicht durch eine Diät oder spezielle Schlankheitsprogramme. Das simplify-Prinzip lautet: regelmäßig statt übermäßig, Evolution statt Revolution, kleine Schritte statt Gewaltaktion. In neun einfachen Schritten können Sie Ihren Alltag so umgestalten, dass Sie innerhalb von ein bis zwei Jahren ohne Anstrengung Ihr gesundes Normalgewicht erreichen.

Mit der richtigen Technik ist Abnehmen eigentlich einfacher, als das Übergewicht zu behalten. Nichts vereinfacht das Leben so sehr, sich in seiner Haut wohl zu fühlen und körperliche Fitness auszustrahlen, nach außen und vor allem nach innen.

1. Malen Sie sich ein perfektes Aussehen

Es gibt wohl kaum einen Menschen, der sein Aussehen perfekt findet. Der Bauch ist zu dick, die Nase zu lang, die Zähne zu gelb, die Stirn zu hoch, der Busen zu klein oder zu groß, die Haut zu unrein oder faltig ... Im schlimmsten Fall konzentrieren Sie sich dermaßen auf Ihre Fehler, dass Sie keine Energie mehr haben, gegen die veränderbaren Schönheitsmängel (zum Beispiel Übergewicht) etwas zu tun.

Die simplify-Idee lautet: Drehen Sie den Spieß um. Stellen Sie sich vor den Spiegel, und sagen Sie, was Sie an sich schön finden. Vielleicht sind es Ihre Augen, Ihre Hände, Ihr Lachen oder Ihre Stimme. Sie werden staunen, wie sehr diese Übung Sie positiv verändern kann – und zu Fitness oder vernünftiger Ernährung mehr motiviert als das ständige An-sich-herummäkeln.

Stellen Sie sich danach vor, wie Sie nackt vor dem Spiegel stehen und mit Ihrem Aussehen höchst zufrieden sind. »Imaginieren« Sie das so bildhaft und lebendig wie möglich. Der Hintergrund dieser Übung: Innere Leitbilder speichern wir in der rechten Gehirnhälfte, die zuständig ist für ganzheitliches Denken, für Gefühle und Bilder. Diese rechte Gehirnhälfte hat eine besonders intensive Verbindung zum Unterbewusstsein. Auf Dauer wird das positive Bild in Ihnen wirken, und Sie werden sich darauf hin entwickeln.

Machen Sie keine negativen Bilder oder Aussagen (»Ich bin zu fett«, »Wie sehe ich bloß aus!«), weil sich sonst diese Botschaften in Ihrem Unterbewusstsein festsetzen. Formulieren Sie stattdessen positiv: »Mein Körper baut jetzt seine Fettreserven ab«, »Ich werde jeden Tag schöner« oder ähnliches.

Bezeichnen Sie Ihr Entschlackungsprogramm mit bejahenden Bezeichnungen. Spüren Sie, dass Sie Bewegung, körperliche Anstrengung oder gesundes Essen auch unter dem Aspekt »Ich bin gut zu mir« sehen können.

2. Wiegen Sie sich jeden Morgen

Auch wenn eine bestimmte Kilozahl nicht das Ziel Ihres Entschlackungsvorgangs sein soll: Ohne Waage geht gar nichts. Sie brauchen absolut regelmäßige, tägliche Kontrolle. Sie müssen stets die Tendenz kennen: Wird es mehr? Wird es weniger? Ein genial einfaches System zur gegenseitigen Kontrolle ist ein Zettel an der Wand, auf dem *Sie und Ihr Partner* täglich das gemessene Gewicht eintragen. Wenn nach einem Festgelage die Kurve nach oben zeigt, können Sie gemeinsam gegensteuern.

3. Essen Sie zum Frühstück nur Obst

Um Ihr Gewicht zu reduzieren, müssen Sie nicht das Essen stark reduzieren, sondern nur die Art der Nahrung *umstellen*. Nach einer kurzen Umgewöhnungsphase wird es Ihnen leicht fallen, sich ein abwechslungsreiches Frühstück nur aus Obst zusammenzustellen.

Besonders gut zur Anregung des Stoffwechsels ist frische Ananas (aber nicht ausschließlich, sonst wird Ihr Magen übersäuert). Am sichersten fahren Sie mit einem leckeren Mix aus verschiedenen Früchten. Auf die Menge brauchen Sie dabei nicht zu achten. Essen Sie, bis Sie satt sind. Das Obstfrühstück hat eine weitere positive Nebenwirkung. Wer bis 11 Uhr nur Obst zu sich nimmt, reinigt täglich seinen Darm auf natürliche Weise – ein Jungbrunnen für den gesamten Körper.

4. Essen Sie Leben

Fragen Sie sich bei jedem Bestandteil Ihrer Nahrung: Lebt das oder ist es tot? Der Mensch isst von Natur aus nur frische Sachen. Deshalb müssen wir »tote« Speisen würzen und aufbereiten, damit sie schmecken. Lebendig sind *Obst, Gemüse* und schonend verarbeitetes *Getreide*. Sie enthalten die wahren Schätze unserer Ernährung: Spurenelemente und Vitamine. Tot dagegen sind Fleisch, die meisten Fettsorten, raffinierter Zucker, alle Arten von Konserven und »Junk Food« (Chips, Currywurst, Pommes, Schokolade ...).

5. Essen Sie mittags, solange es Ihnen schmeckt

Der Mensch besitzt (wie auch alle Tiere) ein klares Maß zur Begrenzung seiner Nahrungsaufnahme: Wenn's genug ist, schmeckt's nicht mehr. Diesen Instinkt haben wir immer noch, tricksen ihn aber gerne aus, etwa durch raffinierte Zubereitung oder soziale Zwänge (»Komm doch mit zum Essen«, »Iss deinen Teller leer!«).

Nach ein paar Tagen aufmerksamer Selbstbeobachtung werden Sie bald den Punkt finden, ab dem Sie satt sind und nichts mehr zu sich nehmen müssen. Lassen Sie dann ohne Skrupel den Rest auf dem Teller und genießen Sie, dass Sie satt sind. Halten Sie dabei möglichst feste Essenszeiten ein. Ihr Körper gewöhnt sich daran, verarbeitet die Nahrung besser, und Ihr Hungergefühl nimmt ab.

6. Reduzieren Sie das Abendessen

Nahrungsverarbeitung am Abend ist für unseren Körper besonders belastend, und die meisten Ablagerungen in unseren Fettreserven verursacht das Abendessen. Es ist die Mahlzeit, die Sie am leichtes-

ten streichen können und die sich am meisten auf der Waage bemerkbar macht. Zwei Mahlzeiten (Fruchtfrühstück und moderates Mittagessen) reichen aus.

In vielen Familien ist das gemeinsame Abendessen allerdings eine wichtige soziale Komponente. Setzen Sie sich ruhig dazu, genehmigen Sie sich einen kleinen Salat, eine Tomate, saure Gurken, eine Scheibe Knäckebrot oder etwas ähnlich extrem Kalorienarmes. Das geht!

7. Sündigen Sie mit Freuden

Sie müssen auf Essenseinladungen oder Festgelage nicht verzichten. Einen gelegentlichen Kalorienstoß verkraftet Ihr Körper nach der Umstellung auf weniger Nahrungszufuhr tadellos. Fast automatisch schiebt er dann einen Tag Beinahe-Fasten ein.

8. Bleiben Sie locker

Die meisten Diäten scheitern, weil man sich dabei viel zu sehr auf seinen Bauch konzentriert (ich habe bei der »Hollywood-Diät« ständig von Butterbrezeln geträumt). Entweder nimmt man nach der Diät wieder zu (»Jo-Jo-Effekt«) oder bricht ab und kehrt zu den alten unguten Gewohnheiten zurück.

Klüger ist es, wenn Sie Schritt für Schritt Ihren Ernährungsstil ändern. Tun Sie das so allmählich, dass Ihr Partner bzw. Ihre Familie mitmachen können. Als »einsamer Asket« haben Sie nur geringe Chancen. Mit jedem einzelnen Schritt werden Sie sich besser fühlen. Sie werden das einfache Leben *sofort* neu genießen – und nicht erst eines fernen Tages, wenn Sie Ihr Ideal erreicht haben.

9. Trinken Sie Wasser

Zwischendurch, »wenn der kleine Hunger kommt«, gibt es keinen Joghurt, keine Kekse, keine Schokoriegel, keinen Kuchen, sondern Wasser. Probieren Sie verschiedene Marken, bis Sie Ihr Lieblingswasser gefunden haben. Am effektivsten ist ein großes Glas Wasser *vor* dem Essen. Sie werden dann weniger essen als gewohnt. Geben Sie nichts auf den Rat mit den »vielen kleinen Mahlzeiten«. Unterm Strich nimmt man dabei mehr zu sich, als man vorhatte.

Verzichten Sie möglichst auf Kaffee und schwarzen Tee. Ein paar Tage werden Sie sich müde fühlen. Aber schon bald nach dieser »Entgiftungsphase« können Sie nur noch staunen, wie hellwach Sie ohne das Auf und Ab der Aufputschmittel sind.

Der amerikanische Arzt Faridun Batmanghelidj fasst seine jahrelangen Forschungen in einer These zusammen: Die meisten Zivilisationskrankheiten sind nicht das Ergebnis von fehlerhaftem Stoffwechsel, sondern Durstsignale des Körpers. Die Situation ist paradox: Obwohl wir Unmengen von Flüssigkeit aufnehmen, leidet unser Körper an Austrocknung. Der Grund: Die meisten unserer Getränke haben verheerende Nebenwirkungen.

Warum Sie mit künstlich gesüßten Getränken nicht abnehmen

Batmanghelidj beobachtete in seiner Praxis, dass gerade die Patienten enorm an Gewicht zunahmen, die ausschließlich Diätgetränke zu sich nahmen. Der Grund: Über 80 Prozent der in den USA konsumierten Getränkemenge enthält Koffein. Es ist eine Droge, die direkt auf das Gehirn einwirkt und alle Anzeichen einer Sucht hervorrufen kann. Außerdem regt es die Nieren an und wirkt entwässernd. Das ist der Grund, warum so viel Cola getrunken wird: Das Wasser bleibt nicht lange genug im Körper, deutlich zu spüren

am Harndrang nach Kaffee- oder Colagenuss. Gleichzeitig interpretieren die Menschen ihren Durst auf Wasser falsch. Da sie annehmen, genug getrunken zu haben, glauben sie, dass sie hungrig sind und essen mehr, als ihr Körper braucht.

Das Geheimnis heißt Adenosintriphosphat (ATP), eine chemische Verbindung in unserem Gehirn, die dafür sorgt, dass gespeicherte Energie freigesetzt wird. Koffein scheint die Reaktionsschwelle des ATP-Speichers herunterzusetzen: Die Energiereserven der Gehirnzellen werden aktiviert, man fühlt sich fitter. Zuckerhaltige Cola befriedigt wenigstens ansatzweise das Energiebedürfnis des Gehirns und füllt einen Teil der beanspruchten Reserven wieder auf. Künstlich gesüßte Getränke tun das nicht. Die Folge: verstärkte Gefühle von Durst und Hunger.

Unser Körper weiß aus Erfahrung, dass er bei süßem Geschmack Energie zugeführt bekommt. Die Leber stellt sich auf die Aufnahme von Zucker ein und drosselt die Umwandlung der körpereigenen Protein- und Stärkereserven. Folgt dieser Umstellung aber kein richtiger Zucker, meldet die Leber an das Gehirn: »Hunger!« In Versuchsreihen wurde mehrfach nachgewiesen, dass das durch Süßstoffe erzeugte Hungergefühl bis zu 90 Minuten andauern kann – auch wenn der Körper bereits genug Nahrung aufgenommen hat. Menschen, die aus Diätgründen auf zuckerhaltige Getränke verzichten, essen mehr, als ihr Körper benötigt.

Warum Sie sich nicht salzlos ernähren sollten

Viele Diäten sorgen für rasche Gewichtsabnahme, indem sie völlig salzlose Kost verordnen. Ein gefährlicher Trick, denn der »Erfolg« der Diät besteht damit aus Wassermangel. Bekommt der Körper dauerhaft zu wenig Salz, entsteht in einigen Zellen Säure, was die DNA-Struktur schädigen und Krebs auslösen kann. Salzmangel dürfte außerdem einer der wichtigsten Gründe für die zunehmende Knochenkrankheit Osteoporose sein.

Auch bei Asthma und Allergien kommt es entscheidend auf Wasser und Salz an. Beides drosselt den Ausstoß des Neurotransmitters Histamin, der für die meisten allergischen Reaktionen verantwortlich gemacht wird. Allgemein wird in der modernen Ernährung Salz als etwas Negatives bewertet, aber es ist ein natürliches Antihistaminikum und wird in der Lunge benötigt, um die Passagen für die Luft feucht zu halten und den Schleim zu lösen.

So trinken Sie richtig

Faustregel: Trinken Sie ein Glas Wasser (einen Viertelliter) eine halbe Stunde vor der Nahrungsaufnahme (Frühstück, Mittag, Abendessen), und etwa die gleiche Menge jeweils zweieinhalb Stunden nach jeder Mahlzeit. Das ist das Minimum. Damit Ihr Körper nicht zu kurz kommt, sollten Sie zwei Glas Wasser zur gehaltvollsten Mahlzeit und noch eines vor dem Schlafengehen trinken.

Wasser ohne alles

Einfaches Leitungswasser ist am besten. Falls es gechlort ist, lassen Sie es in einem offenen Krug stehen. Mit der Zeit entweicht das im Wasser gelöste Chlor und der Geruch verschwindet. Alkohol, Kaffee, schwarzer Tee und koffeinhaltige Getränke zählen wegen ihrer dehydrierenden Wirkung nicht als Wasser!

Ihre tägliche Minimaldosis können Sie auch genauer errechnen: 30 Milliliter Wasser pro Kilo Körpergewicht, bei 66 Kilo also 2 Liter. Wenn Sie sich diese Dosis durch reines Wasser zugeführt haben, werden Sie keinen Drang verspüren, noch mehr zu trinken. Zu abendlichen Exzessen mit Bier oder Wein wird es dann gar nicht mehr kommen.

Aus einem Motivationsgefäß

Stellen Sie ein wirklich großes Glas mit Wasser an Ihren Arbeitsplatz, am besten ein Halbliterglas – oder gleich einen richtigen Maßkrug. Schon nach kurzer Zeit wird es für Sie zu einer guten Gewohnheit werden, regelmäßig einen Schluck Wasser zu nehmen und damit allem Heißhunger nach Süßigkeiten oder anderen Sünden vorzubeugen.

Im Winter warm

Ersetzen Sie den großen Krug in der kalten Jahreszeit durch eine Thermoskanne mit reinem heißen Wasser. Das ist eines der verblüffendsten simplify-Rezepte: Schon nach einer Woche werden Sie von einer Tasse heißem Wasser so wach wie vorher von einer Tasse Kaffee oder Tee. Auch bei Heiserkeit und aufkommenden Erkältungskrankheiten hilft heißes Wasser optimal – ein bewährtes Standardmittel aus der indischen Ayurveda-Medizin.

Speisen salzen

Achten Sie darauf, bei erhöhter Wasserzufuhr auch die Salzzufuhr zu erhöhen. Bei zwei Litern Wasser benötigt der Körper etwa drei Gramm Salz. Falls Sie zu viel Salz zu sich nehmen, schwillt Ihr Körper an. Ein Zeichen für Salzmangel sind nächtliche Muskelkrämpfe, Krämpfe in untrainierten Muskeln und Schwindelgefühle.

Wasser ist, so das Fazit von Doktor Batmanghelidj, die billigste Medizin für einen dehydrierten Körper. Regelmäßige ausreichende Wasserzufuhr verhindert den Ausbruch vieler gefürchteter Krankheiten wie Diabetes, Herzinfarkt, Magen- und Darmgeschwüre, chronische Nebenhöhlenentzündungen und viele andere, die häufig verbunden sind mit emotionalen Schwierigkeiten.

Gesunder Schlaf mit Wasser und Salz

Batmanghelidj hat bei Patienten, die nachts schlecht schlafen, beste Erfahrungen gemacht mit folgendem einfachen Rezept: Trinken Sie vor dem Einschlafen ein Glas Wasser, und nehmen Sie danach etwas Salz auf die Zunge. Lassen Sie die Zunge dabei locker, und führen Sie sie nicht an den Gaumen. Diese Kombination verändert die Stärke der elektrischen Entladung im Gehirn und führt den Schlaf herbei.

Der Redner und sein Wasserglas

Falls Sie ab und zu Vorträge halten müssen, benutzen Sie diesen simplify-Trick: Wenn Sie bei einem Vortrag den Faden verlieren, schweigen Sie selbstbewusst einige Sekunden und greifen zum Glas Wasser neben dem Rednerpult. Es ist nicht erforscht, warum, aber der Schluck klares Wasser klärt auch Ihre Gedanken. In über 90 Prozent aller Fälle finden Sie nach der kurzen Trinkpause zu Ihrem Thema zurück. Falls nicht, fragen Sie Ihr Publikum offen: »Wo war ich gerade stehen geblieben?« Niemand wird Ihnen das übel nehmen. Deswegen: Schenken Sie sich vor einem Vortrag immer ein Glas Wasser ein, auch wenn Sie gar nicht durstig sind.

simplify-Idee 19
Ent-spannen Sie sich optimal

Unsere Gesellschaft ist übernächtigt. Erwachsene schlafen pro Tag über 70 Minuten weniger als ihre Großeltern. Bei Kindern und Jugendlichen beträgt die Differenz gegenüber ihren Altersgenossen im Jahr 1910 sogar 90 Minuten. Viele Immunstörungen, Infektionen, Nervenerkrankungen, Migräne und Allergien unserer Zeit haben eine schlichte Ursache: zu wenig Schlaf.

Wissenschaftler gehen davon aus, dass durch Schlaf vor allem die verbrauchten Batterien des Gehirns wieder aufgeladen werden. Mentale Reserven werden mobilisiert, die Stimmung hebt sich, Reaktionsvermögen und Leistungsfähigkeit verbessern sich.

Der amerikanische Schlafforscher John M. Taub von der Universität Virginia konnte das bereits 1976 in einer berühmten Studie nachweisen. Seine Testschläfer waren nach jedem Nickerchen bei allen Tests um 15 Prozent »geistesgegenwärtiger«, sie machten ein Drittel weniger Fehler, hatten bessere Laune und waren weniger ängstlich und schlaff. Ihr Energiepegel war deutlich messbar gestiegen.

Eine medizinisch gesicherte Tatsache ist, dass sowohl extrem wenig und als auch extrem viel Schlaf ungesund sind. Weniger als vier und mehr als zehn Stunden sind nach ausführlichen Tests des Berliner Schlafforschers Karl Hecht gesundheitsgefährdend – Ihr Sterblichkeitsrisiko wird dadurch verdoppelt! Ansonsten können Sie sich aber Ihr persönliches optimales Schlafmuster aus Nachtschlaf und über den Tag verteilten Nickerchen zusammenstellen. Trennen Sie sich dafür gegebenenfalls von alten Gewohnheiten.

Die simplify-Mikroschlaf-Methode

Im Folgenden die besten simplify-Schlaftipps für Ihre optimale Tiefenentspannung:

Napoleons Nachtschlafregel

»Vier Stunden für die Männer, fünf für die Frauen und sechs für die Idioten«, lautete Napoleons hartes Schlafcredo. Er kam mit extrem wenig Nachtschlaf aus, machte das aber mit mehreren, gut über den Tag verteilten Kurznickerchen wieder wett. Wichtig dabei: Um ein Schlafdefizit auszugleichen, zählt weniger die Länge des Schlafs als die Häufigkeit Ihres Einschlafens. Man vermutet, dass der Körper bereits im Augenblick des Einschlafens Wachstumshormone ausschüttet, die für eine intensive Erholung sorgen.

Die Da-Vinci-Formel

Von Leonardo da Vinci, dem italienischen Universalgenie der Renaissance, sagt man, er habe in Phasen hoher Beanspruchung und schöpferischer Leistung völlig auf den Nachtschlaf verzichtet und stattdessen alle vier Stunden ein 15-minütiges Nickerchen gehalten.

Der Schlafforscher Claudio Stampi von der Harvard-Universität fand heraus, dass man mit dieser Formel über einen begrenzten Zeitraum wirklich leistungsfähig bleiben kann. Auch Regattasegler machen sich dieses Wissen zunutze. Am wirkungsvollsten sind drei Nickerchen von je 25 bis 30 Minuten und ein nächtlicher 90-minütiger »Ankerschlaf« (der Ihrem Körper klarmacht, dass es jetzt Nacht ist).

Sperrzonen und Fenster für den gesunden Schlaf

Es gibt zwei zeitliche »Sperrzonen« pro Tag, in denen das Einschlafen besonders schwer fällt. Sie liegen vormittags etwa zwischen 10 und 11 Uhr sowie am frühen Abend zwischen 20 und 21 Uhr. Diese aktiven Phasen sollten Sie von Schlafzeiten ausnehmen.

Alle 90 Minuten öffnet sich eine Art Zeitfenster im Gehirn – genau die richtige »Einstiegsluke« für einen erfrischende, kurzen Schlaf. Der Einstiegsmoment ist ganz einfach zu finden: Dann, wenn Sie sich am müdesten fühlen, ist der beste Zeitpunkt für ein Nickerchen.

Öffnet sich ein Schlaffenster, so reagiert Ihr Körper mit Müdigkeit, Gähnen, bleiernen Augenlidern, schwerem Kopf und langsamen Reflexen. Sie reiben sich die Augen, stützen den Kopf auf, sind schlapp, unkonzentriert und schweifen mit den Gedanken ab. Wenn Sie sich jetzt ein Nickerchen gönnen, leben Sie mit Ihrem Körper und nicht gegen ihn. Die Folge: Sie werden insgesamt vitaler und frischer sein.

Testen Sie Ihr Schlafbedürfnis

Testen Sie sich: Sie leiden an echtem Schlafmangel, wenn …

- Sie sich während des Tages hinlegen und in weniger als 10 Minuten eindösen (bei Jugendlichen und jungen Erwachsenen kann diese Zeitspanne noch kürzer sein).
- Sie in der Eisenbahn oder S-Bahn einnicken.
- Sie bei Sitzungen oder Vorträgen plötzlich bemerken, dass Sie die letzten Sätze des Redners nicht mitbekommen haben.

Die Abhilfe gegen Schlafmangel: Schlafen Sie regelmäßig mindestens sieben Stunden in der Nacht, und machen Sie, wann immer möglich, am Nachmittag ein Nickerchen. Ein größeres Schlafdefizit können Sie notfalls am Wochenende ausgleichen. Was übrigens nicht funktioniert, ist das »Vorausschlafen«. Eine Phase des Schlafmangels kann der Körper dagegen mit zwei bis drei Tagen Acht-Stunden-Schlaf pro Nacht recht gut ausgleichen. Versuchen Sie nicht, eine Extremphase mit zu wenig Schlaf durch extrem viel Schlaf wieder gut zu machen, denn das kann zu mentaler Traurigkeit und Antriebslosigkeit führen.

Die besten Tipps für Ihr Nickerchen

1. Positive Einstellung

Stehen Sie zu Ihrem Minischlaf, ohne Schuldgefühle. Je positiver Ihre Einstellung, desto wirkungsvoller schlafen Sie sich fit. Falls Ihr Chef oder die Kollegen Ihnen das nicht erlauben wollen, argumentieren Sie: »Wer regelmäßig ein Mittagsschläfchen hält, reduziert die Zahl seiner Krankheitstage. Denn Mittagsschlaf entspricht unserem menschlichem Biorhythmus.« Eine Langzeituntersuchung der Medizinischen Fakultät der Universität von Athen ergab eindeutig, dass der Mittagsschlaf das Herzinfarktrisiko um 30 Prozent senkt. Firmen wie SAP und Siemens haben Ruhezonen für Mitarbeiter eingerichtet und erreichten damit eine deutliche Leistungssteigerung.

2. Regelmäßigkeit

Versuchen Sie, Ihr Nickerchen möglichst zur gleichen Zeit und unter gleichen Bedingungen zu machen. Am besten schlafen Sie am Nachmittag zwischen 14 und 17 Uhr, und mindestens vier Minuten lang. Wer zu dieser Zeit schläft, verschafft sich einen mehr als doppelt so großen Anteil vom erholungsfördernden Tiefschlaf wie bei Schläfchen zu anderen Tageszeiten. Wenn Sie im Beruf keine Gelegenheit dazu haben – vielleicht bringen Sie das Nickerchen ja zwischen Büroschluss und Freizeitgestaltung unter.

3. Ein festes Ritual

Sorgen Sie für Wiedererkennungseffekte, die den Übergang in den Schlaf schneller herbeiführen helfen: derselbe Sessel, ein kleines Kissen. Stellen Sie das Telefon ab, lockern Sie Ihre Kleidung, machen Sie ein paar muskelentspannende Bewegungen, lesen Sie einen kurzen meditativen Text. Finden Sie Ihre persönlichen festen Formen.

4. Ein angenehmer Raum

Schlafen Sie in einem Raum, der vertraut, beruhigend und sicher auf Sie wirkt. Er sollte still, leicht abgedunkelt und nicht zu warm sein. Günstig sind 16 bis 18 Grad.

5. Qualität statt Quantität

Über den Erholungswert Ihres Kurzschlafs entscheidet mehr der richtige Einschlafzeitpunkt als die Gesamtdauer. Ein kurzer Mikroschlaf, begonnen zum optimalen Zeitpunkt (beim Öffnen eines Schlaffensters), bringt genauso viel oder sogar noch mehr Erholung wie eine ausgedehnte Siesta. Optimal sind in der Regel vier bis 20 Minuten.

6. Schlafen können Sie überall

Setzen Sie sich in der sogenannten Kutscherhaltung mit gespreizten Beinen auf einen Stuhl. Neigen Sie Kopf und Oberkörper leicht nach vorn und lassen Sie die Hände und Unterarme auf Oberschenkeln und Knien ruhen.

Für Wartezimmer, Bahnfahrten und ähnliche Situationen: aufrechter Rücken, gut angelehnt, Kopf nach vorne oder hinten neigen. Wichtig für die Durchblutung: Beine nicht übereinanderschlagen.

Am Schreibtisch: Hände und Ellenbogen flach auf die Tischplatte legen, Kopf darauf legen.

Variante: Packen Sie als »Kissen« eine flache, nicht zu harte Mappe, einen zusammengelegten Pulli oder eine Jacke auf den Tisch, legen Sie die Arme darum und dann den Kopf darauf.

7. Hören Sie sich müde

Lauschen Sie meditativer Musik, dem Rauschen des Ventilators oder der Klimaanlage. Je gleichmäßiger und vorhersehbarer die Klangfolgen, desto leichter fällt das Einschlafen. Oder Sie stellen sich vor, Sie lägen in einer Hütte auf den Fidschi-Inseln, direkt am Pazifischen Ozean, und hören das Meer leise rauschen, mit Grillenzirpen im Hintergrund.

8. Auch Essen macht müde

Kohlenhydrathaltige Mahlzeiten fördern das Einschlafen und verlängern die Schlafdauer: ein Brot oder Brötchen, Kartoffeln, eine kleine Süßigkeit, ein Glas Milch. Verzichten Sie vor dem Schlafen auf große Mengen Flüssigkeit.

9. Gekonnt aufwachen

Stehen Sie nicht abrupt auf. Faustregel: Veranschlagen Sie fürs Aufwachen etwa so viel Zeit wie fürs Einschlafen. Unterstützen Sie das Aufwachen durch bewusstes Ein- und Ausatmen. Dehnen, Räkeln und Gähnen sind gute Stretchingübungen, die das Aufwachen unterstützen. Frisches kaltes Wasser im Gesicht (gut bei niedrigem Blutdruck), Zähneputzen, ein kühles Glas Wasser und eine leichte eiweißhaltige Mahlzeit (zum Beispiel Joghurt) motivieren das Gehirn, anregende Botenstoffe auszuschütten.

10. Sind Sie ein erklärter Kurzschlafgegner?

Manche Menschen fühlen sich nach einem Kurzschlaf »wie gerädert« und verzichten daher lieber darauf. Aber auch Sie können vom Kurzschlaf profitieren. In der Regel dauert die Umstellung vom Mittagsschlaf-Feind zum Nickerchen-Fan höchstens vier bis fünf Tage und ist besondern dann sinnvoll, wenn Sie merken, dass Sie älter werden und Ihre allgemeine Leistungsfähigkeit nachlässt. Besonders »harte Fälle« benötigen 20 Tage Eingewöhnungszeit. Nach dieser Phase aber werden auch Sie nach dem Kurzschlaf fit und gut gelaunt sein – wenn Sie das sinnvoll in Ihren Tageslauf einbauen können.

Entmuffeln Sie den Morgen

Nur 8 Prozent der Bevölkerung sind ausgeprägte Nachtmenschen, mit denen am Morgen nicht viel anzufangen ist. Wie eine gemeinsame Langzeitstudie amerikanischer und englischer Universitäten ergab, gehört die überwiegende Zahl der Menschen zum »flexiblen Mischtyp«. Mit anderen Worten: Die meisten Morgenmuffel sind gar keine, sondern haben es sich nur so lange eingeredet, bis sie daran glauben. Fast jeder kann also das Morgengrauen besiegen – wenn er die richtigen Mittel weiß.

Vor dem Aufstehen etwas Warmes

Während der Nacht hat Ihr Körper zwischen ein und zwei Liter Wasser verloren. Je eher Sie diesen Verlust ausgleichen, um so besser. Am besten trinken Sie noch auf nüchternen Magen zwei Glas Mineralwasser. Oder, wenn Sie es lieber warm brauchen: Stellen Sie sich abends eine Thermosflasche mit warmem Tee oder heißer Brühe neben das Bett, und trinken Sie morgens noch vor dem Aufstehen im Bett etwas davon.

Recken und Strecken

Lernen Sie von Hunden und Katzen. Nach acht Stunden Schlaf haben sich Ihre Muskeln, Bänder und Sehnen leicht verkürzt. Wenn Sie sich – ganz ohne Regeln, einfach wie es Ihnen gut tut – noch im Bett dehnen und räkeln, geben Sie Ihrem Organismus damit ein Signal: Erhöhung der Sauerstoffzufuhr, Ausschütten von Glückshormonen, Muskeln in Aktionsbereitschaft. Nehmen Sie sich dafür fünf Minuten Zeit.

Hebammen raten übermüdeten Schwangeren: Arme heben, Finger ausstrecken, feste Fäuste machen und wieder energisch die Finger ausstrecken, das Ganze zehnmal. Solches Pumpen mit den Händen bringt den Kreislauf in Schwung, wie das Vorglühen beim Dieselmotor.

Aromatherapie

Stellen Sie Ihr Lieblingsparfüm auf den Nachttisch. Sprühen Sie als erstes nach dem Weckerklingeln etwas davon auf den Handrücken, und lassen Sie sich den »Duft des Tages« in die Nase steigen. Funktioniert auch bei Herren. Wenn Sie es mit Duftölen probieren möchten – als anregend gelten: Kamille, Lavendel, Pfefferminze, Rosmarin, Wacholder und Zitrone.

Tanken Sie Dank

Der amerikanische Schriftsteller Henry David Thoreau stellte sich jeden Morgen nach dem Aufwachen die drei gleichen Fragen: Was ist gut an meinem Leben? Worüber kann ich glücklich sein? Wofür sollte ich dankbar sein? Die Antworten darauf stimmen Ihre Seele auf freundlich, lebensbejahend und aktiv ein.

Die Bahn freimachen

Eine depressive Stimmung am Morgen kann auch zurückzuführen sein auf unbewusste Abneigungen gegen einzelne Details Ihrer Morgenroutine, so der wichtige Hinweis des amerikanischen Arztes und Psychologen Reid Wilson. Dazu kommt eine negative Erwartungshaltung gegenüber dem, was der Tag alles so bringen könnte. Analysieren Sie schonungslos: Was nervt Sie am Morgen? Vor allem: Wer? Brauchen Sie mehr Ruhe? Stehen Sie notfalls entsprechend früher auf, um Zeit für sich allein zu haben.

Zeit ist und bleibt die wichtigste Zutat für ein gelungenes Morgenprogramm. Wer schon am Morgen unter dem Diktat des Sekundenzeigers steht, schaltet Körper und Seele in den ungesunden Schneller!-Schneller!-Modus. Geben Sie zu Ihrem gewohnten Zeitplan eine halbe Stunde dazu. Nehmen Sie sich Zeit für sich, genießen Sie die Prozedur im Badezimmer, setzen Sie sich bei schönem Wetter auf den Balkon oder die Terrasse und frühstücken Sie ohne Hetze. So wird aus Ihrem Morgengrauen eine Tankstelle für Gelassenheit und Glück.

Den Morgen vorbereiten

Optimieren Sie Ihre »Startrampe«: Legen Sie Ihre Kleidung und Ihre Arbeitsutensilien am Vorabend zurecht und bereiten Sie den Frühstückstisch vor.

Ein aufgeräumtes, schön beleuchtetes, sauberes und angenehm duftendes Badezimmer ist eine wichtige Station auf dem Weg zu einem guten Start in den Tag. Ihr Bad sollte mindestens eine Sache enthalten, auf die Sie sich freuen: ein Radio mit Ihrem Lieblingssender, einen Blumenstrauß, auf der Heizung vorgewärmte Handtücher usw.

Wasser, äußerlich

Duschen bringt nur dann Punkte auf der Wachmach-Skala, wenn Sie nach dem warmen Wasser auf kalt schalten (15 Grad Celsius). Optimal ist der kalte Wasserstrahl, wenn Sie ihn nach der Methode von Pfarrer Sebastian Kneipp laufen lassen und sich mit der Kälte allmählich Ihrem Herzen nähern: Zuerst rechtes Bein, dann rechter Arm, dann linkes Bein, linker Arm, Rücken, Brust. Der Schockeffekt wird merklich geringer, wenn Sie dabei kaltes Wasser im Mund behalten.

Zeitung holen, medizinisch

Ein echter simplify-Tipp: Wenn Sie morgens die Zeitung holen, ziehen Sie sich etwas über, und machen aus dem Blitzbesuch am Hausbriefkasten einen Drei-Minuten-Spaziergang. Frische Luft noch vor der ersten Nahrungsaufnahme bringt Ihre Blutzirkulation und Ihren Stoffwechsel in Schwung.

Gute Laune mit grünem Tee

Ausgedehnte Tests der Sportmediziner an der Universität von Chicago zum Thema Frühstücksgetränk erbrachten einen klaren Sieger: grüner Tee. Er entzieht Ihrem Körper nicht so viel Wasser wie schwarzer Tee oder Kaffee (letzterer sorgt zusätzlich für eine Übersäuerung des Körpers), lässt aber den Spiegel des Gute-Laune-Hormons Serotonin ansteigen.

Wieder sind Sie auf dem simplify-Weg ein paar Schritte weitergekommen. Wieder ist Ihr Bewusstsein dafür gewachsen, aus wie vielen kleinen Vereinfachungen und Verbesserungen sich der große Weg zum eigenen inneren Ziel zusammensetzt. Und Sie sind vorbereitet, um einen weitere Dimension Ihres Lebens in den simplify-Weg einzuschließen: die Menschen um Sie herum.

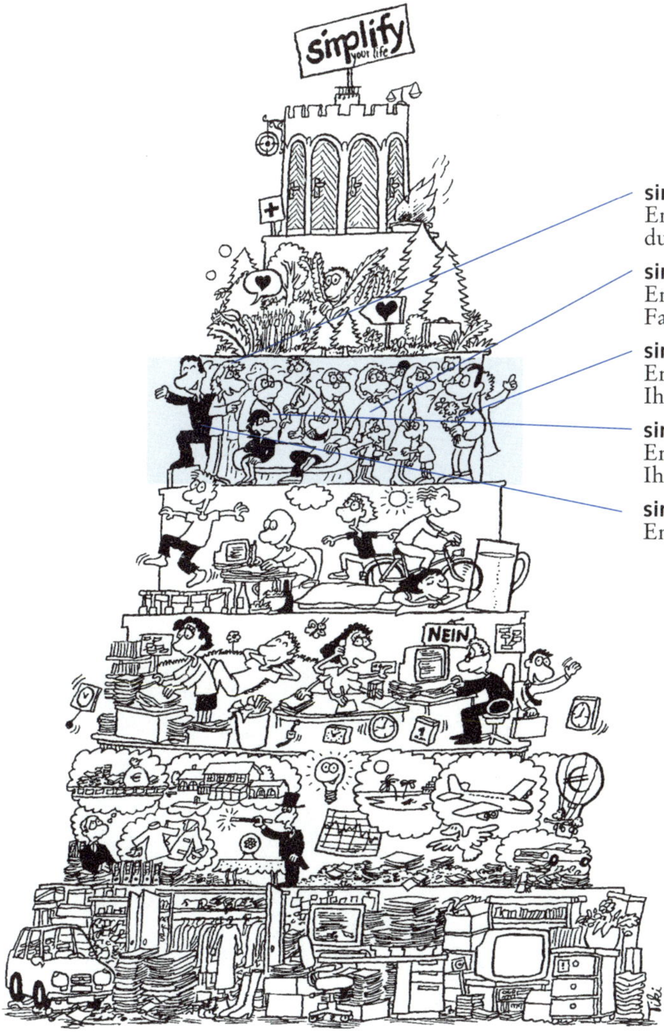

simplify-Idee 20:
Ent-inseln Sie sich durch Netzwerke

simplify-Idee 21:
Ent-wirren Sie Ihre Familienbande

simplify-Idee 22:
Ent-krampfen Sie Ihre Beerdigung

simplify-Idee 23:
Ent-kräften Sie Ihre Neidgefühle

simplify-Idee 24:
Ent-ärgern Sie sich

Stufe 5 Ihrer Lebenspyramide

Vereinfachen Sie Ihre Beziehungen

Ihr simplify-Traum: Sechste Nacht

Als Sie die Spiegel, Stangen und Rohre der vorigen Stufe Ihrer Lebenspyramide hinter sich gelassen haben, blicken Sie zum ersten Mal bewusst nach unten zum Fuß der Pyramide. Sie fühlen durchaus etwas Stolz, als Sie die Größe Ihres Lebensbauwerks betrachten. Zugleich wundern Sie sich, wie leer Ihnen die unter Ihnen liegenden Stockwerke jetzt vorkommen. Ihnen wird bewusst, wie alleine Sie die ersten vier Stufen waren.

Als Sie sich umsehen, müssen Sie lachen, denn nun merken Sie, woher dieses Gefühl kommt. Hinter und neben Ihnen wimmelt es von Menschen. Mit lautem Hallo werden Sie begrüßt, Freunde schlagen Ihnen auf die Schulter. Ein fröhliches Wiedersehen mit Menschen, die Sie schon fast vergessen hatten, und als Sie sich umarmen und ausfragen lassen, sehen Sie, dass im Hintergrund noch weitere Bekannte stehen, die still auf Sie warten.

Ihr Leben besteht nicht nur aus Ihrem Leben. Viele tausend weitere Leben sind mit Ihrem Dasein verbunden. Sie hätten sich dieses Geschoss vermutlich kleiner vorgestellt, ja, Sie sind sich gar nicht einmal mehr sicher, ob diese Pyramide wirklich Pyramidenform hat. Denn es kommt Ihnen bisweilen so vor, als würden die Stufen umso größer, je weiter Sie nach oben vordringen.

Sie sehen Ihre Eltern, Ihre Großeltern und im fernen Dunst glauben Sie sogar, deren Eltern auch noch zu sehen. Viele, viele Menschen, mit denen Sie verbunden sind, leben nicht mehr, aber auf dieser riesengroß erscheinenden Ebene gibt es keinen Unterschied zwischen Leben und Tod. Auch Standesunterschiede spielen keine Rolle. Sie sehen frühere Chefs und Lehrer, daneben Menschen, die von Ihnen abhängig waren. Menschen, die Ihnen dankbar sind, und Menschen, denen Sie etwas schuldig blieben. Sie sehen Ihre Kinder – und auch Kinder, die Sie vielleicht hätten haben können. Manchmal glauben Sie sogar Kinder zu sehen, die Sie noch bekommen werden.

Sie sehen die Menschen, die Sie geliebt haben, mit denen Ihre Beziehung aber zu Ende ging. Sie spüren, wie Sie auf eine besondere Weise immer noch mit ihnen verbunden sind. Nur Ihren derzeitigen Partner vermissen Sie. Aber dann sehen Sie nach oben, und Ihnen wird klar, dass er auf der nächsten Ebene geduldig auf Sie wartet. So stürzen Sie sich in das Getümmel des fünften Stockwerks Ihrer Lebenspyramide.

Das simplify-Ziel für Stufe 5

Lernen Sie, die Beziehungen zu anderen Menschen im gegenseitigen Geben und Nehmen zu erhalten, zu vertiefen und bewusst zu genießen.

Kennen Sie das wunderbare Gefühl, wenn sich Probleme in Luft auflösen, während man mit einem anderen Menschen darüber spricht? Wenn man unerwartet Hilfe bekommt? Oder wenn Sie für einen anderen Menschen etwas Gutes tun können? Ein Leben ohne solche sozialen Beziehungen ist arm und kompliziert, ein Leben mit Freunden und Bekannten dagegen reich und einfach. Viele der bisher genannten simplify-Methoden vervielfachen ihre Wirkung, wenn Sie sie mit anderen Menschen gemeinsam angehen und ausprobieren.

Wie Sie solche Menschen finden, erfahren Sie in diesem Kapitel.

simplify-Idee 20
Ent-inseln Sie sich durch Netzwerke

Beim Betrachten der Klatschspalten in den Lifestyle-Magazinen werden Sie bemerken, wie oft Prominente sich mit anderen Prominenten treffen. Das ist das Geheimnis beim Aufbau sozialer Vernetzung, dem so genannten Networking: Durch solche Treffen werden Prominente überhaupt erst prominent! Sie können einen Bestseller schreiben, einen tollen Auftritt im Fernsehen haben, legendäre Seminare halten oder Supererfolge im Beruf haben – wenn Sie sich danach in Ihrem Privatleben verschanzen, bleibt Ihr Erfolg ein kurzes Strohfeuer.

Niemand, der beruflich aufgestiegen ist, hat das jemals ohne Networking geschafft. Früher nannte man es abfällig »Beziehungen«. Inzwischen ist es eine gesellschaftlich anerkannte Technik, weil sie allen Beteiligten weiterhilft. Verstehen Sie Networking nicht als Suche nach Kunden oder Protegés, sondern als Win-win-Situation, von der alle profitieren können.

Networking darf kein verbissenes Fragen sein: »Wird mir dieser Mensch nützen?« Vertrauen Sie auf Ihr angeborenes Empfinden von Antipathie und Sympathie. Wenn Sie jemanden mögen, dann investieren Sie auch Zeit in die Beziehung zu ihm, gleichgültig, ob es ein Kunde, ein Kollege oder eine flüchtige Bekanntschaft ist. Machen Sie aus Kunden und Kollegen, die Sie schätzen, Freunde. Denken Sie dabei in beide Richtungen. Nicht nur: Wo kann er mich weiterbringen? Sondern auch: Wie kann ich dem anderen nützlich sein, damit er sich gerne mit mir vernetzt?

Grundregel 1: Bleiben Sie am Anfang »dran«. Wenn Sie mit einem neuen Kollegen drei Monate lang kaum sprechen, wird es schwierig, ihn im vierten Monat zum Kumpel zu machen.

Grundregel 2: Klammern Sie nicht. Lassen Sie dem anderen Gelegenheit, von sich aus auf Sie zuzugehen. Nähern Sie sich Schritt um Schritt.

Grundregel 3: Überlassen Sie nicht alles dem Zufall. Soziale Kontakte wollen durchaus geplant sein, auch wenn freundschaftliche Beziehungen letztlich ein Geschenk sind. Hier einige bewährte Hilfen:

Veranstalten Sie einen »jour fixe«

Vereinfachen Sie das zunehmend lästige Verabreden mit Kollegen, Freunden und Bekannten, die dann doch nie Zeit haben: Setzen Sie

einen Tag im Monat fest, an dem Ihr Haus offen ist (etwa jeden ersten Freitagabend im Monat). Legen Sie dabei den Standard in Sachen Essen nicht zu hoch. Weil nie so richtig klar ist, wie viele Gäste erscheinen werden, werden Sie stets improvisieren müssen, und das verleiht der Sache ihren Charme.

Falls Ihnen das zu aufwendig ist oder Ihnen die Kontakte zu zufällig erscheinen, hier eine abgemilderte Lösung: Legen Sie einen festen Tag im Monat fest, an dem Sie Gäste gezielt einladen.

Tag der Großfamilie

Eine dem »jour fixe« ähnliche Technik lässt sich in Sachen Eltern, Großeltern, Schwiegereltern, Geschwister, Onkel und Tanten anwenden: Regen Sie einmal pro Jahr ein großes Familientreffen an. Dann sieht man sich und frischt die Verbindungen auch mit entfernteren Verwandten auf. So ein Treffen reduziert die Zahl der separaten Verwandtenbesuche drastisch und erleichtert es den eher Kontaktarmen in der Sippe, Anschluss zu finden.

Erleichtern Sie neue Kontakte

Wenn Sie eine Party, ein Seminar, eine Familienfeier oder was auch immer veranstalten: Vermeiden Sie, dass dabei nur wieder die zusammenhocken, die sich bereits kennen.

Bei Essenseinladungen können Sie mit Tischkarten für ein gelingendes Networking sorgen. Veranstalten Sie Spiele, damit sich die Teilnehmer mischen, wenn sie an einem gemeinsamen Tisch sitzen.

Sprechen Sie bei der obligatorischen Kurzrede »Das Buffet ist eröffnet« das Thema offen an: »Nutzen Sie unser Beisammensein, um ganz neue Menschen kennen zu lernen!« Das ist für viele schon ein ausreichender »Eisbrecher«, um andere anzusprechen.

Scheuen Sie sich nicht, bei größeren Treffen mit vielen Menschen, die sich untereinander nicht kennen, Namensschilder zu verteilen. Lassen Sie jeden Teilnehmer etwas Typisches, aber leicht Rätselhaftes auf sein Schildchen schreiben. Das ist ein lustiger Aufhänger, um Unbekannte anzusprechen.

Kombinieren Sie Kochen und Networking

Überlegen Sie sich, mit welchen Ihrer Freunde Sie gemeinsam etwas kochen könnten. Verabreden Sie sich dann zu einem Essen inklusive Vorbereitung im »Biolek-Stil«. Dann stehen Sie nicht alleine und gestresst in der Küche, sondern nutzen diese Zeit doppelt – und lernen oft noch ein paar Kochtricks dazu. Wenn Sie so viel zubereiten, dass Sie etwas davon aufheben und am nächsten oder übernächsten Tag verwenden können, ist der Zeitspareffekt noch größer.

Die Kette der Freundlichkeiten

Oprah Winfrey, die ungekrönte Königin der amerikanischen Fernseh-Talkshows, hat etwas ins Leben gerufen, was seit über einem Jahr die amerikanische Gesellschaft bewegt. Es nennt sich »kindness chain«, die »Kette der Freundlichkeiten«. Jeder Zuschauer soll einem anderen Menschen – möglichst jemandem, der das nicht erwartet – etwas Gutes tun: Blumen, ein Buch, eine CD oder sonst etwas schenken, einen Besuch machen, einen Einkauf für ihn erledigen, ihn zum Essen einladen oder sich sonst etwas Nettes für ihn einfallen lassen. Je fantasievoller, umso besser. Die einzige Bedingung: Der Beschenkte darf sich nicht bei dem Urheber der Freundlichkeit revanchieren, sondern soll das bei einem anderen Menschen tun. Und dort geht es unter derselben Bedingung weiter. Das hat zu den herrlichsten Dingen geführt: von Blumenhändlern, die sich über völlig neue Kunden wundern, bis zu verfeindeten Nachbarn, die sich plötzlich in den Armen liegen. Das Schöne an dieser Idee: Sie lässt sich in jedem Land durchführen. Und Sie brauchen nicht einmal eine Fernsehmoderatorin dazu, um selbst damit anzufangen.

Wie Sie zu interessanten Events eingeladen werden

Zuständig für die Einladungslisten von größeren Firmenfesten ist meist die Chefsekretärin oder die PR-Abteilung. Finden Sie den oder die Zuständige(n) heraus, und sagen Sie ganz offen: »Ich würde bei dem Fest während der Messe wirklich gern dabei sein.« In der Regel freuen sich Veranstalter über Interessenten – Pflichtteilnehmer und widerwillig Anwesende gibt es genug.

Gehen Sie während des Festes auf die Leute zu, die Ihre Einladung veranlasst haben, und bedanken Sie sich dafür. Wenn man Gefallen an Ihnen findet, stehen Sie sehr bald auf der nächsten Gästeliste.

Wie Sie sich auf einer Party richtig verhalten

Vertrauen Sie nicht auf den Zufall, sondern setzen Sie sich Ziele. Beispiel: »Ich möchte mindestens fünf Minuten mit Professor Großkopf sprechen, und er soll sich am Schluss an meinen Namen erinnern.« Oder: »Ich will Rita endlich außerhalb der ständig gestressten Situation im Büro kennen lernen, damit sich unsere Spannungen abbauen.«

Bleiben Sie aber trotz solcher Ziele offen für überraschende Begegnungen. Sehen Sie jedes Treffen von Menschen vorrangig als Spiel und Erholung, nicht als Fortsetzung der Arbeit mit anderen Mitteln.

Achten Sie auf die Balance von Senden und Empfangen. Hören Sie zu, und tragen Sie selbst etwas zum Gespräch bei. Interessieren Sie sich für Ihr Gegenüber, ohne es auszufragen. Erzählen Sie das von sich, was Sie auch von den anderen gern erfahren wollen. Hilfreich für die Kontaktaufnahme ist ein dezentes »conversation piece«: eine besondere Krawatte, eine originelle Anstecknadel. Manchmal tut es schon ein Paar schicke neue Schuhe.

Haben Sie keine Scheu, mit etwas ganz Banalem die Konversation zu eröffnen (etwas Nettes über das Büffet sagen, vom Wetter reden) – Hauptsache, Ihre komplette Unterhaltung bleibt nicht bei diesem Eingangsthema.

So werden Sie ein willkommener Gast

Die wichtigsten Kontakte im Privat- wie im Berufsleben erleben Sie, wenn Sie von anderen Menschen eingeladen werden. Wertvolle Freundschaften können daraus entstehen, aber auch lang andauernde Animositäten – und das nur wegen einer kleinen Unachtsamkeit. Um das zu vermeiden, denken Sie sich in Ihre Gastgeber hinein und fragen Sie sich: Was würde ich an ihrer Stelle von meinen Gästen erwarten?

Bestätigen Sie die Einladung

Wenn Sie schriftlich eingeladen werden, sollten Sie immer Ihr Kommen zusagen – auch wenn darum nicht ausdrücklich gebeten wurde. »RSVP« (Répondez s'il vous plaît: Bitte antworten) ist die vornehmste Form, die im Klartext heißt: »He, helft mir planen, denn ich muss Essen bestellen und mir Stühle ausleihen!«

Bringen Sie Blumen mit

Ein Strauß Schnittblumen (keine Topfpflanzen) ist zwar weltweit das sicherste Mitbringsel. Es bedeutet aber immer Extrastress für den Gastgeber: Papier entsorgen, Vase suchen, Stiele schneiden, Blumen arrangieren. In den USA sind deshalb fertige Arrangements in einer Schale mit Steckschwamm sehr beliebt – eine simplify-Idee für Gastgeber und Gast. Wird der Schwamm regelmäßig befeuchtet, halten sich die Blumen mindestens so lange wie herkömmliche Schnittblumen. Vermeiden Sie dabei:

- die von vielen als altmodisch empfundenen Nelken;
- rote Rosen, die als Liebeserklärung gelten;

- Lilien und ähnliche Blüten, die als »Friedhofsblumen« missverstanden werden könnten.

Sie dürfen auch einem Mann Blumen mitbringen. So mancher Single-Höhle tut ein frischer Farbtupfer ganz gut. Wenn der Gastgeber schimpft: »Aber ihr sollt doch nichts mitbringen!«, nehmen Sie das als reine Höflichkeitsformel – und schenken Sie beim nächsten Mal wieder Blumen.

Kommen Sie pünktlich

Das bedeutet in Deutschland: Keinesfalls zu früh, am besten 5 Minuten später, als auf der Einladung steht – aber nicht viel später. So platzen Sie nicht in die letzten Vorbereitungen, lassen aber auch niemanden übermäßig lange warten.

Gehen Sie aus sich heraus

Extrem zurückhaltende Gäste, die jede Initiative vom Gastgeber erwarten, sind anstrengend. Seien Sie anders. Wenn Sie in einer Gesellschaft niemanden kennen, sprechen Sie die Person neben sich an. Der einfachste Gesprächsaufhänger: »In welcher Verbindung stehen Sie denn zu den Gastgebern?« Meist führt das schnell zu anderen Themen. Unterhalten Sie sich nicht den ganzen Abend mit einer Person.

Wenn der Gastgeber zum Essen ruft, haben Sie keine Scheu, als Erster der Einladung zu folgen. Die (früher als höflich geltende) Zurückhaltung wird heutzutage eher als störend empfunden. Helfen Sie Ihrem Gastgeber. Gehen Sie auf Gäste zu, die sich schüchtern zeigen, und ziehen Sie sie ins Gespräch.

Lassen Sie den Gastgebern Freiheit

Plaudern Sie auf jeden Fall mit den Gastgebern, aber nehmen Sie sie nicht in Beschlag. Sorgen Sie mit dafür, dass jeder Gast seinen Anteil von deren Aufmerksamkeit bekommt. Auf großen Festen kann der Gastgeber nicht von sich aus auf jeden Gast zugehen. Dann müssen Sie die Initiative ergreifen. Sprechen Sie andere Menschen gezielt an. Nutzen Sie jede Zusammenkunft für sinnvolle Vernetzung. Wenn Sie einen bestimmten Gast kennen lernen möchten, bitten Sie Ihren Gastgeber, dass er Sie vorstellt. Das tut jeder Gastgeber gern, denn er ist ja daran interessiert, dass die Gäste miteinander in Kontakt kommen.

Beachten Sie Tabus

Auch in Deutschland gibt es Themen, die Sie vermeiden sollten, um Gäste und Gastgeber nicht zu beleidigen: Machen Sie keine abfälligen Bemerkungen über das angebotene Essen (»Wissen Sie denn nicht, wie schädlich Schweinefleisch ist?«) oder über anwesende Gäste. Missionarische Vorträge von Vegetariern neben einem Buffet mit Roastbeef sind ebenfalls schlicht unhöflich, so überzeugt Sie auch von Ihrer eigenen Ernährungsweise sein mögen. Fallen Sie bei den Themen Politik, Religion, Geld und Krankheiten nicht mit der Tür ins Haus. »Erziehen« Sie keinesfalls fremde Kinder.

Loben Sie das Essen

Seien Sie dabei aber ehrlich. Wenn Sie die gebotenen Delikatessen grässlich finden, sagen Sie etwas Nettes über den Wein. Testen Sie beim Buffet lieber mit einem ersten, sehr sparsam beladenen Teller, welche der angebotenen Gerichte Ihnen schmecken. Behalten Sie dabei unbedingt die Kontrolle über sich. Bringen Sie Ihren Gastgeber niemals dadurch in Verlegenheit, dass Sie zu viel Alkohol trinken. Vereinbaren Sie vorab mit Ihrer Begleitung, dass Sie beide dezent die Einladung verlassen, wenn einer von Ihnen zu tief ins Glas geschaut hat. Dezent heißt vor allem, dass Sie nicht öffentlich über das Thema »Du hast wieder viel zu viel getrunken« streiten.

Gehen Sie rechtzeitig

Zu frühes Verschwinden ist ebenso unhöflich wie zu langes Bleiben. Am einfachsten, Sie orientieren sich an der Mehrheit. Gehen Sie keinesfalls, ohne sich von den Gastgebern mit einem herzlichen Dank verabschiedet zu haben. Diesen Dank sollten Sie wiederholen. Ein Brauch, der aus den USA kommt und sich auch bei uns immer mehr durchsetzt: Rufen Sie den Gastgeber am nächsten Tag an und bedanken Sie sich für den Abend. Das ist eine gute Gelegenheit, Kontakte fortzuführen (»Wer war eigentlich der tolle Klavierspieler?«), damit aus der einmaligen Begegnung eine freundschaftliche Beziehung werden kann.

simplify-Idee 21
Ent-wirren Sie Ihre Familienbande

Es ist die schwierigste, komplizierteste und mit die wichtigste Beziehung Ihres Lebens. Schuld, Leidenschaft, Zorn, Freundschaft, Liebe, Abhängigkeit – das sind Themen für jeden Erwachsenen mit der Mutter oder dem Vater. Eine Vielzahl von zum Teil äußerst widersprüchlichen Gefühlen verbindet Sie mit den Menschen, die Sie zur Welt gebracht haben – am stärksten natürlich mit Ihrer Mut-

ter. Es gibt starke erwachsene Menschen, die zu hilflosen Häufchen werden, wenn ihre Mama zu Besuch kommt. Es gibt kaum eine Sitzung beim Therapeuten, in der nicht das Verhältnis zu den Eltern zur Sprache kommt. Und jedes Jahr zu Weihnachten wird das Thema aktueller denn je.

Machen Sie sich das Alter Ihrer Eltern klar

Als kleines Kind haben Sie Ihre Eltern als »modern« erlebt, auf der Höhe der Zeit. Als Erwachsener aber sollte Ihnen deutlich sein, dass Ihre Eltern eine Generation älter sind als Sie. Das heißt in den meisten Fällen, dass sie nicht so offen über alles reden können wie Sie. Dass ihr Leben ein anderes Tempo hat als Ihres. Durch die statistisch gesehen hohe Lebenserwartung der älteren Generation werden sich diese Gegensätze noch verstärken. Planen Sie das ein.

Hören Sie Ihren Eltern zu

Sie müssen Ihren Eltern nicht mehr gehorchen, wie Sie das als Kind getan haben. Aber Sie sollten ihnen mit größtmöglicher Offenheit zuhören. Lassen Sie sie wissen, dass Sie ihre Ansichten verstehen, auch wenn Sie sie nicht unbedingt teilen. Erwachsene Kinder neigen manchmal dazu, ihre Eltern zu bevormunden und ihnen über den Mund zu fahren: »Ja, ja, das hast du schon tausendmal gesagt.« Sätze wie diese kränken ältere Menschen stärker, als sie es sich anmerken lassen.

Ihre Eltern haben mehr erlebt als Sie

Eigentlich banal, wird aber oft übersehen: Ihre Eltern hatten ein Leben, lange bevor Sie geboren wurden. Lassen Sie sich möglichst viel von dieser Zeit erzählen, um Ihre Eltern besser zu verstehen. Gehen Sie von Ihrer eigenen Jugend aus und fragen Sie von dort aus zurück: Wie war das, als ihr das erste Mal verliebt wart? Wie seid ihr von euren Eltern behandelt worden? Wie habt ihr damals eure Freizeit verbracht?

Fragen Sie Ihre Eltern über die alten Zeiten aus. Meist weiß die Mutter darüber am meisten und häufig sprechen ältere Menschen gerne darüber. Lassen Sie sich dabei nicht mit fertigen Kurzurteilen abspeisen (»Ich hatte eine harte Kindheit«), sondern fragen Sie nach konkreten Geschichten und stellen Sie neue Fragen. Sammeln Sie zusammen alle Fakten, auch wenn es Ihnen derzeit vielleicht lästig ist. Aber das ist eine der wertvollsten Hinterlassenschaften, die Sie wiederum Ihren Kindern machen können. So ein Faktengespräch ist oft auch möglich, wenn das Verhältnis zu Ihren Eltern emotional angespannt ist.

Erleichtern Sie Ihren Eltern das Leben

Viele Erwachsene vertrauen auf die natürliche wortlose Verbindung, die sie während der Kindheit zu ihren Eltern hatten. Das führt später dazu, dass sie sich sicher sind, ihnen die Wünsche von den Augen abzulesen – und nicht merken, wie sehr sie daneben liegen. Die Eltern wagen oft nicht zu widersprechen. Ein Beispiel: Der Sohn lädt seine Mutter zum Geburtstag in die Oper ein, weil sie sich das früher immer gewünscht hat, und er wundert sich über die schlechte Laune der alten Dame. Der Grund: Mutter hasst eigentlich Opern und interessierte sich dafür nur aus Rücksicht auf ihren (inzwischen verstorbenen) Mann. Eine einfache, offene Frage hätte die Situation für alle entspannt.

Lernen Sie die Verwandtschaft Ihrer Eltern kennen

Nehmen Sie, wenn noch nicht geschehen, Kontakt auf mit den Geschwistern Ihrer Eltern, ihren anderen Verwandten und Freunden. Organisieren Sie, wenn es kein anderer tut, Familienzusammenkünfte. Wenn Verwandte verfeindet sind, bemühen Sie sich als Vertreter der jüngeren Generation um Ausgleich und Versöhnung – ohne sich allerdings anzumaßen, der Friedensstifter zu sein. Wirken Sie im Hintergrund, sorgen Sie für Gelegenheiten, dass die Betroffenen miteinander sprechen können. Klären müssen die es dann selbst. Die Beendigung alter Streitigkeiten ist die beste Investition in Ihre Zukunft und die Ihrer Kinder.

Verdeutlichen Sie sich, welche Charaktereigenschaften Sie mit Ihren Eltern teilen

Das werden gute und schlechte Eigenschaften sein. Schauen Sie sowohl die guten wie die schlechten an, denn durch beide sind Sie mit Ihren Eltern verbunden. Der Wunsch »Ich möchte niemals so werden wie mein Vater!« hat wenig Aussicht auf Erfolg, dazu sind Sie genetisch viel zu stark mit ihm verbunden. Es ist eine alte psychologische Erkenntnis: Was abgelehnt wird, bleibt. Sie können höchstens intensiver als Ihre Eltern versuchen, das Beste daraus zu machen. Das geschieht, indem Sie auch die negativen Seiten in der Familiengeschichte anschauen und sagen: Ich bin ein Teil davon.

Lernen Sie, mit den Konfliktpunkten in Ihrer Beziehung umzugehen

Wenn die Kommunikation zwischen Ihnen und Ihren Eltern gestört oder ganz abgebrochen ist, hat das immer einen bestimmten Anlass und Grund gehabt, etwa weil Sie unter Druck gesetzt wurden und diesem Druck richtigerweise nicht nachgegeben haben. Da wollte beispielsweise Ihre Mutter mit Ihnen in den Urlaub fahren, und Sie haben es nicht gemacht – was Ihr gutes Recht ist.

Verdeutlichen Sie sich: Auf fast allen Gebieten haben Sie noch viel gemeinsam, nur auf diesem einen nicht. Fokussieren Sie Ihre Aufmerksamkeit auf dieses eine, meist sehr schmerzliche Thema. Klären Sie es nicht am Telefon (hier kann immer einer der Gesprächspartner die Kommunikation abbrechen), sondern mit einem Brief und einem anschließenden Besuch.

Im schlimmsten Fall sollten Sie mit Ihren Eltern eine »Trennung auf Zeit« vereinbaren. »Ich werde ein Jahr lang keinen Kontakt mit euch haben«, eröffnet mehr Möglichkeiten als ein im Streit gerufenes »Ich will euch nie mehr wieder sehen!«, für das man sich ewig schuldig und daran gebunden fühlen muss. Die Zeit heilt zwar nicht alle Wunden, aber auch in zwischenmenschlichen Konflikten gibt es eine Art Verjährungsfrist, die Sie nutzen sollten.

simplify-Idee 22
Ent-krampfen Sie Ihre Beerdigung

Diese simplify-Idee klingt für Sie vielleicht makaber. Aber die Wahrscheinlichkeit ist hoch, dass Sie in der Schlussphase Ihres Lebens geistig nicht mehr so fit sind, wie Sie es gerne wären. Deswegen ist es ausgesprochen sinnvoll, sich mitten im Leben Gedanken über das eigene Ende zu machen.

Gestalten Sie Ihre Bestattung

Ihre Angehörigen müssen nach Ihrem Ableben viele wichtige Entscheidungen treffen, und das alles unter Schock. Die Preisunterschiede zwischen einem einfachen und einem Luxussarg sind horrend, ebenso die vielen anderen Details einer Beerdigung. Mit ein

paar schriftlich niedergelegten Sätzen können Sie Ihrer Familie sehr helfen. Schreiben Sie beispielsweise: »Bitte setzt mich in einem ganz einfachen Sarg bei, in dem Grab meiner Eltern im Südfriedhof. Es würde mich freuen, wenn ihr mein Lieblingslied ›Geh aus, mein Herz‹ singt. Ladet nach der Beerdigung alle meine Freunde in den Hirschenwirt ein, und trinkt auf mein Wohl. Ihr wisst ja, ein Weißbier und ein Schweinebraten waren mein Lieblingsessen. Statt Blumen sollen meine Freunde für xy spenden. Trauert um mich, aber seid nicht verzweifelt. Ich gehe von hier mit der Gewissheit, ein erfülltes und glückliches Leben gelebt zu haben.«

Sorgen Sie für einen würdevollen Tod

Die Ärzte, die Ihnen in Ihrer letzten Lebensphase beistehen, sind in einer ähnlichen Situation wie Ihre Angehörigen: Wenn Sie selbst sich nicht mehr äußern können, sind sie verpflichtet, alles nur Erdenkliche zu tun, um Ihr Leben zu verlängern – selbst wenn es dabei zu fast absurden Situationen kommt. Hier können Sie durch eine so genannte Patientenverfügung helfen. Wir haben Ihnen den von den großen Kirchen empfohlenen Text hier abgedruckt. Es gibt noch andere Lösungen, z.B. Medizinische Patientenanwaltschaft der Deutschen Hospiz Stiftung (im Internet: *www.hospize.de*).

Patientenverfügung

Für den Fall, dass ich nicht mehr in der Lage bin, meine Angelegenheiten selbst zu regeln, verfüge ich: An mir sollen keine lebensverlängernden Maßnahmen vorgenommen werden, wenn medizinisch festgestellt ist, dass ich mich im unmittelbaren Sterbeprozess befinde, bei dem jede lebenserhaltende Maßnahme das Sterben oder Leiden ohne Aussicht auf erfolgreiche Behandlung verlängern würde, oder dass es zu einem nicht behebbaren Ausfall lebenswichtiger Funktionen meines Körpers kommt, der zum Tode führt. Ärztliche Begleitung und Behandlung sowie sorgsame Pflege sollen in diesen Fällen auf die Linderung von Schmerzen, Unruhe und Angst gerichtet sein, selbst wenn durch die notwendige Schmerzbehandlung eine Lebensverkürzung nicht auszuschließen ist.

Ich möchte in Würde und Frieden sterben können, nach Möglichkeit in Nähe und Kontakt mit meinen Angehörigen und nahestehenden Personen und in meiner vertrauten Umgebung. Ich bitte um seelsorgerlichen Beistand. Maßnahmen aktiver Sterbehilfe lehne ich ab. Ich unterschreibe diese Verfügung nach sorgfältiger Überlegung und als Ausdruck meines Rechts auf Selbstbestimmung. Ich wünsche nicht, dass mir in der akuten Situation eine Änderung meines hiermit bekundeten Willens unterstellt wird. Sollte ich meine Meinung ändern, werde ich dafür sorgen, dass mein geänderter Wille erkennbar zum Ausdruck kommt.

Mein Name:

....

geb. am:

....

Anschrift:

....

Ort, Datum:

....

Unterschrift:

....

Diese Patientenverfügung wird von mir erneut bestätigt:
Ort, Datum, Unterschrift:

....

Ordnen Sie die materiellen Dinge

»Schreiben Sie ein Testament« – dieser Hinweis findet sich in vielen Ratgebern. Aber wirklich vereinfachend ist ein handschriftlich hinterlegter letzter Wille nur, wenn Sie ihn mit allen Betroffenen zu Lebzeiten besprochen haben. Sonst säen Sie mit Ihrem Testament womöglich mehr Unfrieden, als Sie ahnen. Die einfachste Lösung ist ohnehin, schon jetzt von Ihrem Besitz abzugeben. Wenn Sie bestimmte Wert- oder Erinnerungsstücke an Bekannte und Verwandte weitergeben wollen – warum erst nach Ihrem Tod? Geben Sie »mit warmen Händen«. Dann können Sie den Dank entgegennehmen, und der Beschenkte erhält neben dem Gegenstand etwas viel Wertvolleres – die persönliche Erinnerung an Sie.

Hinterlassen Sie familiäres Wissen

Es wird in der Psychologie zukünftig immer wichtiger werden, Informationen über die Vorfahren zu haben. Deswegen die dringende Bitte: Schreiben Sie auf, was Sie über Ihre Eltern, Großeltern und andere Verwandte wissen. Ihre Nachkommen werden es Ihnen einmal danken, auch wenn sie vielleicht jetzt den Wert dieser Hinterlassenschaft noch nicht zu schätzen wissen.

simplify-Idee 23
Ent-kräften Sie Ihre Neidgefühle

Es macht Ihnen und anderen das Leben unnötig schwer, wenn Sie sich ständig mit anderen vergleichen müssen, um abzuchecken, wer besser ist oder mehr hat. Vergleich an sich ist nichts Schlechtes, solange einen beim Vergleichen nicht das nagende Gefühl beschleicht, schlechter weggekommen zu sein als andere, wenn man meint unverdienterweise weniger zu haben. Ob es nun Geld ist oder Schönheit, eine besondere Begabung oder Ruhm – man kann auf alles und jeden neidisch werden. Es hat politische Versuche gegeben, dem Neid die Grundlage zu entziehen: eine Gesellschaft, in der alle Menschen gleich viel besitzen. Der Neid aber ist auch dort geblieben. Er ist ein verheimlichtes, aber hartnäckiges Laster und macht allen das Leben schwer: dem Neidischen und denen, die beneidet werden.

Doch Sie können etwas dagegen tun. Ja, Neid kann sogar zu einer Motivationsquelle in Ihrem Leben werden. Lernen Sie simplify-Strategien gegen den Neid kennen – bei sich und bei anderen.

Strategien gegen den eigenen Neid

Ziehen Sie die Licht-und-Schatten-Bilanz

Neidisch ist man nie auf das Schlechte, sondern nur auf das Gute, das man bei anderen Menschen sieht. Machen Sie sich klar, dass es keinem Menschen nur gut geht, und dass für das Gute im Leben immer auch ein Preis gezahlt werden muss. Ein neidischer Mensch will etwas haben, ohne den Preis dafür zahlen zu wollen. Ein Geigenvirtuose bezahlt für sein Können und seinen Ruhm mit unzähligen harten Übungsstunden, häufig verbunden mit einer entbehrungsreichen Kindheit. Beneiden Sie ihn auch darum? Ein Mensch mit Macht und Einfluss hat gefährliche Feinde, er braucht Bodyguards und Alarmanlagen. Möchten Sie das wirklich auch?

Wenden Sie die Esau-Jakob-Technik an

Neid ist oft Missgunst: den anderen nicht anerkennen wollen. Verschenken Sie als Gegenstrategie bewusst Ihre Gunst, werden Sie zum Gönner. Üben Sie als Sofortmaßnahme die Anti-Neid-Formel und sprechen Sie still: »Ich gönne dir das!« Denken Sie diesen Satz immer wieder, bis Sie innerlich zustimmen können.

Eine ähnlich wirksame Anti-Neid-Formulierung findet sich im Alten Testament: »Ich habe genug, behalte, was du hast, mein Bruder.« (So Esau im 1. Buch Mose zu seinem Bruder Jakob, der ihn einst übervorteilt hatte.) Das reduziert Neid höchst effektiv und baut gleichzeitig ein gesundes Selbstwertgefühl auf.

Entwickeln Sie die Goethe-Gabe

»Gegen große Vorzüge eines anderen hilft nur Liebe.« Mit dieser Einsicht von Johann Wolfgang von Goethe können Sie Ihren eigenen Neid am eindrucksvollsten abbauen. Machen Sie anderen Menschen ehrliche Komplimente: für ihr Aussehen, ihre ganze Art, ihre Bildung, ihren Stil. Wandeln Sie Ihren Neid um in Lob und Anerkennung (was Neid eigentlich auch ist, nur in verdrehter Form). Ihr Neid kann sich so in einen ganz persönlichen Vorzug verwandeln, der das Besondere, Gute und Schöne bei anderen positiv und authentisch würdigt. Machen Sie daraus Ihre ganz persönliche Gabe. Man wird Sie für diese Haltung schätzen und achten.

Nutzen Sie das Kooperationskonzept

Aus nagendem Neid entsteht meist auch Kommunikationsabbruch: Sie entwickeln negative Gedanken gegen eine Person und sprechen immer weniger mit ihr. Wenden Sie sich an die Person, die Sie beneiden, und fragen Sie offen und ehrlich: »Das und das gefällt mir sehr an Ihnen. Wie kommt man dazu?

Wie haben Sie das geschafft?« Oder, noch besser: Arbeiten Sie mit dem Menschen, den Sie am meisten beneiden, zusammen. Wenn er wirklich gut ist, dann können Sie von ihm nur profitieren. Lernen Sie von ihm, und nutzen Sie Ihren Neid als Erfolgsantrieb.

Gehen Sie den kreativen Weg

Neid ist oft ein Zeichen dafür, dass Sie Ihr kreatives Potenzial nicht ausleben. Setzen Sie auf Ihre eigene Fantasie, und bringen Sie Ihre innere Quelle wieder zum Sprudeln. Versuchen Sie, so oft es geht, etwas Kreatives zu tun: Musizieren, Werken, Malen, Tanzen, Schreiben. Je klarer Sie Ihre eigenen Anlagen erkennen und entfalten, desto weniger Anlass zu Neidgefühlen werden Sie haben. Die Zufriedenheit nach schöpferisch verbrachten Stunden baut den Neid schnell ab.

Leben Sie den Zufriedenheitsplan

Neid nährt sich von unerfüllten Ansprüchen und macht darum auch depressiv. Entwickeln Sie die Bereitschaft, jeden Augenblick Ihres Lebens als erfüllt zu betrachten: Alles, was Sie brauchen, ist da – entweder sichtbar oder als schlummernde Möglichkeit. Wo Zufriedenheit ist, haben Neid und Depressionen keine Chance.

Vereinfachen Sie

Je größer die Bedeutung von Einfachheit in Ihrem Leben ist, desto weniger Neid müssen Sie fühlen. Wenn Sie bewusst Ihre Mokkatassensammlung aufgeben, werden Sie andere nicht mehr um deren schönere Sammlung beneiden. Das Einfache, Schlichte, Unspektakuläre ist die wohltuende Antwort auf die Sinnsuche der Neidischen.

Strategien gegen den Neid anderer

Zeigen Sie gesunden Stolz

Lassen Sie sich nicht die Freude an Ihren Vorzügen, Erfolgen oder anderen guten Erfahrungen nehmen. Seien Sie ruhig stolz auf sich, und sagen Sie das laut, wenn Sie alleine sind. Aber protzen Sie nicht damit herum. Provozieren Sie nicht unnötig die Neidgefühle der anderen.

Beweisen Sie freundliches Selbstbewusstsein

Wenn Sie gehässige Komplimente zu hören bekommen, mit denen der Neid kaschiert werden soll, bleiben Sie selbstbewusst. Werten Sie weder den anderen noch sich selbst ab: »Ach, das kann doch jeder.« Sondern stehen Sie zu Ihren Vorzügen und Leistungen: »Ja, das war ein schönes Stück Arbeit, und jetzt genieße ich den Erfolg« oder: »Manche haben nicht soviel Glück wie ich gerade. Ich kenne auch schlechtere Zeiten – und jetzt freue ich mich umso mehr daran.«

Lassen Sie sich nicht herunterziehen

Wenn ein anderer Sie mit der Ach-das-ist-doch-gar-nichts-Methode beneidet, sollten Sie sich klar abgrenzen. Ein Beispiel: Sie erzählen von Ihren Urlaubsplänen, und der Neidische macht Ihre Wahl schlecht: »Da wimmelt es doch von Pauschaltouristen, schrecklich! Viel schöner ist es in …« Ihre Antwort: »Das ist mein Urlaub, und ich treffe meine Entscheidungen nach meinen eigenen Maßstäben, so wie Sie doch auch, nicht wahr?«

Schaffen Sie sachliche Klarheit

Wenn Ihnen ein neidischer Mensch so übel gesonnen ist, dass er Ihnen ernsthaft Schaden zufügt (Mobbing, Anschwärzen beim Chef, private Intrigen, üble Nachrede), sollten Sie ihn zur Rede stellen und in aller Ruhe mit den Tatsachen konfrontieren. Machen Sie aber nicht seinen Neid zum Thema (der wird immer geleugnet), sondern streben Sie eine nüchterne, pragmatische Lösung für das Problem an. Sagen Sie direkt, wie sehr Sie dieses Verhalten verletzt hat: »Sie würde so etwas doch auch kränken, oder?«

Loben Sie ehrlich

Helfen Sie anderen, den Neid abzubauen, indem Sie ihnen ehrliche Komplimente machen, die auch nachvollziehbar sind. Übertreiben Sie es aber nicht, denn das klänge unglaubwürdig.

simplify-Idee 24
Ent-ärgern Sie sich

Eine der größten Blockaden beim Aufbau eines lebendigen sozialen Netzwerks aus Freunden, Bekannten, Kollegen und Verwandten ist das Bedürfnis, andere Menschen zu beurteilen (und am liebsten auch gleich zu verbessern). Das ist nicht für jeden ein Problem, aber manche Menschen neigen zu einer ungesunden Kritiksucht. Damit Sie heiterer, einfacher und gelassener leben, sollten Sie sozusagen Ihre Kiste mit Urteilen und Vorurteilen entrümpeln.

Ihr Urteil und die Realität unterscheiden sich

Die amerikanischen Therapeutinnen Connie Cox und Cris Evatt haben ein vielfach erprobtes Programm gegen überflüssigen Ärger ausgearbeitet. Es beginnt mit einer Übung:

Denken Sie an jemanden, über dessen Verhalten Sie sich immer wieder ärgern. Schreiben Sie einen Satz auf ein Stück Papier, der die einfache Struktur hat:

»______________________________ (Name der Person)
sollte __________________________________.«

Bitte machen Sie diese Übung nicht im Kopf, sondern schreiben Sie wirklich etwas auf das Blatt. Je konkreter der Satz formuliert ist, desto besser.

Der Hintergrund dieser Übung: Was unser Gehirn in Unordnung bringt, ist der Wust an *negativen* Urteilen, die wir im Kopf haben. Der Satz, den Sie aufgeschrieben haben, formuliert eines dieser Überzeugungsurteile. Er beschreibt, wie sich andere verhalten sollten: Peter sollte fleißiger lernen. Joachim sollte pünktlicher sein. Vera sollte mit dem Rauchen aufhören.

Urteile unterscheiden sich – das ist ihr Wesen – von der Wirklichkeit. Die Wirklichkeit hingegen beschreibt, wie sich Menschen tatsächlich verhalten: Peter ist faul. Joachim ist unpünktlich. Vera raucht wie ein Schlot.

Aus einem Urteil erwachsen wieder weitere. Im Beispiel vom faulen Peter könnten das sein: Peter wird durchfallen. Er wird von der Schule fliegen. Er bekommt keinen Beruf. Er wird persönlich abstürzen. Er wird kriminell und rauschgiftsüchtig … Das lässt sich fast beliebig fortsetzen. Dadurch wird die negative Orientierung des Gehirns immer stärker, bis sie die Wahrnehmung beherrscht und verzerrt.

Befreien Sie sich davon, Probleme anderer zu lösen

Das Leben lässt sich aufteilen in drei Bereiche:

1. Das Leben an sich, so wie es den Naturgesetzen unterliegt. Dass morgens die Sonne aufgeht, wie das Wetter wird, dass Sie sterben müssen. Das alles liegt eindeutig außerhalb Ihrer Einflussmöglichkeit.
2. Das Leben der anderen. Das ist der Bereich, den Sie in der Schreibübung mit den »Sollte«-Sätzen benannt haben.
3. Ihr eigenes Leben.

Die simplify-Botschaft dazu lautet: Kümmern Sie sich einzig und allein um diesen dritten Bereich. Es kann eine schreckliche Last sein, ständig nach Lösungen für die Probleme anderer Menschen zu suchen. Solche Lösungsideen belasten Ihr Gehirn und Ihre Seele. »Nichts wird Ihr Leben so sehr vereinfachen wie die Beschränkung auf die Angelegenheiten, die Sie selbst ändern können«, schreibt der Psychologe Jack Dawson.

Urteile über andere machen Sie krank

Lesen Sie noch einmal Ihren aufgeschriebenen Satz (wenn Sie noch nichts geschrieben haben, tun Sie's jetzt). Wie fühlen Sie sich dabei? Stimmt er Sie froh, oder empfinden Sie beim Lesen Zorn, Trauer, Angst?

In der Regel verursachen Urteile unangenehme Gefühle, die sich unter dem Sammelbegriff Stress zusammenfassen lassen. Und dieser Stress wurde einzig und allein durch Ihre Gedanken hervorgerufen! Dafür zahlen Sie einen hohen Preis. Denn kritische Urteile können einsam machen.

Während Sie kritisch über jemand anderen denken, schaden Sie Ihrer Fähigkeit zum sozialen Kontakt. Selbst ein so harmloser Gedanke wie »Was hat der für schreckliche

Hosen an!« zieht einen Strom weiterer Urteile mit sich: »Er achtet nicht auf sich. Er hat einen schlechten Geschmack. Er verkommt langsam. Von so jemanden sollte man sich fernhalten.«

Dawson hat außerdem herausgefunden, dass Menschen mit negativen Überzeugungen messbar schlechter zuhören als solche mit möglichst objektiven Ansichten.

»Aber der Mensch braucht doch Werte und Richtlinien«, ist der häufigste Einwand gegen das Entrümpeln des Urteils-Gehirns. Aber seien Sie unbesorgt – der Mensch verhält sich auch ohne den Wust angelernter Urteile richtig. Vertrauen Sie auf die Urteilskraft der Natur, auf den Instinkt des Lebens.

Der Psychologe Jon Kabat-Zinn hat es erforscht: Nichturteilende Menschen treffen Entscheidungen mit größerer Klarheit als urteilende. Nichturteilende leben nach einfachen ethischen Prinzipien, sind effektiver im Handeln und fühlen sich glücklicher.

So entrümpeln Sie Ihr Gehirn

Jeder Mensch hat erstaunliche natürliche Fähigkeiten für ein entspanntes, fröhliches Leben. Sie sind nur unter einem Berg von Überzeugungen und Glaubenssätzen vergraben. Hier zwei einfache Techniken, mit denen Sie Ihre natürlichen heiteren Persönlichkeitsanteile freilegen können.

Technik 1: Üben Sie sich im gesunden Anzweifeln

Wenn Ihnen eine Urteilskette in den Kopf kommt (»Mein Ehepartner sollte mehr zu Hause sein. Er lässt mich allein. Er liebt mich nicht.«), dann zweifeln Sie diese Kette probeweise einmal an: Ist Ihre Sicht zwangsläufig die einzig mögliche? Könnte es nicht sein, dass ein anderer dies ganz anders beurteilt? Begeben Sie sich bewusst auf einen völlig anderen Standpunkt (»Er reibt sich auf für seine Familie. Er will, dass es uns allen gut geht. Er stellt seine eigenen Bedürfnisse ganz hinten an.«)

Ein solcher Zweifel ist eine äußerst wirkungsvolle Aktion, denn er durchbricht die unendliche Fortsetzung der angehängten Beurteilungen. Sie brauchen dabei nicht die Fehler des anderen schönreden, sondern sich lediglich bemühen, klar die Fakten zu sehen.

Technik 2: Beziehen Sie den Vorwurf auf sich

Ersetzen Sie den Namen der anderen Person bei Ihrem aufgeschriebenen Satz und vor allem bei Ihren angehängten Urteilen durch das Wort »Ich«. Spüren Sie, ob das bei Ihnen etwas zum Klingen bringt: »Ich lasse ihn allein. Ich liebe ihn nicht. Ich bin wie alle anderen.« Könnte das der Grund seiner Abwesenheit sein?

Mit dieser einfachen Übung wird deutlich, wozu Ihr Urteilsvermögen eigentlich da ist: Damit Sie sich selbst einschätzen und selber wachsen können. Gegenüber anderen angewendet, sind Urteile Gift. Für Sie selbst jedoch sind sie Medizin. Urteile sind gedacht als Heilmittel, nicht als Waffen. Die Schriftstellerin Anaïs Nin drückte es so aus: »Wir sehen die Dinge nicht, wie sie sind. Wir sehen sie so, wie wir sind.«

Akzeptieren Sie die Wirklichkeit

Bleiben wir bei unserem Beispiel. Ihr Partner ist oft unterwegs. Das ist Realität. Formulieren Sie die Wirklichkeit – wieder probeweise – zu einem Urteil um: »Er sollte unterwegs sein. Das ist gut für ihn.« Das klingt anfangs wie eine ungeheuerliche Aussage. Aber in dieser Klarheit könnten Sie Ihren Ehepartner bitten, mehr bei Ihnen zu sein – erstmals ohne Druck, ohne Vorwürfe, ohne versteckte Bot-

schaften. Denn nun können Sie die Entscheidung ganz und gar ihm überlassen. Es ist sein Lebensbereich, und den lassen Sie ihm. Damit ist Ordnung in Ihrem Denken eingekehrt – und in Ihren Beziehungen.

… damit sie sich verändern kann

Die Psychologin Byron Katie, die diese Techniken entwickelt hat, berichtet: Häufig lösen sich durch die neue Sichtweise des einen Partners die Verkrampfungen des anderen. Im angeführten Beispiel würde das bedeuten: Wenn die Vorwürfe des Ehepartners aufhören, gibt der andere seinen unbewussten Kampf gegen diese Vorwürfe auf – und kommt gerne früher nach Hause.

Das Ganze gilt auch für den Umgang mit Kindern. Eltern und Lehrer kritisieren an Kindern meist das, was auch ihre eigenen Schwächen sind. Katie rät: Erinnern Sie sich, ob sich in Ihrer Kindheit durch das Urteil anderer (»Du solltest fleißiger sein«) jemals etwas geändert hat – vermutlich nicht. Geprägt wird ein Jugendlicher nicht von Menschen, die ihn beurteilen, sondern die ihm urteilsfrei begegnen, ihm zuhören und ihm Großes zutrauen. Werden Sie solch ein Mensch.

Dazu brauchen Sie Geduld, und Rückschläge wird es dabei auch immer wieder geben. Aber lassen Sie sich auf diesen zunächst vielleicht unmöglich erscheinenden Abschnitt Ihres simplify-Weges ein. Je höher Sie auf Ihrer Lebenspyramide angelangt sind, umso lohnender wird die simplify-Arbeit!

Die Entärgerungsmethode gilt für alle Beziehungen im Freundes- und Bekanntenkreis, ebenso wie für Ihren Lebenspartner. Dieser wichtigsten Beziehung in Ihrem Leben haben wir ein eigenes Kapitel und eine eigene Ebene auf der Lebenspyramide gewidmet.

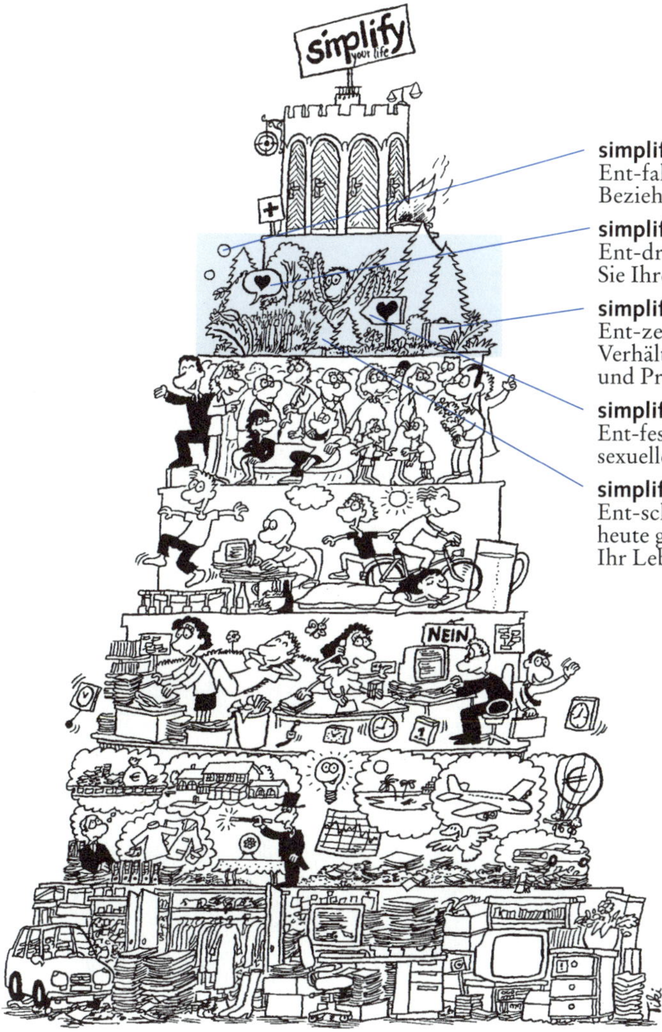

simplify-Idee 25:
Ent-falten Sie Ihre Beziehung

simplify-Idee 26:
Ent-dramatisieren Sie Ihre Gespräche

simplify-Idee 27:
Ent-zerren Sie das Verhältnis von Beruf und Privatleben

simplify-Idee 28:
Ent-fesseln Sie Ihre sexuelle Energie

simplify-Idee 29:
Ent-scheiden Sie heute gemeinsam für Ihr Leben im Alter

Stufe 6 Ihrer Lebenspyramide

Vereinfachen Sie Ihre Partnerschaft

Ihr simplify-Traum: Siebte Nacht

Auf der vorletzten Ebene Ihrer Lebenspyramide erwartet Sie eine weitere Überraschung. Die vorige Stufe war laut, lebendig und riesengroß, weil Sie dort einer enormen Zahl von Menschen begegnet sind. Sie wissen, dass auf der Stufe, die Sie nun betreten, nur ein Mensch auf Sie wartet – der Mensch, der einen einzigartigen Platz hat in Ihrem Herzen, und Sie sind darauf gefasst, ihn auf einer verhältnismäßig kleinen Fläche vorzufinden.

Aber als Sie die Stufen hinaufgehen (oder werden Sie getragen?), öffnet sich vor Ihren Augen eine endlos erscheinende liebliche Landschaft im milden Abendsonnenschein. Ein wenig erinnert Sie die Szene an das Paradies – ein unermesslicher Garten mit sanften Hügeln, gewundenen Wegen und fröhlich sprudelnden Quellen. Schlingpflanzen hängen von mächtigen Bäumen, und saftig grüne Farne bedecken den Boden.

Bei Ihren ersten Schritten auf dem sanften Grasboden bemerken Sie links und rechts neben sich Gesichter, die Sie ansehen. Keine richtigen Personen, nur halbdurchsichtige Lichter, als würden sie aus der Vergangenheit hierher projiziert. Es sind all die Menschen, die Sie geliebt haben, die nun aber vergessen sind, sanft verabschiedet oder gewaltsam aus Ihrer Erinnerung gestrichen. Bei einer Person fällt es Ihnen besonders schwer, vorbeizugehen. Sie verweilen einen Moment und lächeln sie an, dankbar und stumm.

Dann gehen Sie weiter, hinein in die farbige Weite Ihres persönlichen Paradieses – das längst nicht überall ein Paradies ist. Sie sehen Dornen und Kies, Unkraut und Abfall. Doch Sie spüren: So, wie es ist, gehört es zu mir. Und Sie sind nicht mehr allein. Schon seit einiger Zeit ist der Mensch, den Sie lieben, lautlos neben Ihnen gegangen. Sie strecken Ihre Hand aus, und Ihre Finger berühren sich. Dann fassen Sie sich fest an den Händen.

In diesem Moment vergessen Sie, dass Ihr Leben aus mehr besteht als aus diesem Moment. Denn es ist der Moment, den Sie lange vergessen hatten: Als Sie beide zum ersten Mal so nebeneinander standen und Ihre Herzen wortlos beschlossen, von jetzt an gemeinsam weiterzugehen. Sie schauen Sich an und öffnen den Mund, um etwas zu sagen. Aber das brauchen Sie nicht. Jetzt nicht.

Das simplify-Ziel für Stufe 6

Lernen Sie, hinter die derzeitige Oberfläche Ihrer Partnerschaft zu sehen und ihren Weg wieder zusammen statt nebeneinander zu gehen.

simplify your life®. Im Englischen heißt dieser Satz nicht nur: »Vereinfache dein Leben«, sondern auch: »Vereinfacht euer Leben.« Ihr Leben besteht nicht nur aus Ihnen selbst. Ihr Ehemann oder Ihre Ehefrau, Ihr Lebensgefährte oder Ihre Lebensgefährtin – das ist nicht irgendein anderer Mensch, sondern ein Teil Ihrer Seele. Auch wenn Sie es an der Oberfläche noch nicht oder nicht mehr sehen – im Unterbewusstsein sind Sie bereits zusammengewachsen. Deswegen sind Scheidungen und Trennungen so schmerzhaft. Deswegen lohnt es sich, diese Beziehung besser zu pflegen als Ihre Gegenstände, Ihre Finanzen, Ihr Zeitbudget, Ihren Körper oder Ihr soziales Netzwerk.

Wenn Sie dieses Buch bisher allein gelesen haben – geben Sie es nun ab und zu Ihrem Partner. Oder lassen Sie es wie zufällig an einer Stelle, die Sie für Ihre Beziehung für besonders wichtig halten, aufgeschlagen liegen. Jetzt ist der Augenblick gekommen, den simplify-Weg gemeinsam fortzusetzen.

simplify-Idee 25
Ent-falten Sie Ihre Beziehung

Paarsterben – auf diese einfache Formel bringt der Psychoanalytiker Michael L. Moeller die derzeitige Situation der Ehen und Partnerschaften. Ahnungslos und unvorbereitet gehen Menschen in eine Zweierbeziehung, das größte Wagnis ihres Lebens. Sie nehmen sich zu wenig Zeit füreinander, geben sich dafür gegenseitig die Schuld, werden von den äußeren Pflichten ihres Lebens aufgesogen, verlieren irgendwann auch die erotische Lust aneinander, und stehen eines Tages verwundert und verzweifelt vor einer vermeintlich irreparablen Paarsituation.

Die Gründe sind vielfältig und längst nicht so individuell, wie es den Betroffenen vorkommt. Die gesellschaftlichen Rollen von Mann und Frau sind in einem historischen Umbruch. Frauen genießen beruflich und wirtschaftlich eine nie da gewesene Freiheit und sehen sich zugleich einer nie da gewesenen Dimension von Schwierigkeiten gegenüber. Die Erwartungen der Frauen an die Männer sind förmlich explodiert, ohne dass die übrigen Anforderungen durch Beruf und andere soziale Beziehungen zurückgegangen wären. Auch die Erwartungen von Frauen und Männern an sich selbst sind unheimlich gestiegen: Erfolg im Beruf, zugleich viel Freizeit, materielle Unabhängigkeit, erfüllte Sexualität und am besten lebenslange Verliebtheit, dazu möglichst wunderbare Kinder … noch nie war die Zweierbeziehung so überfordert wie heute. Was früher das große Sippengefüge mit Müh und Not geschafft hat, soll heute die Kleinstfamilie perfekter als je zuvor leisten.

Der erste Schritt zu einer Lösung des Dilemmas: »wesentlich« miteinander sprechen. Nicht über die Arbeit, über die Kinder oder übers Essen, sondern über sich selbst. Am Anfang einer Beziehung tut das jedes Paar von allein. Man ist neugierig aufeinander, will alles vom anderen wissen. Aus der wachsenden Vertrautheit erwächst die erotische Anziehung. Dann aber denken beide, dass sie vom anderen nichts Neues mehr erfahren können, weil sie sich schon so viel erzählt haben und alles über den anderen wissen. Die meisten Beziehungsprobleme beruhen auf diesem Irrtum.

Die Regeln des Zwiegesprächs

Als Gegenmittel hat Moeller das »Zwiegespräch« entwickelt, bei seinen Patienten seit über zwei Jahrzehnten zigtausendfach bewährt. Es ist eine Unterhaltung nach einfachen, aber festen Regeln. Beide Partner verpflichten sich, diese Regeln einzuhalten.

Feste Zeit Vereinbaren Sie pro Woche einen Termin und einen Ersatztermin (falls beim ersten etwas dazwischenkommt), an dem Sie ungestört »allein zu zweit« 90 Minuten lang miteinander sprechen können.

Fester Ablauf Setzen Sie sich gegenüber, denn das Wesentliche wird visuell übermittelt, nicht über die Sprache. Schalten Sie Störungen aus (Telefon, Computer, Hintergrundmusik, Fernsehen). Kürzen Sie das Gespräch nicht ab, und verlängern Sie es nicht.

Fester Wechsel Für Zwiegespräche benötigen Sie eine Uhr. 15 Minuten spricht der eine, dann 15 Minuten der andere. Wer zuhört, stellt keine Fragen, nicht einmal Verständnisfragen.

Festes Thema Jeder erzählt, was ihn derzeit am meisten bewegt. »Ein Selbstporträt malen« nennt Moeller das. Jeder bleibt bei *sich selbst* als Thema. Wenn er über den anderen spricht (was natürlich erlaubt ist), dann nicht wertend, sondern er schildert *seine eigenen* Empfindungen im Hinblick auf den Partner. Das ist der Unterschied zu Streitgesprächen in der »Beziehungskiste«, in denen jeder dem *anderen* weismachen will, wie er wirklich sei.

Warum Zwiegespräche so gut tun

Jedes Paar, so Moeller, lebt in einer doppelten Wirklichkeit – in der eigenen und in der des Partners. Wenn jeder die Wirklichkeit des anderen kennen lernt, wird die Partnerschaft bereichert. Wenn jeder aber den anderen davon überzeugen möchte, *die eigene* Wirklichkeit sei die bessere, geht die Beziehung innerlich zu Ende. Daher lautet die wichtigste Voraussetzung des Zwiegesprächs: Gleichberechtigung der beiden Wirklichkeiten.

In Zwiegesprächen lernen beide Partner fünf große Wahrheiten:

1. »Ich bin nicht du«

Sie lernen, dass Sie sich gegenseitig viel weniger kennen, als Sie glaubten. In einer länger dauernden Beziehung behauptet ständig ein Partner etwas über den anderen. Moeller nennt das »den anderen kolonialisieren« oder »Paar-Rassismus«: Jeder ist heimlich überzeugt, irgendwie doch der Bessere von beiden zu sein. Ein ehrliches Zwiegespräch macht damit Schluss.

2. »Wir sind zwei Gesichter einer Beziehung«

Zugleich lernen Sie, sich nicht als zwei unabhängige Individuen aufzufassen, sondern als ein Paar, das im Unterbewussten längst zusammengewachsen ist. Es ist das Wesen der Liebe, dass sie Ihre Seelen ergreift. Selbst die unangenehmsten Eigenschaften Ihres Partners gehören zu Ihnen beiden. Wenn Ihr Partner beispielsweise vor Ihnen ein Geheimnis hat, weil er sich für etwas schämt, dann ist das nicht »seine Schuld« allein, denn bei jemand anderem würde er sich ja möglicherweise nicht dafür schämen.

Wenn Sie diese elementare simplify-Weisheit der Paarbeziehung verinnerlicht haben, können Sie nichts mehr auf den anderen allein abschieben. Diese Einsicht revolutioniert Ihren Paaralltag. Es gibt keinen Boden mehr für Vorwürfe und Selbstvorwürfe, weil am Verhalten eines jeden beide beteiligt sind.

3. »Dass wir miteinander reden, macht uns zu Menschen«

Sie lernen, dass Sie bestenfalls sich selbst, nicht aber den anderen ändern können, auch wenn Sie es ununterbrochen versuchen. Sie lernen, dass Sie beim Miteinanderreden nicht nur eine Beziehung zum anderen, sondern auch zu sich selbst aufnehmen. Das größte Defizit in den meisten Beziehungen ist nicht die Paar-Armut, sondern die Ich-Armut. Ein Partner erwartet vom anderen Dinge, die er eigentlich nur sich selbst geben kann: Selbstwertgefühl, Zufriedenheit, Zukunftsgewissheit, Lebensfreude.

4. »Wir erzählen uns Bilder«

Sie lernen, anstelle ungefährer Gefühle konkrete Szenen zu erinnern. Anstelle von »Ich finde dich toll« sagen Sie: »Heute früh sah ich dich, wie du auf dem Rad mit wehender Jacke um die Ecke kamst und das

Sonnenlicht in deine Haare geleuchtet hat. Da fand ich dich ganz wundervoll.« Auch Ihr inneres Erleben wird dadurch bilderreicher. Sie werden beginnen, Ihre Träume als gemeinsames Erlebnis zu verstehen, in dem jeder Zugriff bekommt auf Ihr gemeinsames Unterbewusstsein.

5. »Für meine Gefühle bin ich selbst verantwortlich«

Sie lernen, Ihre Gefühle als *Handlungen* Ihres Unbewussten zu verstehen – und nicht zu meinen, Gefühle kämen schicksalhaft über Sie oder würden von außen gemacht. Sie lernen, Ihre Gefühle klarer auszudrücken und souveräner mit ihnen umzugehen, indem Sie sich nicht von jedem Gefühlsimpuls bestimmen lassen.

Wenn ein Zwiegespräch schief läuft

Geben Sie nicht auf, wenn Ihre Zwiegespräche am Anfang nicht funktionieren. Vereinbaren Sie, in jedem Fall mindestens zehn Gespräche durchzuführen. Das ist der häufigste Fehler in der Partnerkommunikation: Man gibt zu schnell auf. Vergleichen Sie einmal, wie zäh Sie im Berufsleben an einem Ziel dranbleiben müssen, oder wie oft Sie sich bei Ihren Kindern wiederholen müssen, bis es endlich klappt. Zeigen Sie diese Geduld auch gegenüber dem wichtigsten Menschen, den Sie haben. Vertrauen Sie darauf: Zwiegespräche optimieren sich selbst. Falls ein Zwiegespräch einmal miserabel ausfallen sollte, wird das nächste automatisch besser. Zwiegespräche wirken über sich hinaus; auch die anderen Gespräche werden wesentlicher und offener.

Was Zwiegespräche bewirken

Psychosomatische Untersuchungen haben erwiesen, dass das menschliche Immunsystem wesentlich durch die Qualität der Paarbeziehung bestimmt wird. Das Blutbild nach einem Zwiegespräch verbessert sich messbar.

Das subjektive Glücksgefühl eines Menschen hängt ebenfalls wesentlich von der Paarbeziehung ab.

Eine gute Partnerschaft ist außerdem prägend für die Kinder des Paares. Jedes Kind ahmt später unbewusst die Paarqualität seiner Eltern nach.

Die durch die Zwiegespräche verbesserte Paarkommunikation bereichert – mit einer angemessenen Verzögerung – auch das Sexualleben des Paares. Es ist ein Irrtum, dass zu gutem Sex Fremdheit gehört (ein beliebtes Argument zur Begründung von Seitensprüngen). Gegenseitiges Verständnis und intime Vertrautheit sind die besten Zutaten für erfüllte Erotik.

Zwei Minuten pro Tag sind zuwenig

Eine Studie aus dem Jahr 2000, durchgeführt bei 76 000 Personen, ergab: Pro Tag spricht ein deutsches Paar im Durchschnitt zwei Minuten über sich selbst. In der Presse wurde diese Studie häufig falsch zitiert, als ob ein Paar überhaupt nur noch zwei Minuten miteinander redet. Das stimmt natürlich nicht; es geht um das »wesentliche« Sprechen, bei dem jeder selbst und das Miteinander in der Beziehung zum Thema gemacht wird. Sorgen Sie dafür, dass diese Zahl bei Ihnen drastisch ansteigt!

simplify-Idee 26
Ent-dramatisieren Sie Ihre Gespräche

Warum gehen so viele Ehen auseinander? Warum werden die Beziehungen zwischen Mann und Frau immer schwieriger? Nach Ansicht des amerikanischen Psychologen John Gray könnten die meisten scheidungswilligen Paare zusammenbleiben, wenn sie nur die grundsätzlichen Unterschiede im Kommunikationsverhalten von Mann und Frau kennen würden. Seine These, zugleich der Titel seines ersten Buchs: »Männer sind anders, Frauen auch.«

Gray hat seine Erkenntnisse in eine lustige Fiktion gepackt: Die Frauen wohnten früher auf der Venus, immer um Gemeinschaft und Harmonie bemüht. Beziehungen waren ihnen wichtiger als Arbeit und Technik. Venusianerinnen glaubten fest daran, dass alles verbessert werden kann. Ratschläge und konstruktive Kritik waren für sie ein Liebesbeweis.

Die Marsianer dagegen schätzten es, etwas zu erschaffen und zu leisten. Sie wollten Ziele erreichen und waren besonders stolz darauf, Dinge allein zu schaffen. Eines Tages entdeckten sich die Bewohner von Mars und Venus und merkten sofort, dass die jeweils anderen genau das haben, was ihnen selbst fehlt. So bauten die Marsianer Raumschiffe, holten die Frauen von der Venus und bevölkerten mit ihnen die Erde.

Heimwerker contra Kaffeetanten

Grays Erkenntnis ist einfach: Männer und Frauen unterscheiden sich grundsätzlich in der Art, Probleme zu lösen. Für Männer sind Probleme dazu da, um gelöst zu werden, und zwar möglichst allein – »wie ein Heimwerker«. Für Frauen dagegen sind Probleme ein Anlass zur Kommunikation. Frauen suchen den Kontakt zu anderen, um über ihre Probleme zu sprechen. Männer aber ziehen sich zurück.

Aus dieser Verschiedenheit entstehen in jeder Partnerschaft unzählige Missverständnisse, die bis zum Ende der Beziehung führen können.

Verstehen, was der andere meint

Die Situation: Am Abend erzählt die Frau von ihren Sorgen, der vielen Arbeit, weil morgen der Abgabetermin für Ihren Artikel ist und noch Wichtiges zu tun ist.

Typische, aber falsche Reaktion: Der Mann redet über das Problem und über Fakten: Kannst du nicht manches delegieren oder auf übermorgen verschieben? Als »Heimwerker« weiß er nicht, dass die

Klage seiner Frau eine Aufforderung zum Gespräch ist. *So kommt das bei der Frau an*: Du siehst immer nur Fakten, nie mich.

Richtig wäre: Er soll sich zu ihr setzen, zuhören und ihr beipflichten. Das allein würde genügen, und sie könnte Berge von Arbeiten erledigen. Die Frau will nicht Lösungen, sondern Verständnis.

Die Situation: Der Mann kommt am Abend nach Hause und ist bedrückt über die vielen Termine und Arbeiten, die er noch zu erledigen hat.

Typische, aber falsche Reaktion: Die Frau gibt Ratschläge und übt konstruktive Kritik: »Du solltest dir nicht so viel aufhalsen lassen. Du musst kürzer treten.« *So kommt das beim Mann an*: Du traust mir nichts zu.

Richtig wäre: Sie soll ihm sagen, dass er gut ist und das schaffen wird. Dann soll sie ihn in Ruhe arbeiten oder ausspannen lassen.

Mars und Venus in der Bibel

Grays Grundweisheiten finden sich bereits in einem Wort des Apostel Paulus: »Ihr Männer, liebt eure Frauen. Und ihr Frauen sollt eure Männer ehren.«

Damit bürstet er beide gegen den Strich. Männer haben im Allgemeinen Hochachtung vor der Leistung ihrer Frauen. Es gibt kaum Männer, die von ihrer Frau schlecht sprechen. Männer tun sich jedoch oft schwer mit Liebe, Gefühl und Zärtlichkeit. Ihr bevorzugter Beitrag zu einer Beziehung ist Hinausgehen, Geld verdienen, etwas darstellen. Frauen aber wollen – vor allem von ihrem Mann – Zuwendung und Verständnis. Aktionismus halten sie für mangelnde Liebe.

Frauen sehen es als ihre Sache an, Liebe auszudrücken und Gefühle zu zeigen. Arbeit und Geld halten sie demgegenüber für zweitrangig. Sie tun sich schwer, dies als Beitrag zu einer *Beziehung* anzuerkennen. Männer dagegen wollen – vor allem von ihrer Frau – Anerkennung. »Das machst du super« wollen sie hören. Gutgemeinte Verbesserungsvorschläge halten sie für versteckte Vorwürfe.

Das Bild von Venus und Mars eignet sich hervorragend, um auch festgefahrene Beziehungen wieder in Gang zu bekommen. Verwenden Sie Ihre Erkenntnisse dabei nicht als Vorwurf (»Jetzt hast du wieder typisch venusianisch reagiert!«), sondern als Werkzeug der Selbstanalyse (»Das war Marsianersprache, tut mir Leid!«). Bauen Sie das Thema Mars und Venus in Ihr nächstes Zwiegespräch ein, und unterhalten Sie sich darüber mit anderen Paaren – eine besonders hilfreiche Form der partnerschaftlichen Kommunikation.

Lernen Sie, richtig zu bitten

Viele Menschen sind in Ehen und Partnerschaften frustriert, weil ihre Wünsche und Bedürfnisse nicht wahrgenommen werden. Manchmal liegt es einfach daran, dass sie gar nicht darum gebeten haben. Und manchmal scheint der Partner den geäußerten Wunsch standhaft zu ignorieren.

Das passiert in allen Arten von Beziehungen – in der Ehe, in der Familie, bei Freunden und in der Firma. Glücklicherweise gibt es ein paar Tricks, um das Problem zu lösen. Die britische Therapeutin Rinatta Paries hat sie nach 20 Jahren Erfahrung in der Ehe- und Lebensberatung zusammengestellt. Dabei geht es nicht um Manipulation, sondern um einfache Gesetze der gegenseitigen Verständigung.

Sie dürfen bitten

Das ist der wichtigste Tipp. Jeder Mensch hat das Grundrecht zu sagen, was er will und braucht. Ganz gleich, ob es dabei um Hilfe bei der Kinderbetreuung geht, ums Essen, um Geld, um Beratung, um Zärtlichkeit – bitten Sie denjenigen, von dem Sie etwas wollen, um das, was Sie wollen. Immer.

Stellen Sie sich auf ein »Ja« oder ein »Nein« ein

Bitten Sie so, dass der Gefragte die freie Wahl behält, Ihren Wunsch zu erfüllen oder nicht. Menschen lieben die Freiheit. Auf eine offene Frage ohne versteckte Drohungen (»Wenn du mich wirklich lieben würdest …«) und ohne depressiven Unterton (»Ich ahne schon, dass du nein sagst«) werden Sie häufiger ein »Ja« erhalten, als Sie ahnen.

Nehmen Sie ein »Nein« an

Reagieren Sie nicht ungnädig, wenn die Antwort negativ ausfällt. Wenn Sie nicht großzügig und gütig bleiben, war Ihre Bitte keine Bitte, sondern eine Forderung. Forderungen aber sind unbeliebt und rufen stets Widerstand hervor. Wenn Sie ein »Nein« übel nehmen, provozieren Sie damit weitere »Neins«. Wenn Sie dagegen das »Nein« in der Gegenwart akzeptieren, machen Sie den Weg frei für ein »Ja« in der Zukunft.

Stehen Sie zu Ihrem Wunsch

Wenn Sie jemanden um etwas bitten und der andere will Ihnen den Wunsch nicht erfüllen, dann lassen Sie nicht den Wunsch an sich fallen. Bleiben Sie für sich bei Ihrem geäußerten Bedürfnis. Lassen Sie es sich nicht vom anderen ausreden.

Trauen Sie dem anderen etwas zu

Auch wenn Sie auf Ihre Bitte ein »Nein« empfangen haben – behalten Sie den Glauben, dass daraus noch ein »Ja« werden kann. Gehen Sie davon aus, dass der andere Ihnen nichts Böses antun will, wenn er Ihre Bitte ablehnt. Vielleicht könnte er »Ja« sagen, wenn ihm Ihre wahren Gründe und Bedürfnisse bekannt wären. Erklären Sie ihm die in sanfter und geduldiger Weise.

Schlucken Sie Ihre Reaktion nicht herunter

Teilen Sie dem anderen mit, was sein »Ja« oder »Nein« bei Ihnen für eine Wirkung hat. Zeigen Sie Ihre Begeisterung oder Enttäuschung, Ihren Missmut oder Ihre Dankbarkeit.

Halten Sie Geben und Nehmen in Balance

Viele Menschen denken, wenn sie ihrem Partner jeden Wunsch von den Augen ablesen, dann müsste der andere ihnen im Gegenzug ihren eigenen nächsten Wunsch in jedem Fall erfüllen. Damit wird aber die grundsätzliche Freiheit einer Bitte verletzt (siehe Punkt 2). Der Schlüssel zu einer gelungenen Partnerschaft: Erfüllen Sie sich abwechselnd Ihre ausdrücklich geäußerten Wünsche – und nicht die von Ihnen vermuteten.

Nicht nörgeln – niemals

Meckern oder nörgeln bedeutet, ein und dieselbe Bitte immer und immer wieder vorzutragen, um den anderen zu ermüden und zum Nachgeben zu zwingen – häufig mit dem resignierten Unterton

»Du Sturschädel wirst dich ja doch nicht ändern.« In seltenen Fällen führt Nörgeln tatsächlich dazu, dass der andere nachgibt. Aber es hat einen hohen Preis: Der andere erfüllt den Wunsch ungern und mit innerer Wut. Wenn Sie eine Bitte wiederholen müssen, dann tun Sie das nicht durch andauerndes Nerven, sondern nach den oben geschilderten Regeln.

Danken, danken, danken

Wenn Sie ein »Ja« als Antwort bekommen, dann feiern Sie das gehörig. Seien Sie dankbar. Halten Sie die Erfüllung eines Wunsches niemals für eine Selbstverständlichkeit oder Ihr verdientes Recht. Je deutlicher Sie Ihre Begeisterung und Dankbarkeit zeigen, umso mehr wird Ihnen der andere in Zukunft entgegenkommen.

Erwarten Sie keine Wunder

»Warum muss ich dich darum bitten? Hättest du das nicht von dir aus machen können?« Seien Sie nicht böse, wenn der andere Ihre Wünsche nicht errät. Der (oder die) andere ist nicht Sie. Gehen Sie davon aus, dass der andere ebenso über Sie denkt. Träumen Sie in Partnerschaft oder Familie nicht davon, dass jeder in vollendetem Einfühlungsvermögen das tut, was der andere erwartet. Entwickeln Sie lieber eine gute Kultur des Bittens und Dankens.

simplify-Idee 27
Ent-zerren Sie das Verhältnis von Beruf und Privatleben

Der größte Feind einer glücklichen Ehe oder Partnerschaft, so hört man immer wieder, ist der Beruf. »Du hast keine Zeit für mich«, ist die stereotype Klage der Frau an ihren beruflich erfolgreichen Mann, und in zunehmendem Maße auch die Klage des Mannes an seine berufstätige Partnerin. Der Unternehmens- und Persönlichkeitsberater Günter F. Gross hat sich sein Leben lang mit dem Verhältnis von Berufs- und Privatleben beschäftigt, und er kommt zu einem bemerkenswerten Schluss: Erfolgreiche Menschen haben in Ihrem Beruf Fähigkeiten erworben, die sie auch in Partnerschaft oder Ehe einsetzen können. Kurz gesagt: Wer gut ist in seinem Job, hat auch gute Ehechancen!

Die Zutaten der beruflichen Leistung sind die Grundstoffe Zeit, Kraft, Begeisterung und Entschlossenheit – genau die Merkmale eines guten Lebenspartners. Hier die Schritte des simplify-Weges, um aus diesen Zutaten eine gute Partnerschaft zu schaffen.

Revolutionieren Sie Ihre Zeitplanung

Dreh- und Angelpunkt, um die beruflichen Fähigkeiten für das Privatleben nutzbar zu machen, ist ein Umdenken in Ihrem Zeitetat. Es ist erwiesen, dass 20 Prozent Ihrer Projekte 80 Prozent des Erfolges bringen. Natürlich lässt sich nicht immer im Voraus erkennen, welche 20 Prozent die lohnenden sein werden. Aber bei vielen Projekten können Sie mit ziemlicher Sicherheit sagen, dass sie zu den erfolg-

losen gehören werden. Es gibt einen Berater, der dafür ein besseres Gespür hat als Sie: Ihr Lebenspartner.

Deswegen lautet die wichtigste Regel: Lassen Sie sich bei der Zeitplanung mehr als bisher von Ihrem Partner helfen. Er ist nüchterner als alle Ihre Mitarbeiter. Er kennt Ihre persönlichen Verzettelungsgefahren, er kennt Ihre Stärken und Ihre langfristigen Ziele. Bitten Sie Ihren Partner, beim partnerschaftlichen Zeitplanungsmeeting keine emotionalen Kommentare abzugeben (»Fährst du wieder auf die blöde Messe?«), sondern Ihnen gezielte Fragen wie diese zu stellen:

- Ist das ein auch für die Zukunft lohnender Termin?
- Würdest du das auch machen, wenn du nur noch sechs Stunden am Tag arbeiten dürftest?
- Bringt es etwas für uns beide?
- Welche alten Projekte würdest du für dieses neue Projekt aufgeben?

Zum partnerschaftlichen Zeitmanagement gehört natürlich, dass Sie die Zeit für ein gemeinsames Planungsmeeting aufwenden. Aber Sie dürfen sicher sein: Das werden die wichtigsten Konferenzen Ihres Lebens! Viele Menschen besuchen im Beruf ein Meeting nach dem anderen – aber von Ihrer Ehe denken Sie, sie könnte ohne Absprachen funktionieren.

Betrachten Sie jede zeitliche Investition in Ihren Beruf so kritisch wie eine finanzielle. Wenn bei Ihren Arbeitgebern für einzelne Vorhaben die Finanzen fehlen, würden Sie niemals auf den Gedanken kommen, Ihr privates Geld dafür einzusetzen. Halten Sie es in Sachen Zeit genauso. Zu viele Menschen sehen Ihr Privatleben als Zeitressource, die sie bei Engpässen im Beruf bedenkenlos plündern dürfen.

Ihr bester Persönlichkeitsberater

Wenn Sie bestimmte Termine und Projekte nur aus Rücksichtnahme gegenüber Dritten übernehmen würden, lassen Sie sich von Ihrem

Partner beim Nein-Sagen den Rücken stärken. Niemand kann das besser als er. Denken Sie an die schöne Regel: Ein entschlossener Unternehmer ist ein noch entschlossenerer Unterlasser.

Wenn Ihr Chef beispielsweise von Ihnen Arbeit nach Feierabend oder am Wochenende erwartet, antworten Sie wahrheitsgemäß: »Darüber muss ich erst mit meinem Partner sprechen.« Auch wenn Ihnen das zunächst peinlich ist, weil Sie offenbar nicht allein über Ihre Zeit befinden können. Aber so stehen Sie nicht alleine da, sondern zu zweit. Jetzt muss Ihr Chef Argumente bringen, die auch Ihren Ehepartner überzeugen.

Statt Zeit zu verbrauchen: Energie tanken!

Bedenken Sie bei der gemeinsamen Zeitplanung nicht nur die messbare Zeit, sondern auch die seelische Energie, die Ihre einzelnen Termine beanspruchen – und erbringen. Ein Vortrag vor hochkarätigem Publikum kostet Sie wegen des Lampenfiebers vielleicht viel Seelenkraft und Zeit zur Vorbereitung. Aber wenn Ihr Vortrag gut ankommt, gewinnen Sie dadurch Selbstbewusstsein und Energie. Arbeiten, die Sie gern tun oder die Ihnen Anerkennung bringen, füllen Ihre Reserven auf. Und vergessen Sie nicht: Die richtige Art von Erfolg macht Sie auch für Ihren Partner attraktiver!

Nehmen Sie es nicht als selbstverständlich hin, dass Sie nach einem 12-Stunden-Tag »fertig« sind und Ihr Privatleben danach wieder Ihre Akkus auffüllen soll. Auch wenn das für Sie zunächst unmöglich klingen mag: Arbeiten Sie so, dass Sie am Ende eines Arbeitstages dankbar, gelöst und heiter nach Hause kommen. Wählen Sie Ihre Aufgaben und Termine so, dass Sie am Ende des Tages Power in Partnerschaft und Familie bringen. Ein Abend mit einem ausgeglichenen Partner kann schöner sein als 14 Tage Urlaub mit einem ausgelaugten!

Denken Sie an Ihr »Zärtlichkeitskonto«

Bei einem Unternehmen geht es langfristig um das wirtschaftliche Überleben. Dazu werden finanzielle Gewinne erwirtschaftet, zukunftssichernde Investitionen getätigt und Rücklagen gebildet. Wenn Ihr Unternehmen wirtschaftlich nicht überlebt, bedeutet das auch für Sie persönlich eine Katastrophe.

In einer Partnerschaft ist es ähnlich. Dort geht es um das emotionale Überleben. Der Faktor, der das bestimmt, ist nicht Geld oder Profit. Das Kapital einer Ehe ist die Zärtlichkeit. Gehen Sie mit diesem Rohstoff so klug und sorgsam um wie mit dem Geld in Ihrem Betrieb. So wie Sie im Beruf Zeit und Energie für das Erwirtschaften finanzieller Gewinne einsetzen, sollten Sie in Ihrer Ehe Zeit für Zärtlichkeit aufwenden.

Es sind häufig die einfachen und stillen Momente, in denen Sie Zweisamkeit tanken und die Zärtlichkeitsressourcen auffüllen, aber diese wollen liebevoll und klug vorbereitet sein. Überraschen Sie Ihren Partner, leisten Sie sich den Luxus von ein wenig Liebesnostalgie: Wenn Sie nachts zusammen auf einer Einladung waren, fahren Sie etwas früher heim, machen Sie einen kleinen Umweg, gehen Sie ein paar Schritte spazieren, wo Sie gemeinsam den Mond sehen können oder eine glitzernde Wasserfläche in der Nacht. Haben Sie Mut zur Romantik. Sagen Sie Ihrem Partner, dass Sie ihn lieben. Auch wenn er es weiß – er hört es immer wieder gern.

simplify-Idee 28
Ent-fesseln Sie Ihre sexuelle Energie

Das Zärtlichkeitskonto besteht aus romantischen Augenblicken, aus liebevollen Sätzen, aus aufmerksamen Gesten, aus einem Strauß Blumen und kleinen Geschenken – aber natürlich auch aus körperlicher Liebe. Ein Posten auf dem Zärtlichkeitskonto, der gerade bei beruflich erfolgreichen Menschen besonders leidet – auch wenn das die wenigsten zugeben würden. Hier sind ein paar simplify-Mittel gegen eingerostete Erotik und zugleich ein paar Argumente gegen überholte Vorurteile.

Geben Sie nichts auf Umfragen

Vorurteil: Eine internationale Untersuchung ergab, dass amerikanische Paare am häufigsten und längsten miteinander Geschlechtsverkehr hätten (20-mal im Monat je 35 Minuten). *Falsch. Richtig ist:* Dieses Ergebnis spiegelt lediglich den enormen sozialen Druck in den USA wider, auch in erotischer Hinsicht toll vor den Nachbarn dazustehen – und auf Fragebögen hemmungslos zu schummeln. Die kalifornische Psychiaterin Linda Perlin Alperstein ist sich sicher: Nirgends wird so viel gelogen wie bei Untersuchungen zum Thema Sex. Lassen Sie sich also nicht stressen durch Zahlen, wie viel Lust »man« oder »frau« eigentlich haben sollte. Richten Sie sich nach Ihren eigenen inneren Bedürfnissen. Und denen Ihres Partners. Gehen Sie in kleinen Schritten vor: Ein Kuss zu einer Tageszeit, zu der Sie sich sonst nicht küssen; ein Geschenk ohne konkreten Anlass; ein liebevoller kleiner handgeschriebener Gruß, wenn Sie einmal als erster in der Früh aus dem Haus müssen, usw.

Checken Sie Ihren Körper

Vorurteil: Schuld bei mangelnder Lust oder Potenz ist immer die Seele. *Falsch. Richtig ist:* Sprechen Sie bei sexuellen Problemen offen mit Ihrem Hausarzt. Häufig sind sexuelle Schwierigkeiten Nebenwirkungen von Medikamenten. Die »Modemedizin« Johanniskraut etwa ist ein Lusthemmer. Erotische Probleme können auch hinweisen auf organische Erkrankungen wie etwa Störungen Ihres Hormonhaushalts (bei Frauen häufig nach einer Schwangerschaft) oder der Schilddrüsen.

Eine der Hauptursachen für verkümmernde erotische Leidenschaft ist Bewegungsarmut. Sportarten, bei denen Sie sich auch einmal verausgaben und bis an Ihre Leistungsgrenze vorstoßen, lassen die sexuelle Aktivität fast automatisch ansteigen – vorausgesetzt, Sie betreiben das Ganze nicht zu exzessiv.

Schmusen Sie (wieder)

Vorurteil: Sigmund Freud hat uns gelehrt, wo die erogenen Zonen des Körpers sind. *Falsch. Richtig ist:* Der gesamte Körper ist eine erogene Zone und kann Sie »antörnen«. Jeder Mensch hat jedoch auch »abtörnende« Stellen, an denen er lieber nicht berührt werden möchte. Diese Vorlieben können sich im Lauf des Lebens durchaus verändern. Was Ihrem Partner in den ersten gemeinsamen Jahren so gut gefallen hat, findet er inzwischen vielleicht albern – aber wagt es nicht zu sagen. Gehen Sie mit Ihrem Partner auf eine fünfminütige Körper-Entdeckungsreise. Drücken Sie dabei mit Ihrer Körpersprache oder einem wohligen Schnurren aus, was Ihnen gefällt (und reagieren Sie nicht übertrieben ablehnend bei dem, was Ihnen nicht gefällt).

Vergessen Sie Einteilungen wie »Vorspiel« und »den Akt«. Asiatische Mediziner sind überzeugt, dass ganzheitlicher Sex (mit einem fließenden Übergang vom Schmusen zum Geschlechtsverkehr) nicht nur angenehm ist, sondern auch gesund erhält und die Lebenserwartung steigert.

Entkrampfen Sie Ihr gemeinsames Kuscheln von der Vorstellung, dass »es« am Schluss passieren muss – gerade wenn Sie länger keinen Geschlechtsverkehr mehr hatten.

Verabreden Sie sich

Vorurteil: »Sex muss spontan sein.« *Falsch. Richtig ist:* Vorfreude ist eines der besten Aphrodisiaka. Erinnern Sie sich an Ihr erstes Rendezvous: Die Aufregung, die Phantasien, ja sogar die kleinen Ängste, all das gehörte dazu. Im lustfeindlichen Berufs- und Familienalltag sollten Sie »süße Zeiten« ebenso planen wie alle anderen Termine, so unerotisch das zunächst auch wirken mag.

Seien Sie egoistisch

Vorurteil: Sex lebt vom totalen gegenseitigen Verständnis. *Falsch. Richtig ist:* »Harmonisch lebende Paare klagen weit häufiger über nachlassendes Sexualleben als Paare, die sich immer wieder streiten«, beobachtete der Sexualtherapeut Bert Zilbergeld. Nun müssen Sie nicht künstlich einen Krach vom Zaun brechen. Es genügt die Einsicht, dass Sex dann am besten funktioniert, wenn jeder nicht nur an die Bedürfnisse des Partners, sondern ebenso stark an seine eigene Lust denkt.

Auch wenn Sie es nach vielen gemeinsamen Jahren nicht mehr für nötig halten: Jeder Mann und jede Frau will sexuell immer wieder erobert werden.

simplify-Idee 29
Ent-scheiden Sie heute gemeinsam über Ihr Leben im Alter

Viele Menschen betrachten das Leben als ständig ansteigende Linie: Immer geht es aufwärts. Wer so denkt, erlebt das Älterwerden als Enttäuschung und Krise, als Abweichen von der vorgesehenen Bahn.

In Wirklichkeit ist unsere Lebenslinie ein wohlproportionierter Bogen, der am Anfang steil ansteigt: Sie wachsen, lernen, Ihr Lebensraum erweitert sich, Sie kommen voran im Beruf, gründen vielleicht eine Familie.

In dieser Phase haben Sie hohe Bedürfnisse: ein Haus oder eine Wohnung, in der alle ausreichend Platz haben, vielleicht noch einen Garten oder ein Ferienhaus, dazu mancherlei Geräte und Dinge für Hobby und Beruf. Das Leben ist vielfältig und kompliziert – möglicherweise auch in Sachen Partnerschaft: Trennung, neue Bindungen. Aber eines Tages stehen die Kinder auf eigenen Beinen. Ihre persönliche Leistungsfähigkeit lässt allmählich nach, Ihr Aktionsradius wird geringer. Das Leben wird einfacher und kleinräumiger.

Warum Sie mit 45 wissen sollten, wie Sie mit 65 leben

Nach einer Untersuchung der Universität Hannover sind über 50 Prozent aller Menschen über 65 Jahre durch ihre Wohnverhältnisse objektiv überfordert: eine zu große Wohnung, ein zu großes Haus, einen zu großen Garten. Aber nur gut 10 Prozent gestehen sich die Überforderung ein. Der Grund: Angelernte Verhaltensmuster lassen sich im fortgeschrittenen Alter kaum noch ändern. Die entscheidenden Weichenstellungen für ein sinnvolles Leben im

Alter müssen vorher erfolgen. Entweder es geht einfacher oder es geht einfach nicht.

So hat die amerikanische Psychotherapeutin Myrna Lewis nachgewiesen: Die entscheidenden Veränderungen, die für Ihr Verhalten und Ihr Bewusstsein im Alter von Bedeutung sind, sollten Sie vor dem 49. Geburtstag abgeschlossen haben. Danach wird es ausgesprochen mühsam, sich umzustellen. Im fünften Lebensjahrzehnt (40 bis 50 Jahre) sollten Sie daher auch klären, wie und wann Sie Ihr Leben vereinfachen werden. Die wichtigste Person dabei ist Ihr Partner. Wenn Sie diese wichtige Lebensplanung auslassen, steuern Sie auf eine immer häufiger anzutreffende Partnerschaftskrise zu: den »Pensionsschock«.

Der ungesunde Traum vom Alterswohlstand

Die (trotz negativer Presse) im internationalen Vergleich hervorragenden finanziellen Absicherungssysteme in Deutschland verführen dazu, den Lebensstandard der aktiven Familienzeit auch im Alter beizubehalten: großes Haus, großes Auto, große Erwartungen. Damit, so die Ärztin und Publizistin Heidi Schüller, überfordern wir uns im Alter. Der Lebensschwerpunkt verharrt in ungesunder Weise auf dem Materiellen. Für die notwendige seelische Reifung bleibt zu wenig Raum. Dank moderner Medizin und gesunder Lebenseinstellung gehören Menschen heute im Alter nicht aufs »Altenteil«. Sie sind gesund und geistig fit und haben alle Möglichkeiten, ihr Alter aktiv zu gestalten, neue Aufgabe zu suchen und bewusst zu leben und zu genießen.

In kaum einem anderen Bereich erscheint das simplify-Prinzip so wichtig wie bei der Planung des dritten Lebensabschnitts. Denken Sie zurück an Ihre Jugendzeit: Vielleicht haben Sie es ja genossen, das einfache Leben als Lehrling oder Student. Dann können Sie diese Phase Ihres Lebens als Leitbild nehmen für Ihr Alter. Oder Sie suchen sich Vorbilder: Alte Menschen, die zufrieden sind und von deren Lebenserfahrung Sie profitieren können.

So könnte eine Planung für Ihren dritten Lebensabschnitt aussehen:

- Wenn wir älter werden, ziehen wir in eine kleinere, altengerechte Wohnung oder wir suchen uns einen Alterswohnsitz in ... Wir haben dabei ein konkretes Alter im Auge: spätestens mit 70.
- Wir wollen nicht mehr alles selbst machen, sondern nehmen nach und nach professionelle Hilfe in Haushalt und Garten in Anspruch. Als ersten Schritt werden wir ...
- Wir werden weiterhin aktiv sein und sind bereit, Neues zu lernen, und zwar auch von Jüngeren. Als ersten Schritt werden wir an einem Kurs zum Thema ... teilnehmen.
- Wir möchten Zeit haben für die wesentlichen Dinge und Möglichkeiten schaffen, die Schönheit des Lebens zu erfahren. Als ersten Schritt werden wir ...
- Wir möchten uns jetzt (und nicht erst im Alter) aussöhnen mit ...
- Um Erbstreitigkeiten zu vermeiden, verfassen wir heute schon ein handschriftliches Testament.
- Wir möchten in Würde sterben und nicht in einem endlos langen Abschied zum Objekt der Altersmedizin werden. Das haben wir mit folgenden uns ganz nahe stehenden Menschen fest vereinbart: ...

Der simplify-Weg ist immer ernster geworden. Es geht nicht mehr um unaufgeräumte Schreibtische oder Geldsorgen, sondern um die letzten Dinge. *simplify your life®* umfasst das ganze Leben – Ihr ganzes Leben. Wir hoffen, dass Sie nun gespannt genug sind auf das letzte Kapitel: Was verbirgt sich auf der höchsten Ebene und damit im Innersten Ihrer Lebenspyramide?

simplify-Idee 30:
Ent-decken Sie Ihr Lebensziel

simplify-Idee 31:
Ent-wickeln Sie Ihre Stärken

simplify-Idee 32:
Ent-lasten Sie Ihr Gewissen

simplify-Idee 33:
Ent-rätseln Sie sich selbst

Die höchste Stufe Ihrer Lebenspyramide: Vereinfachen Sie sich selbst

Ihr simplify-Traum: Letzte Nacht

Sie waren im Paradies. Sie haben gesehen, dass es dort zugleich paradiesisch und ziemlich alltäglich zugeht. Sie waren in einer großen Landschaft, und Sie hatten manchmal das Gefühl, an der Spitze Ihres Lebens angelangt zu sein. Aber die ganze Zeit, während der Sie mit Ihrem Partner die Weiten der Zweisamkeit durchstreift haben, fühlten Sie ein eigentümliches Hinausstreben aus der Partnerschaft.

Zunächst dachten Sie, das sei eine Krise. Waren Sie Ihres Partners überdrüssig? Hatten Sie Lust auf neue erotische Abenteuer? Aber das war es nicht. Es war noch stärker als sexuelle Lust, noch sehnsüchtiger als das Verlangen nach einem anderen Menschen. Es war ein unbeschreiblicher innerer Drang nach Alleinsein.

Und dann entdecken Sie den alten Turm. Er ragt so aus dem Nebel, wie am Anfang das unterste Stockwerk Ihrer Lebenspyramide aus dem Morgengrauen emporwuchs. Sie beschleunigen Ihre Schritte. Sie wollen die Hand Ihres Partners loslassen, aber dann merken Sie, dass er schon seit einiger Zeit nicht mehr neben Ihnen war. Sie sind allein.

Der Turm erscheint wie ein alter Tempel, wie ein Gartenhaus oder ein kleines Schloss. Stellenweise ist er überwuchert mit Efeu und Kletterrosen. Er kommt Ihnen uralt vor und doch sind viele Stellen offensichtlich frisch renoviert oder völlig neu erbaut. Sie gehen staunend um das Bauwerk herum und stellen dabei fest, dass es neun Türen hat. Das macht Sie neugierig. Die erste Tür, die Sie zufällig öffnen möchten, ist verschlossen. Die nächste geht nur einen Spalt weit auf. Nach und nach erforschen Sie alle neun Türen und stellen fest, dass sie ganz unterschiedlich aussehen. Aber eine davon gefällt Ihnen besser als die anderen. Vorsichtig legen Sie die Hand an Ihre Lieblingstür, und lautlos öffnet sie sich sanft nach innen.

Im Inneren des Turms ist es dunkel. Es braucht Zeit, bis sich Ihre Augen an die lichtlose Stille gewöhnt haben. Dann geht Ihr Blick nach oben, und Sie vergessen weiterzuatmen.

Über Ihnen wölbt sich der Himmel, eine sternenklare Nacht, aber nicht so wie auf der Erde. So muss es im Weltraum aussehen, denken Sie und spüren gleichzeitig, dass Sie nicht mehr stehen, sondern schwerelos schweben. Das Innere des Turms ist unermesslich groß und unermesslich tief. Sie breiten die Arme aus und kommen mit einem Mal auf den Gedanken, dass alle Sterne in der unendlichen Weite des Universums Sie selbst sind.

Dann gleitet Ihr Blick wieder nach unten, und Sie entdecken direkt unter sich den riesigen Kristall. Er liegt weit unter Ihnen, die Entfernung lässt sich nicht beschreiben. Sie sinken ihm entgegen (oder steigt er zu Ihnen auf?), bis Sie ihn fast berühren können.

Wieder durchfährt Sie der Gedanke: Das bin ich. Er hat meine Farbe, meine Form, mein Licht, meine Temperatur, meine Schönheit. Auch wenn ich noch nicht so bin wie er: So soll ich werden. Und Sie wissen, dass Sie am Ziel sind. Nein, nicht angekommen. Sie haben es gesehen, wenn auch nicht berühren dürfen. Sie kennen es, dürfen es aber nicht besitzen.

Vorsichtig tasten Sie hinter sich. Da ist die Tür. Sie halten den Griff fest und sind froh, ihn zu spüren. Sie drehen sich um und treten ins Freie. Aber Sie blicken nicht in die Landschaft, und Sie schauen auch nicht zurück in das Innere des Turms. Sie sehen nur auf die Tür und sind ihr zutiefst dankbar.

Das simplify-Ziel für Stufe 7

Lernen Sie, sich selbst besser zu verstehen und Ihrem Lebenszweck näher zu kommen.

Der Turm auf der Spitze Ihrer Lebenspyramide ist Ihr Ich. Ihre Persönlichkeit, wie sie in jedem Jahr und in jedem Tag Ihres Lebens gebaut und geändert, geprägt und gestaltet wurde. Was Sie im Inneren Ihres Ich sahen, ist das, was über Ihr individuelles Ich weit hinausgeht. Es ist Ihr tiefster Kern, mit dem Sie in einzigartiger Weise mit allen anderen Menschen und der gesamten Schöpfung verbunden sind. Psychologen nennen es das Selbst.

Es liefert die Energie für Ihr Leben. Aus dieser (nur in Gleichnissen und Symbolen beschreibbaren) Kraftquelle speist sich Ihr individuelles Lebensziel, das wir hier als Kristall beschrieben haben.

simplify-Idee 30
Ent-decken Sie Ihr Lebensziel

Kein Mensch ist »einfach nur so« auf der Erde. Jedes Leben hat ein Ziel, hat seinen inneren Sinn. Hunderttausend Dinge lenken Sie Tag für Tag davon ab. *simplify your life*® bedeutet, endlich wieder einen freien Blick zu bekommen für dieses Ziel. Jeder Mensch, auch der mit dem unscheinbarsten, chaotischsten oder armseligsten Leben, hat eines. Es speist sich aus vier Quellen:

1. Das Leben an sich

Sie sind hier, um das Leben an sich am Leben zu erhalten. Ganz im biologischen Sinn: Indem Sie eigene Kinder bekommen oder indem Sie auf irgendeine andere Weise das Leben anderer Menschen sichern. Das geschieht ganz von selbst. Kein Mensch ist nur für sich da. Auch der vermeintlich größte Egoist hat seine Bedeutung in dem großen Bauwerk des Lebens.

Diese grundsätzliche Ehrfurcht vor dem Leben spürt jeder Mensch, nur kann er sie oft nicht richtig deuten, und sucht sie sozusagen auf Nebenwegen: in der Liebe zu Tieren, in der Begeisterung für Musik, oder auch in einer merkwürdigen Gewissheit, dass diese bewohnte Erde bald untergeht. Für solche Menschen ist es wichtig zu entdecken, dass sie das Leben in sich tragen, um es weiterzugeben.

2. Der Wunsch Ihrer Eltern

Wenn zwei Menschen sich ein Kind wünschen, verbinden sie damit immer einen Wunsch – selten bewusst, sondern als Auftrag ihres Unbewussten. Der Wunsch Ihrer Eltern steuert Ihr Leben in indirekter Weise, wie eine Botschaft, die Ihnen in einem verschlossenen Umschlag mitgegeben und oft erst einige Jahrzehnte später geöffnet wird. Ein Kind soll zum Beispiel

- den Familiennamen weiterführen (häufig sind damit die Erstgeborenen beauftragt);
- die zerstrittenen Familien von Vater und Mutter versöhnen;
- die zerstörte Bindung der Eltern wieder kitten;
- einen vorangegangenen Verlust ausgleichen, etwa ein davor gestorbenes Kind;

- eine von einem Elternteil nicht vollendete Aufgabe zu Ende führen, etwa einer Firma zum Erfolg verhelfen;
- oder einfach seine Eltern mit seinem Dasein erfreuen.

Ein Hinweis auf den (meist unbewussten) Auftrag Ihrer Eltern an Sie findet sich manchmal in dem Vornamen oder dem Kosenamen, den Sie bekommen haben. Es lohnt sich, die Bedeutung zu ergründen. Eine Frau namens Irene (griechisch: Frieden) entdeckte, dass sie gezeugt wurde, um in eine heillos zerstrittene Familie Frieden zu bringen. Ein Mann hieß Georg, weil er wie der Heilige Georg den Drachen des dauernden wirtschaftlichen Misserfolgs in der Famile besiegen sollte (was ihm tatsächlich gelang). Ein anderer Mann hatte den Vornamen vom Bruder seines Vaters bekommen. Dieser von allen als Vorbild bewunderte Onkel war während des Krieges gefallen. Der Neffe, der nun seinen Namen trug, war mit einer unerfüllbaren Aufgabe belastet. Es dauerte lange, bis er frei zu einem eigenen, von der Vergangenheit losgelösten Leben stehen konnte.

3. Ihre Begabungen und Schwächen

Auch aus dem, was Sie gut können und gerne tun, ergibt sich eine Richtungsangabe für Ihr Leben. Stellen Sie sich vor, wie Sie vor Ihrer Geburt von einem himmlischen Organisationsteam für Ihre spezielle Aufgabe auf der Erde ausgerüstet werden. Dabei erhalten Sie Ihre Fähigkeiten nicht in fertiger Form, sondern in Gestalt entwicklungsfähiger Anlagen.

Wenn Sie zum Beispiel körperlich eher schmächtig ausgefallen sind, mussten Sie in Ihrer Kindheit andere Fähigkeiten entwickeln, um sich gegenüber den anderen zu behaupten. Sie wurden ein witziger Geschichtenerzähler, ein findiger Tüftler oder ein bewunderter Musiker. So entstand aus Ihren Stärken und Schwächen Ihr unverwechselbares Profil, mit dem Sie Ihre Lebensaufgabe zu bewältigen versuchen.

4. Ihr Lebenstraum

Jeder Mensch hat einen Traum. Eine Sehnsucht, die ihm gewisser erscheint als die Wirklichkeit. Eine Vision, die klarer ist als alles, was er vor Augen hat.

Die meisten Menschen verlieren ihren Lebenstraum aus den Augen. Sie trauen ihm nicht. Sie lassen sich ihren Traum ausreden. Sie verzichten auf ihn, weil man ihnen beigebracht hat, dass dieser Verzicht notwendig ist.

Bei der letzten Etappe des simplify-Weges geht es vor allem darum, diesen Traum wiederzufinden und damit das eigene Lebensziel. Niemand kann Ihnen Ihr Lebensziel von außen geben – nicht Ihre Eltern, nicht Ihre Firma, nicht Ihr Lebenspartner, nicht Ihre Kinder und auch keine Religion. Sie müssen es selbst in sich entdecken. Es kann dann durchaus sein, dass es sich mit dem Wunsch Ihrer Eltern oder Ihrem Ehepartner deckt oder dass es auf einer Linie liegt mit den Grundsätzen Ihres Glaubens. Aber bleiben Sie misstrauisch gegenüber fremden Zielen, die in Ihrem Inneren keine Resonanz und Begeisterung hervorrufen.

simplify-Idee 31
Ent-wickeln Sie Ihre Stärken

»Wer sich auf seine Stärken konzentriert, kann seine Schwächen zunächst vernachlässigen.« So lautet einer der Schlüsselsätze des Strategietrainers Wolfgang Mewes, der leider viel zu wenig beachtet wird. Viele Menschen glauben, dass sie ihre *Schwächen* bekämpfen müssen, um erfolgreich zu werden. Das ist aus zwei Gründen sinnlos: Sie werden lediglich *durchschnittlich*, wenn Sie Ihre Stärken vernachlässigen. Und Sie werden unweigerlich *demotiviert*, wenn Sie sich mit Ihren Schwächen beschäftigen.

Jeder Mensch hat wie jedes Unternehmen *spezielle Stärken*. Seine Kombination aus Fähigkeiten, Erfahrungen und Know-how kann so einzigartig sein wie ein Fingerabdruck. Zu den speziellen Stärken gehören auch Ziele, Wunschvorstellungen, Vorbilder, Leitbilder und Visionen. Sie steuern – bewusst oder unbewusst – die eigene Entwicklung in eine positive oder negative Richtung.

Je ausgeprägter die Stärken einer Person sind, umso größere Schwächen hat sie gleichzeitig. Wir haben jedoch zu sehr gelernt, uns mit dem zu befassen, was wir *nicht* gut können oder wollen. Es liegt auf der Hand, dass dort, wo jemand seine Schwächen hat, er sehr wahrscheinlich nie besonders gute Leistungen erbringen wird.

Meine zehn größten Stärken

Schreiben Sie hier Ihre besten Fähigkeiten auf – die aus Ihrer eigenen Sicht und die nach Ansicht anderer, sowohl die beruflichen als auch die privaten. Hören Sie nicht auf, bis Sie zehn Stück zusammen haben.

Kreuzen Sie nun die Ihrer Meinung nach drei wichtigsten Stärken an. Das sind Ihre *Schlüsselaufgaben*. Es ist bei Ihren Stärken von entscheidender Bedeutung, Ihr Gesamtbild von sich selbst zu vereinfachen, indem Sie sich auf Ihre herausragenden Punkte konzentrieren.

Wenn es Ihnen schwer fällt, die drei hervorstechenden Stärken zu benennen, arbeiten Sie anders herum: Klammern Sie die weniger wichtigen ein – bald schälen sich Ihre wesentlichen Stärken heraus.

Meine beruflichen und privaten Schlüsselaufgaben

Stellen Sie sich folgende Fragen:

Was will und muss ich in der nächsten Zeit beruflich wie privat tun, um in meinen eigenen Augen *glücklich* und (im besten Sinne) *erfolgreich* zu sein? Schreiben Sie fünf Aufgaben auf, die Sie für vorrangig halten.

____

____

____

____

____

Kreuzen Sie die aus Ihrer heutigen Sicht *wichtigste* Aufgabe dieser fünf an. Fragen Sie sich: Was würde mir am schnellsten helfen, meinen Vorstellungen von Glück und Erfolg näher zu kommen?

Schreiben Sie hinter jede der fünf Aufgaben die Anzahl der Monate, die Sie voraussichtlich bis zur Vollendung benötigen.

Fragen Sie sich: Auf welche Aufgaben will ich mich in den nächsten 6 Monaten *konzentrieren*?

Formulieren Sie Ihre Kernaufgaben so, dass sich möglichst keine Trennung von Beruf und Privatleben ergibt. Integrieren Sie beide Bereiche, und balancieren Sie sie so gut wie möglich aus. Freuen Sie sich über Ihre Stärken und darüber, dass Sie mit diesen Gaben schon innerhalb des nächsten halben Jahres Ihre aufgeschriebenen Aufgaben weiter erfüllen werden, als Sie je geahnt hätten.

simplify-Idee 32
Ent-lasten Sie Ihr Gewissen

Schuld und Gewissen sind wichtige Errungenschaften der menschlichen Entwicklung. Sie sind unverzichtbar für ein friedliches Zusammenleben. »Gewissenlose« Menschen, die auf andere keine Rücksicht nehmen, sind schrecklich. Aber es gibt auch das andere Extrem, und darum soll es hier gehen: Menschen, die sich permanent schuldig fühlen und sich aus allem »ein Gewissen machen«, wenn sie etwa ein paar Euro für ihr eigenes Vergnügen ausgeben, wenn sie zu wenig arbeiten, wenn ihre Mitmenschen krank werden oder wenn sie anderen eine Bitte abschlagen.

Falls Sie zu diesen Menschen gehören – hier ein paar simplify-Tipps gegen übertriebenes, ungesundes Schuldgefühl.

Identifizieren Sie Ihre kleinen Richter

Viele Menschen, die an übertriebenen Schuldgefühlen leiden, haben einen oder mehrere kleine Richter auf ihrer Schulter sitzen, die ihnen sagen, was richtig und was falsch ist. Das kann die Stimme eines Elternteils sein, eines Verwandten oder Geschwisters oder von sonst jemandem, der Sie in Ihrer Kinder- und Jugendzeit beurteilt hat. Sehen Sie sich Ihre Richter an und finden Sie heraus, wessen Stimmen da zu Ihnen sprechen. Reden Sie mit Ihren Richtern. Sagen Sie ihnen, dass Sie nun alt genug sind, um auf sich selbst zu hören.

Manche Menschen halten sich für erwachsen, obwohl sie ihren inneren Richtern sehr viel Raum geben. Das Ziel des Erwachsenwerdens ist aber gerade die Unabhängigkeit von den Stimmen der anderen. Das Ziel ist die

Autonomie, das Hören auf die eigenen inneren Werte und Richtlinien.

Falls Sie später wieder einmal einen Ihrer kleinen Richter hören, wischen Sie ihn mit der Hand sanft von Ihrer Schulter. Dieses Ritual hilft Ihnen, zwischen dem eigenen und dem angelernten Urteil zu unterscheiden.

Gönnen Sie Ihren Richtern Ruhe

Menschen mit Schuldgefühlen arbeiten (körperlich oder seelisch) oft bis zur Erschöpfung und fühlen sich noch immer schuldig. Hören Sie auf, bevor Sie erschöpft sind. Sagen Sie sich, dass Sie Ihr Bestes gegeben haben. Stellen Sie sich Ihre Schuldgefühle wieder als kleine Richter vor. Legen Sie sie zu Bett und sagen Sie ihnen: »Selbst wenn ich noch drei Stunden schuften würde, ihr wärt ja doch nicht zufrieden. Darum höre ich lieber jetzt auf und bin morgen frisch und ausgeruht.« Gehen Sie dann selbst schlafen.

Seien Sie mit sich identisch

Menschen mit Schuldgefühlen leben oft in mehreren getrennten Zusammenhängen. Sie sind zum Beispiel in der Ehe überfordert, erzählen davon aber nichts im Büro – und sie sind im Büro überfordert, erzählen davon aber nichts zu Hause. Dann sitzen zu Hause die Büro-Richter auf der Schulter und sagen: »Verschwende deine Energie nicht privat, denk mehr an die Firma!« Und im Büro sitzt der Richter mit der Stimme Ihres Partners bei Ihnen und ermahnt Sie, rechtzeitig mit der Arbeit aufzuhören. Beenden Sie solche ungesunden Spaltungen. Stehen Sie zu Ihren Schwächen. Sprechen Sie zu Hause über Ihre wahren Gefühle am Arbeitsplatz, und am Arbeitsplatz über Ihre Engpässe in der Familie. Das kann für alle Beteiligten eine große Erlösung sein – solange das nicht ausartet zu Klatsch und Tratsch oder zu übertriebenem »Seelen-Striptease«.

Akzeptieren Sie die Schattenseiten

Menschen mit Schuldgefühlen haben manchmal das Gefühl, das Böse in ihrer Umgebung vollständig besiegen zu müssen. Damit überfordern sie sich enorm. Stellen Sie sich vor, dass alle Ihre guten Handlungen zwangsläufig einen Schatten werfen, und dass es nicht in Ihrer Macht steht, das zu vermeiden.

Finden Sie eine Vertrauensperson

Suchen Sie sich jemanden, dem Sie alles von sich erzählen und dem Sie sozusagen alle Ihre kleinen Richter vorstellen können – und bei dem Sie sicher sind, dass er Ihnen einfach zuhören wird, ohne Ihnen gleich Ratschläge zu geben. Das kann ein Freund sein, oder auch ein Therapeut oder ein Beichtvater.

Wenn Sie anderen Menschen nicht erzählen, was Sie derzeit beschäftigt und belastet, dann ist das ein Signal, dass Sie sich für diese Dinge schämen. Das brauchen Sie aber nicht, denn alles gehört zu Ihnen. Gehen Sie gegenüber mindestens einem Menschen, dem Sie ver-

trauen, aus sich heraus. Berichten Sie von Ihren Gefühlen. Sagen Sie nicht: »Ach, ich bin doch nicht so wichtig.« Im Gegenteil – wenn Sie mehr von sich offenbaren, wirken Sie auf andere farbiger und interessanter.

Denken Sie zwei Generationen weiter

Stellen Sie sich Ihre Enkelkinder (oder Großneffen und -nichten) vor und dass sie genau die gleichen Schuldgefühle haben und Fehler machen werden wie Sie jetzt. Das ist keine Idee, sondern eine erwiesene Tatsache. Es liegt an Ihnen, sie davor zu bewahren, indem Sie die oben aufgeführten Regeln beherzigen. Wenn Sie es nicht für sich tun – dann tun Sie's für die Generationen nach Ihnen.

simplify-Idee 33
Ent-rätseln Sie sich selbst

Das Enneagramm – eine Antwort auf die Frage: Wer bin ich?

Wir haben immer wieder die gleichen Probleme, wiederholen die gleichen Fehler, scheitern an derselben Stelle. Wenn es gelänge, die für uns typischen Schwierigkeiten zu orten, dann müssten wir doch besonders wirksame, genau auf uns zugeschnittene Gegenstrategien entwickeln können. Genau das tut das Persönlichkeitsmodell des Enneagramms (ennea = griechisch »neun«), indem es Ihr spezifisches Verhaltensmuster benennt und dazu drei grundlegende Feststellungen macht:

1. Jeder Mensch hat sein Lebensthema

Jeder von uns hat seine spezielle Vorstellung von erfülltem und gelungenem Leben. Darauf konzentriert er seine Kraft, und dafür hat er entsprechende Fähigkeiten entwickelt. Prinzipiell gibt es so viele Lebensthemen, wie es verschiedene Menschen gibt. Aber die vielen Ziele lassen sich grob in neun Kategorien aufteilen – die neun Typen des Enneagramms.

2. Kein Mensch ist perfekt

Es kommt, wie oben gesagt, darauf an, dass Sie Ihren Schwächen nicht blind erliegen, sondern Ihre Stärken entwickeln. Dabei wird es Ihnen helfen, wenn Sie Ihr persönliches Enneagramm-Muster erkennen. Denn Sie werden die verblüffende Entdeckung machen, dass sich gerade in Ihren größten Schwächen Ihre größten Stärken verbergen.

Ihr Lebensthema ist wie eine Medaille mit zwei Seiten: Positives und Negatives erhalten Sie nur paarweise, eines ist ohne das andere nicht zu haben. Das Enneagramm lädt dazu ein, die positiven Seiten so gut wie möglich zu entwickeln und die negativen so weit wie möglich in den Griff zu bekommen. Es verlangt von niemandem, ein anderer zu werden. Es verlangt von niemandem das Wunder, ein Mensch ohne Fehler und Macken zu werden. Das macht es so menschlich und wertvoll.

3. Jeder der neun Typen ist gleich wertvoll

Sie werden ein glückliches und erfülltes Leben führen, wenn Sie die Stärken *Ihres* Musters entwickeln – und nicht, indem Sie ein anderer Typ sein möchten als der, der Sie eigentlich sind. Das ist besonders

hilfreich und entspannend im Blick auf Ihre Partnerschaft. Bewusst oder unbewusst möchte jeder, dass sein geliebter Lebensgefährte so denkt und fühlt und handelt wie er selbst – wenigstens ein bisschen. Das Enneagramm verdeutlich in kaum zu überbietender Klarheit, dass zwei Menschen in zwei verschiedenen Wirklichkeiten leben.

Der kleine Enneagramm-Test

Wie Sie den Test ausfüllen

Füllen Sie den Fragebogen spontan und locker aus. Legen Sie dabei den Schwerpunkt auf Ihr privates Ich. Wenn Sie berufstätig sind oder waren, können Sie den Fragebogen ein zweites Mal unter diesem Aspekt ausfüllen und erfahren so etwas über Ihr berufliches Persönlichkeitsprofil.

Vergeben Sie 0, 1 oder 2 Punkte:

- Wenn die Aussage eines Satzes auf Sie *halbwegs zutrifft*, vergeben Sie in der Auswertungstabelle *eine 1* hinter dem entsprechenden Buchstaben.
- Wenn die Aussage *total zutrifft*, vergeben Sie *eine 2*.
- Trifft die Aussage nicht zu, schreiben Sie *eine 0* dahinter.

Test

1. Ich setze auf gutes Aussehen, Leistung und Effizienz **f** ☐
2. Andere halten mich manchmal für unnahbar, launisch und abgehoben **g** ☐
3. Beziehungen sind mir wichtig und ich investiere viel Liebe, Zeit und Geld in sie **e** ☐
4. Es ärgert mich, wenn andere sich nicht anstrengen und ihre Aufgaben nicht ernst nehmen **d** ☐
5. Es fällt mir schwer, um etwas zu bitten oder anderen eine Bitte abzuschlagen **e** ☐
6. Es spornt mich an, mit anderen im Wettbewerb zu stehen **f** ☐
7. Es tut mir weh, jemanden leiden zu sehen **e** ☐
8. Geringschätzung durch andere verletzt mich tief **g** ☐
9. Ich arbeite ständig an mir selbst und verbessere auch gern andere **d** ☐
10. Ich bin auch bei unwichtigen Details sorgfältig und genau **d** ☐
11. Ich bin belastbar, stark und halte viel aus **b** ☐
12. Ich bin bereit, die Führung zu übernehmen und Macht und Einfluss auszuüben **b** ☐
13. Ich bin direkt, offen und sage unverblümt meine Meinung, egal ob das den anderen passt oder nicht **b** ☐
14. Ich bin ein leidenschaftlicher und sinnlicher Vollblutmensch **b** ☐
15. Ich bin gern mit wichtigen Leuten zusammen **e** ☐
16. Ich bin gern allein und ziehe mich oft aus Gesellschaft zurück **h** ☐
17. Ich bin gutmütig, zulassend und umgänglich **c** ☐
18. Ich bin lieber mit anderen zusammen als allein **e** ☐
19. Ich bin manchmal antriebslos und fatalistisch, voller Resignation **c** ☐

20. Ich bin ordentlich, vernünftig, sparsam und pünktlich **d** ☐
21. Ich bin schnell, flexibel, redegewandt und charmant **f** ☐
22. Ich bin sensibel, empfindsam und verlasse mich oft auf mein Gefühl **g** ☐
23. Ich bin vielseitig talentiert und mache oft mehrere Sachen gleichzeitig **a** ☐
24. Ich bin warmherzig und gemeinschaftsorientiert **i** ☐
25. Ich bin zurückhaltend und lege Wert auf meine Privatsphäre **h** ☐
26. Ich bluffe manchmal und biege mir die Wahrheit etwas zurecht **f** ☐
27. Ich brauche viel Zeit zum Ausruhen und Entspannen **c** ☐
28. Ich brauche Zeit, bis ich mit einer Aufgabe beginne und beschäftige mich stattdessen mit lauter unwichtigen Dingen **c** ☐
29. Ich brauche Zeit, eine Entscheidung zu treffen und dazu zu stehen **i** ☐
30. Ich demaskiere gerne Angeber oder ungerechte bzw. unehrliche Leute **b** ☐
31. Ich drücke mich gerne in Symbolen und durch künstlerische Stilmittel aus **g** ☐
32. Ich finde es reizvoll, immer wieder neue Ideen zu entwickeln **a** ☐
33. Ich fühle mich in die Probleme anderer ein **e** ☐
34. Ich fühle mich oft eins und sehr verbunden mit der Natur und anderen Menschen **c** ☐
35. Ich geize mit Zeit, Geld oder Nähe, die ich anderen widme **h** ☐
36. Ich genieße gerne das Leben, gönne mir aber oft »zu viel des Guten« **a** ☐
37. Ich habe das Gefühl, ständig von einem inneren Kritiker kontrolliert zu werden **d** ☐
38. Ich habe ein gesundes Selbstvertrauen und stecke andere damit an **f** ☐

39. Ich habe eine feine Antenne für Widersprüche und erforsche die geheimen Motive hinter dem, was andere sagen oder tun **i** ☐
40. Ich habe nicht immer das richtige Fingerspitzengefühl für andere **b** ☐
41. Ich habe oft das Gefühl, dass ich mich anderen zuliebe zurückhalten muss und meine Energie nicht voll ausleben kann, weil sie das nicht aushalten **b** ☐
42. Ich halte meine Gefühle zurück und kann sie schlecht verbalisieren **h** ☐
43. Ich kann anderen zuliebe große Opfer bringen **a** ☐
44. Ich kann in unmittelbarer Gefahr sehr klar sehen und mutig und umsichtig handeln **i** ☐
45. Ich kann leichter sagen, was ich nicht will, als was ich will **c** ☐
46. Ich kann marktorientiert denken und mein Image entsprechend anpassen **f** ☐
47. Ich kann mich in viele verschiedene Menschen hineinversetzen und alle Seiten verstehen **c** ☐
48. Ich kann mich schnell für etwas begeistern und das Gute darin entdecken **a** ☐
49. Ich kenne melancholische oder depressive Phasen im Leben **g** ☐
50. Ich lege Wert auf eine besondere Gestaltung meiner Räume, Kleidung und Arbeit **g** ☐
51. Ich liebe Erfolge und mag nicht an Misserfolge erinnert werden **f** ☐
52. Ich löse Probleme durch sorgfältiges Nachdenken **h** ☐
53. Ich mag klare Regeln und weiß gerne, woran ich mich halten kann **i** ☐
54. Ich mag spontane, schlagfertige und optimistische Menschen **a** ☐
55. Ich möchte als einmaliger, ganz besonderer Mensch wahrgenommen werden **g** ☐

56. Ich pflege Beziehungen zu Leuten, die sozial oben stehen **f** ☐
57. Ich rede lieber über meine Arbeit als über meine Gefühle **f** ☐
58. Ich reiße mich oft zusammen und bin innerlich angespannt **d** ☐
59. Ich sabotiere meinen eigenen Erfolg, indem ich mich ständig frage, was schief gehen könnte **i** ☐
60. Ich schmiede gerne Pläne für eine angenehme Zukunft, spüre aber beim Umsetzen meine Grenzen **a** ☐
61. Ich schütze mich bei Stress und in Krisen durch ruhiges Auftreten **h** ☐
62. Ich sehne mich nach Freiheit und Ungebundenheit **a** ☐
63. Ich sehne mich oft nach dem, was andere haben **g** ☐
64. Ich setze hohe Maßstäbe und lebe nach Werten, die mir viel bedeuten **d** ☐
65. Ich setze mich großherzig und hilfsbereit für Schwächere ein **b** ☐
66. Ich sitze Probleme lieber aus als dass ich die direkte Konfrontation suche **c** ☐
67. Ich stehe gerne anderen mit Rat und Tat zur Seite **e** ☐
68. Ich stehe treu, zuverlässig und loyal zu meiner Familie, Kirche oder Firma **i** ☐
69. Ich stufe andere Menschen danach ein, wie bedrohlich sie für mich sind oder nicht **i** ☐
70. Ich suche intensive, außergewöhnliche Augenblicke im Leben **g** ☐
71. Ich tue mich gerne mit Leuten zusammen, die sich auf meinem Gebiet auskennen **h** ☐
72. Ich überlasse anderen die Initiative **h** ☐
73. Ich überschreite Grenzen und breche Regeln, wenn sie mir nicht einleuchten **b** ☐
74. Ich versuche, verborgene Zusammenhänge zu erfassen **h** ☐

75. Ich weiß instinktiv, was richtig und was falsch ist **d** ☐
76. Ich weiß viel und erweitere mein Wissen ständig durch Lesen und Beobachten **h** ☐
77. Ich werde ärgerlich und gereizt, wenn ich nicht Recht behalten kann **d** ☐
78. Ich werde oft von Selbstzweifeln geplagt und zweifle auch Autoritäten an **i** ☐
79. Ich will, dass andere sich bei mir zu Hause wohl fühlen **e** ☐
80. Ich wittere Gefahr und Bedrohung früher als andere **i** ☐
81. Konflikte und Streit mag ich nicht, am liebsten will ich meine Ruhe haben **c** ☐
82. Manchmal erlebe ich mich als Außenseiter, den andere nicht verstehen **g** ☐
83. Manchmal fühle ich mich gefühlsmäßig von anderen ausgelaugt und werde krank **e** ☐
84. Meine verletzliche, liebevolle Seite zeige ich nur Menschen, denen ich voll vertraue **b** ☐
85. Mich langweilen Pflichtaufgaben und Routinejobs **a** ☐
86. Negatives zieht mich runter, deswegen betone ich die positiven Seiten einer Sache und versuche auch, andere aufzuheitern **a** ☐
87. Ohne Nähe zu anderen bin ich traurig und komme mir abgelehnt und klein vor **e** ☐
88. Vergnügen, Spaß und Spiel kommen bei mir vor lauter Arbeit zu kurz **d** ☐
89. Was ich mir vorgenommen habe, erreiche ich auch **f** ☐
90. Wenn ich mich von anderen gehetzt oder unter Druck gesetzt fühle, werde ich bockig und mache gar nichts mehr **c** ☐

Auswertungstabelle

Ihre Punkte:		Typ Nummer:
a	______	______
b	______	______
c	______	______
d	______	______
e	______	______
f	______	______
g	______	______
h	______	______
i	______	______

Ergänzen Sie in der Tabelle das Feld »Typ Nummer« mit folgenden Zahlen: a=7 b=8 c=9 d=1 e=2 f=3 g=4 h=5 i=6

Auswertung

Nun können Sie Ihr Enneagrammprofil ablesen. Je mehr Punkte Sie bei einem Typ gesammelt haben, desto eher könnte es Ihr Typ sein. Wenn beispielsweise bei Typ 9 (Buchstabe c) und Typ 1 (Buchstabe d) über 20 Punkte stehen, bei den anderen Typen aber unter 10, dann sollten Sie sich mit den Beschreibungen der NEUN und der EINS besonders beschäftigen.

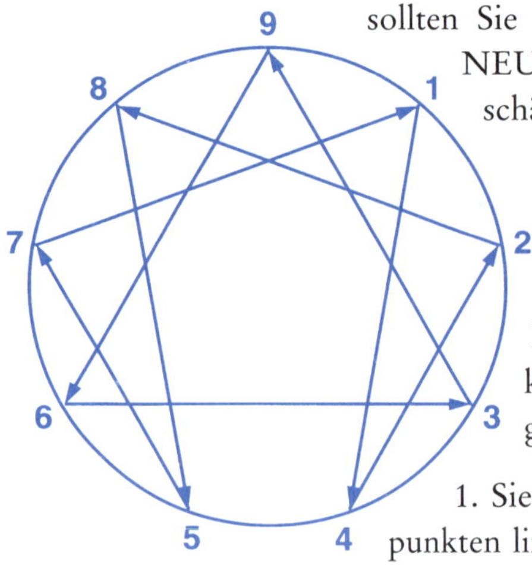

Das Muster, bei dem Sie die meisten Antworten bejahen können, zeigt Schwerpunkte Ihrer eigenen Persönlichkeit und *könnte* Ihr Muster sein. Ihren »Erstverdacht« können Sie bestätigen, wenn Sie Folgendes feststellen:

1. Sie konnten bei den beiden Nachbarpunkten links und rechts *auf* dem Kreis meh-

rere Fragen bejahen (Beispiel: am meisten Punkte bei der NEUN, bei ACHT und EINS auch eine deutliche Häufung).
2. Sie haben bei den beiden Mustern, die *innerhalb* des Kreises durch Linien mit dem eigenen Muster verbunden sind, ebenfalls mehrere Fragen bejahen können (Beispiel: am meisten Punkte bei FÜNF, bei ACHT und SIEBEN auch einige Treffer).
3. Lassen Sie den Fragebogen von jemandem ausfüllen, der Sie gut kennt und die Fragen unter dem Gesichtspunkt beantwortet »So würdest Du meiner Meinung nach reagieren«. Diese Fremdeinschätzung liefert wertvolle Informationen zur Musterbestimmung und kann die Grundlage eines interessanten Gesprächs sein.

Orientierung mithilfe der drei Zentren

Die neun Typen des Enneagramms sind eingeteilt in drei Regionen: Bauch, Herz und Kopf. Diese drei so genannten Zentren lassen sich recht gut den drei Gehirnregionen des Menschen zuordnen.

Das menschliche Gehirn besteht – extrem vereinfacht – aus drei Schichten. In der Reihenfolge ihres Erscheinens in der Entwicklungsgeschichte unterscheidet man das *Kernhirn* (aus der Phase der Reptilien), das *Zwischenhirn* (der frühen, also alten Säugetiere) und das *Großhirn* (der jungen Säugetiere). Die Bezeichnungen für die Gehirnregionen variieren. Die Dreiteilung hat sich aber für die Erklärung der Funktionalität unserer Persönlichkeit als hilfreich erwiesen.

Die Namen sollten auch nicht dazu verleiten, etwa das Kernhirn für ein primitives Organ zu halten. Schon das menschliche »Reptilienhirn« ist dem Gehirn eines wirklichen Reptils weit überlegen. Außerdem arbeiten alle drei Strukturen in untrennbarer Weise zusammen. Es lässt sich jedoch beobachten, dass jeder Mensch einem bestimmten Teil seines Gehirns größeres Vertrauen entgegenbringt als anderen. Das kann aus Erfahrungen herrühren oder ererbt sein. In der Regel tritt das persönliche Muster (und damit die »Zahl« des Enneagramms) mit dem beginnenden Erwachsensein hervor, also etwa Anfang 20.

Bauchzentrum (Typ ACHT, NEUN und EINS)

Die Angehörigen dieser drei Typen sind den Regungen ihres Kernhirns besonders verbunden. Diese älteste Hirnregion sichert unsere primären Bedürfnisse: Selbsterhaltung und Arterhaltung, regelt also Nahrung, Schutz, den Rang in der Gruppe, Territorium und Sexualität. Das Kernhirn ist der Sitz der Lebensenergie und der Instinkte. Es entscheidet aufgrund der Sinneswahrnehmungen blitzartig über lebensnotwendige Reaktionen: Angriff oder Flucht? Es trifft die Entscheidungen »aus dem Bauch heraus«.

Wenn Sie in Konflikt- und Stresssituationen vorwiegend dumpfen Groll empfinden und das Gefühl haben, der Ärger und der Schmerz stecken Ihnen »in den Knochen«, dann gehören Sie wahrscheinlich zu den »Bauchtypen«.

Die drei Muster im Bauchzentrum haben ein ausgeprägtes *Urvertrauen* zu den Empfindungen ihres Kernhirns aus der Zeit der Reptilien. Die ACHT bezieht ihre Stärke und Direktheit aus der Urgewalt dieser Quelle, die NEUN ihre Beharrlichkeit und Zufrie-

denheit, und die EINS ihre Unbedingtheit und Treffsicherheit. Das Kernhirn hat etwas besonders Gewisses. Im Vergleich zu den beiden anderen Hirnstrukturen braucht es nur wenig Speicher. Die Reaktionen sind im Wesentlichen »fest verschaltet«, müssen nicht erlernt oder hinterfragt werden und laufen daher sehr schnell ab.

Bei den Bauchtypen geht es um *Leben und Tod*. Ihr Thema lautet: »Bin ich mein eigener Herr?« Wenn die Autonomie in Gefahr ist, verteidigen sie ihre *Vitalität* in drei Gestalten von *Zorn*. Bei der ACHT ist es der leicht entfachbare, primär nach außen gerichtete Zorn, der ohne Hemmungen ausgelebt wird. Bei der NEUN ist es der »eingeschlafene« Zorn, die passive Aggression durch Verweigerung und Widerstand. Bei der EINS ist der Zorn vorwiegend nach innen gerichtet: Um ihren Zorn zu legitimieren, sucht sie nach Gründen, Verursachern und Schuldigen.

Alle drei Bauchtypen haben ein ausgeprägtes Bewusstsein für Ungerechtigkeit und Unwahrhaftigkeit. Wie kein anderer Typ im Enneagramm kann eine ACHT für Unterdrückte und Entrechtete kämpfen, eine NEUN Frieden zwischen zerstrittenen Parteien stiften und eine EINS kompromisslos für die Verbesserung der Zustände eintreten.

Vom Kernhirn aus gesehen bedeuten zarte Gefühle einen Kontrollverlust. Bauchtypen neigen dazu, in Krisen Beziehungen vorwiegend als *Duell* zu verstehen. Die ACHT fragt: Begehrst du mich? Die NEUN: Bin ich gut genug für dich? Und die EINS testet unentwegt: Teilst du mein Wertesystem? Ein Bauchtyp bietet bei Beziehungsproblemen einen fairen Kampf an: Setz dich mit mir auseinander! Sein *Problem*: Ein Bauchtyp behauptet sich selbst, indem er andere tendenziell abwertet.

Herzzentrum (Typ ZWEI, DREI und VIER)

Das Zwischenhirn der frühen Säugetiere (limbisches System) schmiegt sich wie eine Umrandung (lat. limbus) um das Kernhirn und übersetzt dessen direkte Instinktreaktionen in flexiblere Verhaltensweisen. An die Stelle simpler Schwarz-weiß-Muster treten komplexe Schattierungen verschiedener Gefühle, ein riesiges Potenzial verflochtener Polaritäten von gut und schlecht, Liebe und Hass, Freude und Trauer, Ärger und Glück. Hier ist Raum für eine sich verändernde Ästhetik, die von jedem Individuum aufs Neue erlernt werden muss. Das limbische System enthält genügend Speicherplatz für eine ausgiebige Erziehung. Hier sind alle *Gefühlsbindungen* zu Hause: zwischen Kind und Mutter, Familie, Sippe, Stamm und Gesellschaft. Auch der grundlegende Paarbund zwischen Mann und Frau ist hier verankert.

Natürlich haben auch Bauch- oder Kopftypen Zugang zu den sozialen Funktionen des limbischen Systems, bei den Herztypen werden diese aber an erste Stelle gesetzt. Das limbische System ist das Bindeglied zwischen den niederen und den höchsten Funktionen unseres Gehirns, und dementsprechend empfinden sich Angehörige des Herzzentrums oft als besonders »lebensnah und zugewandt« – verglichen mit »egozentrischen« Einzelkämpfern des Bauchzentrums und »abgehobenen« Singles aus der Kopfzone.

In Konflikt- und Stresssituationen können Herztypen ähnlich ausrasten wie die Bauchmenschen, aber oft beschreiben sie das mit der Vorstellung, »von den Gefühlen übermannt« zu werden. Sie erleben sich als hin- und hergerissen. Ein Konflikt entfacht in ihnen den Widerstreit komplizierter Empfindungen, viel widersprüchlicher als die eindeutigen Botschaften bei den Bauchtypen.

Bei den Herztypen geht es um *Liebe und Leid*. Das Grundthema lautet »Wie geht es mir mit den anderen?« Bei der ZWEI wird diese Frage vor allem an die Außenwelt gestellt, die Stimmungen anderer werden übernommen. Bei der DREI sind die eigenen Emotionen »eingeschlafen«. Als Ersatz imitiert sie situationsgerecht und wirkungsvoll die Gefühle anderer. Die VIER richtet das »Was fühle ich?« vor allem an die Innenwelt und wird dabei von Ihren eigenen Gefühlen überwältigt.

Bei Beziehungsproblemen neigen Herztypen zur einseitigen Sicht einer Partnerschaft als *Duett*: Geh nicht weg! Spürst du mich? Wie komme ich bei dir an? Magst du mich? Ein Herztyp sucht nach Wertschätzung und Anerkennung. Sein *Problem*: Maßgebend für ihn sind seine eigenen Gefühle, es mangelt an Objektivität. Daher kann er sich verstricken in Illusionen und Täuschungen.

Kopfzentrum (Typ FÜNF, SECHS und SIEBEN)

Das Großhirn ist fünfmal so groß wie seine beiden darunter liegenden Nachbarn zusammen. Hier ist die Fähigkeit der Reflexion beheimatet, das beobachtende Abwägen der Reaktionen von Altsäuger- und Reptilienhirn. Sprache, Lesen, kreative Prozesse, Rechnen, Planung, das Nachsinnen über Sympathie, Liebe, Religion, Schicksal und Philosophie haben hier ihren Platz. Das Großhirn kann, wie man inzwischen weiß, die Ordnungen der beiden darunter liegenden Systeme drastisch verändern. Durch bildhafte Vorstellungen im Großhirn lassen sich körperliche Krankheiten heilen, emotionale Erinnerungen werden bisweilen verändert und umgeschrieben. Unser neues Gehirn ist verschwenderisch ausgestattet: Es bildet die Strukturen des Reptilienhirns noch einmal ab, und diese »Sicherheitskopie« beansprucht nur einen winzigen Teil seiner Kapazität.

Noch einmal: An den Segnungen des Großhirns haben alle drei Zentren Anteil. Kopftypen tendieren aber dazu, lieber in ihrem Großhirn zu sinnieren als in der wirklichen Welt Erfahrungen zu machen. Sie sind überwältigt vom eigenen inneren Mikrokosmos und sehen das Leben als ein Rätsel, das es zu lösen gilt.

Beim Kopftyp geht es um die *Angst*. Bei der FÜNF ist es die nach innen gerichtete Angst vor der verwirrenden Macht der eigenen Gefühle, von denen sie sich abkoppeln möchte. Die SECHS versucht, sich von ihrer inneren Angst zu trennen und projiziert sie auf die Außenwelt. Die SIEBEN gibt ihre Angst ganz nach draußen ab und konzentriert sich auf die erfreulichen Alternativen zu den inneren Möglichkeiten. Das Grundthema aller Kopftypen ist die *Distanz*. Ihre Grundfrage lautet »Was denke ich darüber?« Daraus ergeben sich allerlei Ungewissheiten: Wie passt alles zusammen? Bin ich hier sicher? Woher kommt Orientierung? Was steckt dahinter?

In Krisen sehen Kopftypen eine Beziehung als *Doppel-Solo*: Am besten ist ein Paar doch, wenn jeder alleine sein kann. Das *Problem* eines Kopfmenschen ist der innere Rückzug, weg aus der gefährlichen, störenden oder schmerzvollen Außenwelt hinein in den endlos weiten Mikrokosmos im eigenen Kopf. Die Angst führt zu persönlichen Absicherungssystemen, die von anderen als lieblos oder verletzend empfunden werden können.

Orientierung mithilfe der neun Muster

Im Folgenden stellen wir Ihnen die neun Muster des Enneagramms kurz vor. Beim ersten Durchlesen werden Ihnen sicher einige Leute

einfallen, die genau auf die vorgestellte Beschreibung passen. Seien Sie nicht enttäuscht, wenn Sie sich selbst nicht auf Anhieb in einem der Typen wiedererkennen. Nehmen Sie sich Zeit, damit sich das Ganze setzen kann und lesen Sie nach ein paar Tagen die neun Beschreibungen noch einmal. Bei den meisten Menschen wird es schon beim zweiten Durchgang viel klarer.

EINS

Hier ist der Mensch, der sein Leben *richtig* machen will. Er strebt nach Perfektion und Vollkommenheit, sowohl für sich selbst als auch für seine Umgebung (die perfekte Wohnung, die perfekte

Beziehung, der perfekte Beruf). Er lebt nach einem hohen Wertesystem und versucht, die Welt entsprechend zu verbessern und zu belehren. Eine EINS ist ein ernsthafter Mensch, der für seine Arbeit lebt und sich oft das Vergnügen versagt. Wenn etwas allzu leicht und locker läuft, wird eine EINS manchmal misstrauisch. Sie ist überzeugt, dass alles seinen Preis hat. Fehler und Unordnung belasten sie, ja sie provozieren ihren Ärger.

Ihr *wunder Punkt* ist *Zorn*. Eine innere Wut, die von anderen häufig als Sturheit und Verbissenheit empfunden wird.

Ihre *Gaben* sind *Durchhaltevermögen*, *Geduld* und *Gelassenheit*.

Mit einer EINS kann man leicht über das Thema *Lebensziel* sprechen. Dem Gedanken, dass das Leben einem höheren Zweck dient, ist eine EINS unmittelbar aufgeschlossen. EINSEN sind offen für politische, soziale oder religiöse Ideen und Reformen. Generell lässt sich das Lebensziel einer EINS so beschreiben: *Ich will etwas erneuern.*

Für jeden Typ des Enneagramms gibt es ein *Symbolland*, und bei der EINS ist es die *Schweiz*. Das bedeutet keineswegs, dass in der Schweiz lauter EINSEN leben, aber die Grundenergie der Mentalität dieses Landes ist eben diese Mischung aus Perfektion und unterschwelligem Ärger, verbunden mit einer gewissen Humorlosigkeit. Die Fassade muss untadelig aussehen, die Schuldfrage wird exportiert: Mögen die in der Schweiz gelagerten Gelder auch aus dubiosen Quellen stammen – die sind ja weit außerhalb des Landes.

Eine klassische *literarische* EINSER-Figur ist die stets korrekte *Micky Maus*. Auch *Asterix* und *Don Camillo* sind EINSER, die beide als Kompagnon eine ACHT haben (Obelix und Peppone).

Die *Karikatur* der EINS ist der nörgelnde Kritiker mit erhobenem Zeigefinger, der selbst nichts schreiben könnte, aber für sein Leben gern an den Fehlern anderer herumkorrigiert.

ZWEI

Eine Person des Typs ZWEI ist die personifizierte *Hilfsbereitschaft*. Sie ist beziehungsorientiert, engagiert sich für andere und will gebraucht werden. Mit Schmeichelei und Zuwendung wirbt sie um Vertrauen und Anerkennung.

Ihr *wunder Punkt* ist der *Stolz*. Hinter ihrem Ganz-für-andere-da-sein steht der massive Wunsch nach Dank und Unentbehrlichkeit, eine unterschwellige Art von Egoismus. ZWEIER herrschen übrigens ganz gern mit Geld: Sie geben, um den anderen in Abhängigkeit zu halten.

Ihre *Gaben* sind *Mitmenschlichkeit* und Demut. Wohlfahrtsverbände und Kirchengemeinden wären ohne den gestaltenden Einsatz von ZWEIERN nicht denkbar.

Das *Lebensziel* der Menschen vom Typ ZWEI ist die Verbundenheit: *Ich will Liebe geben und empfangen.*

Das *Symbolland* ist *Italien*, berühmt für seine Küche und seine Gastfreundschaft. Mittelpunkt des italienischen Lebens ist die Familie, auf scheinbar sanfte Weise regiert von der absolutistischen Mamma.

Eine eindruckvolle ZWEI ist der Titelheld des Films *»Der Pate«*. Er verkörpert Kraft und Unbarmherzigkeit des ZWEIER-Musters: Ich mache alles für dich, erwarte dafür aber von dir totale Dankbarkeit und Treue. Früher gab es in den Micky-Maus-Heften den *kleinen bösen Wolf*, der unermüdlich die drei kleinen Schweinchen vor seinem bösen Vaterwolf gerettet hat.

Die ZWEIER-*Karikatur* zeigt meist eine mütterliche Frau (das früher herrschende Frauenideal war das der selbstlosen ZWEI) mit leicht rundlichen Körperformen, die für andere bäckt und kocht, keinen Geburtstag vergisst und bis zur physischen oder psychischen Erschöpfung liebe Briefe schreibt und Päckchen packt.

DREI

Ihre Lebensthemen sind *Leistung* und *Erfolg*. Eine DREI wird beflügelt von Konkurrenz und der Aussicht auf Gewinn. Es kommt ihr auf die Wirkung an, auf das Image: »Wie war ich?« Am Typ DREI lässt sich gut sehen, dass Erfolg nicht primär dem Ego dient, sondern eine soziale Funktion hat: Die DREI will Erfolg und Besitz, damit sie anerkannt wird und Freunde hat. Das gilt auch für den Erfolg beim anderen Geschlecht. Ihr *wunder Punkt* ist die *Lüge* – nicht nur gegenüber anderen, sondern vor allem gegenüber sich selbst. Eine DREI kann frei erfundene oder geschönte Geschichten über eigene Erfolge so lange erzählen, bis sie selbst ehrlich vom Inhalt überzeugt ist. Das Beziehungskonzept der DREI hat eine tragische Komponente, denn niemand gewinnt wegen seines Besitzes echte Freunde.

Die *Gaben* der DREI sind *Tatkraft*, *Optimismus*, *Gefühlstiefe* und die Fähigkeit, Visionen ins Konkrete umzusetzen. In einem Team findet eine DREI auch in ausweglosen Situationen eine Lösung und kann andere mitreißen. Daher sind DREIER häufig geborene Unternehmer.

Das *Lebensziel* einer DREI ist, Visionen äußerlich und real umzusetzen und auch innerlich zu füllen: *Ich will etwas aufbauen.*

Das *Symbolland* der DREI sind die *USA*. Erfolg, Leistung, Optimismus. Wolkenkratzer, Dollars, Hollywood. Ob echt oder nur Show, Hauptsache »it works«. Die Schattenseite des erfolgreichen und freundlichen amerikanischen Optimismus ist die Sucht, in allem die Nummer Eins zu sein. Für Verlierer ist kein Platz.

Eine positive DREIER-Figur in der *Literatur* ist *Robin Hood*, der mit List und Tücke stiehlt und betrügt, um damit Gutes zu tun – und am Ende auch Erfolg bei der (natürlich adligen!) Frau seines Herzens hat. An *Donald Duck* wird deutlich, dass es natürlich ausgesprochen erfolglose DREIER gibt, die das Thema dennoch nicht loslassen können.

Die *Karikatur* der DREI ist der Angeber im dicken Auto, der vor anderen ungefragt sein Einkommen, die Quadratmeterzahl des eigenen Hauses und andere Statussymbole aufzählt: »Meine Frau, mein Haus, mein Auto, meine Yacht.«

VIER

Die VIER lässt sich von ihrer Sehnsucht leiten. Ihr Lebensthema ist *Individualität* – etwas Besonderes sein, anders sein. Sie hat ein untrügliches Gespür für alles Schöne, ursprünglich Natürliche und Außergewöhnliche, leidet aber auch daran, dass vieles für sie unerreichbar bleibt. Sie reagiert empfindlich und ist anfällig für Melancholie und Depression.

Ihr *wunder Punkt* ist der *Neid*, der das Schöne nicht bei anderen lassen kann. Die Kehrseite des Andersseins ist, sich stets mit anderen vergleichen zu müssen.

Die *Gaben* der VIER sind *Kreativität* und die *Kunst*, in anderen das Besondere zu entdecken. Innovationen in Wissenschaft und Kultur verdanken wir oft VIERERN, die vor dem Anderssein und »Querdenken« keine Angst hatten.

Das *Lebensziel* einer VIER ist die Wiederherstellung der Ursprünglichkeit: *Ich will etwas Echtes hervorbringen*.

Das *Symbolland* ist *Frankreich* – vive la difference! Hier wehrt man sich nach Kräften gegen die lautstark optimistische Amerikanisierung der Kultur und kann sich ein vereintes Europa nur so vorstellen, dass alle die tendenziell elitäre Andersartigkeit der *grande nation* neidlos anerkennen. Die französische Küche ist *haute cuisine* – »hoch« und den anderen überlegen.

Der Film »*Tod in Venedig*« beschreibt das tragische Ende eines in die Vergangenheit verliebten Künstlers, bei dem kaum ein Charakterzug der VIER ausgelassen wird.

Die VIERER-*Karikatur* ist der frankophile Künstler, der ausschließlich schwarze Kleider und einen violetten Seidenschal trägt. In seinem verdunkelten Zimmer findet sich eine sorgsame Inszenierung aus verblühten Rosen, einem aufgeschlagenen Lyrikband und dem eigenen Tagebuch.

FÜNF

Eine FÜNF legt Wert auf ihre Privatsphäre und schottet sich gern ab gegen Verpflichtungen und Anforderungen von außen. Sie sammelt Wissen, analysiert und systematisiert, spaltet sich aber dabei gefühlsmäßig von Situationen und Menschen ab.

Ihr *wunder Punkt* ist der *Geiz*. Nicht nur finanziell, sondern auch im Blick auf Wissen und überhaupt auf sich selbst: Eine FÜNF gibt sich, ihre Anwesenheit, ihre Zeit, ihre Gefühle und ihre Schätze ungern her.

Gaben der FÜNF sind *Weisheit*, *Klarheit*, *Objektivität* und *Gastfreundschaft*.

Das *Lebensziel* einer FÜNF ist die Durchdringung bislang unerforschter Gebiete: *Ich will den Dingen auf den Grund gehen.*

Ihr *Symbolland* ist *England*. Auf der *splendid isolation* der Britischen Insel sammelte die Seefahrer- und Archäologennation die Schätze der übrigen Welt. Englands gekrönte Häupter brachten es stets fertig, gleichzeitig unermesslich reich und sparsam zu sein. Der nationale Geiz äußert sich in der Unfähigkeit, das einst eroberte Nordirland wieder herzugeben.

Die berühmteste literarische FÜNF ist auch ein Engländer: Der hartherzige Geizhals *Ebenezer Scrooge* aus Charles Dickens' Weihnachtsgeschichte, der als Vorbild diente für *Dagobert Duck*, ebenfalls eine FÜNF.

Die *Karikatur* einer FÜNF ist die bebrillte (falls männlich, bärtige) Wissenschaftlernatur, die sich in ihrem Studierzimmer mit Büchern und PC einspinnt. Kontakt mit der Außenwelt hat die scheue FÜNF nur via Internet. Wenn sie ihren Elfenbeinturm verlässt, dann am liebsten, um zu verreisen und mit dem Fotoapparat die vielfältigen Eindrücke festzuhalten.

SECHS

Die SECHS ist treu, teamfähig, loyal, zuverlässig und warmherzig, aber auch sehr vorsichtig. Vor Bedrohungen schützt sie sich, indem sie Halt bei einer Autorität sucht (der sie allerdings durchaus kritisch gegenübersteht). Sie hat ein feines Gespür für Hierarchien und möchte stets wissen, wer über ihr und wer unter ihr steht, wobei sie sich mit Unsicheren oder Unterlegenen gern solidarisiert.

Ihr *wunder Punkt* ist die *Angst*. In Diskussionen fragt sie gern: »Aber besteht dabei nicht die Gefahr, dass ...?« Sie sucht Sicherheit und vermeidet es tunlichst, sich falsch zu verhalten. Es ist einer der Aha-Effekte des Enneagramms, dass Angst nicht primär eine Herzensfunktion ist, sondern zum Kopfzentrum gehört. Angst ist das Vorausdenken möglicher

Gefahren, das sich im Extremfall zu einer apokalyptischen Weltsicht voller Verschwörungstheorien steigern kann.

Die *Gaben* der SECHS sind *Verlässlichkeit*, *Vertrauen* und vor allem *Mut*. Wenn eine SECHS ihre Angst und Vorsicht überwindet, wird sie zum mutigsten Typ von allen. Die großen, selbstlosen Helden in Kriegen und Notsituationen sind meistens SECHSER.

Ihr *Lebensziel* ist es, die Gabe der Wachsamkeit und Vorsicht der Gemeinschaft zur Verfügung zu stellen: *Ich will Sicherheiten schaffen*.

Das *Symbolland* der SECHS ist *Deutschland*. Fleiß, Tapferkeit, und Mut, wenn's drauf ankommt, sind SECHSER-Tugenden. Am sympathischsten sind Deutsche, wenn sie sich nicht auf »den Staat« oder andere Sicherheitssysteme verlassen, sondern vorausschauend in Eigenverantwortung und Achtsamkeit neue Wege eröffnen.

Eine gute Darstellung der enormen SECHSER-Fähigkeiten bietet Kevin Costner in dem Film *Bodyguard*. »Nie darfst du dich sicher fühlen« ist sein Credo, und mit einem untrüglichen Gespür wittert er Gefahren und ist bereit, sein Leben für seine Schutzbefohlene zu opfern. *Woody Allen* spielt in seinen Filmen praktisch immer SECHSER-Rollen. Mit am eindrucksvollsten in dem Werk *Zelig*, wo schelmisch gezeigt wird, wie sich eine SECHS unter praktisch jedem politischen System anpassen und eine verborgene Rolle spielen kann.

Die *Karikatur* der SECHS ist der vorsichtig um sich blickende, mausgrau oder beige gekleidete Leisetreter, der es nicht wagt, anderen länger in die Augen zu sehen. Er hat Probleme, ein begonnenes Gespräch zu beenden. Es macht ihm Spaß, ein Doppelleben zu führen und jemand ganz anderer zu sein, als der, für den man ihn hält.

SIEBEN

Die SIEBEN ist optimistisch, zukunftsorientiert, begeisterungsfähig und schnell. Ihr Lebensthema ist *Glück*. Der schmerzlichen Seite der Wirklichkeit weicht sie aus und konzentriert sich statt-

dessen auf alle positiven Möglichkeiten, für die sie eine hohe Reizempfänglichkeit besitzt. Eine SIEBEN liebt den verschwenderischen Aspekt der Schöpfung. Sie will, dass sich alle in Ihrer Umgebung wohl fühlen und tut sich sehr schwer, Nein zu sagen und anderen klare Grenzen zu setzen.

Ihr *wunder Punkt* ist die *Unmäßigkeit*. »Mehr ist immer besser« ist ihr Motto, die Wohlstands- und Spaßgesellschaft ihre liebste Umgebung. Sie neigt dazu, sich am eigentlich Angenehmen zu überfressen: Sie isst so viel, arbeitet so viel, und mutet sich so viel zu, bis es nicht mehr angenehm ist.

Die *Gaben* der SIEBEN sind die *Heiterkeit* und ein *ganzheitliches, innovatives Denken*, gepaart mit einem pragmatischen Sinn dafür, das Ganze auch realisieren und finanzieren zu können.

Das *Lebensziel* einer SIEBEN ist es, das Leben glücklich zu genießen und diese schöne Möglichkeit des Menschseins auch anderen zu ermöglichen: *Ich will das Gute mehren*.

Ein berühmter SIEBENER ist *Peter Pan*, der Junge, der nicht älter werden will und in einer Traumwelt namens Nimmerland lebt. Er kann fliegen, ein Urtraum der nach leichten Lösungen suchenden SIEBEN. Auch *Gustav Gans* verkörpert mit seinem maßlosen Glück einen Aspekt der SIEBEN.

Das *Symbolland* der SIEBEN ist *Irland*. Fröhliche Musik, hoher Alkoholverbrauch und die Redensart: Could be worse! Dass es schlimmer sein könnte, lässt die Iren die Armut ihres Landes so gut ertragen, dass ihr unkomplizierter Optimismus inzwischen zu einem europäischen Wirtschaftswunder geführt hat.

Die *Karikatur* der SIEBEN ist ein verspieltes, heiteres Wesen (oft mit Kinderlocken), das sich am liebsten auf keine Rolle festlegen möchte. Es betrachtet das Leben als üppiges Büffet, bei dem es alle Möglichkeiten hat und sich nicht festlegen muss. Auch beruflich braucht es ständig Veränderung und neue Reize, aber wenig Schlaf. Es gibt viel zu viel zu entdecken!

ACHT

Das Lebensthema der ACHT ist *Stärke*. Sie ist energiegeladen, direkt und konfrontativ. Sie verschafft sich Respekt durch entschlossenes Auftreten, das andere einschüchtern kann. Im Einstecken ist sie längst nicht so gut wie im Austeilen. Hinter ihrer Stärke verbirgt sich Verletzlichkeit.

Der *wunde Punkt* einer ACHT ist denn auch diese *Schamlosigkeit*. Sie hat wenig Gespür dafür, wie sie durch ihre Grenzüberschreitungen andere verletzt.

Ihre *Gaben* sind *Belastbarkeit* und die gesunde *Ausübung von Macht*. Eine ACHT geht für ihre Schutzbefohlenen durchs Feuer, kann Anfeindungen bewundernswert aushalten und zu einer Kämpferin für die Gerechtigkeit werden.

Ihr *Lebensziel* ist es, Schwäche und Unterdrückung und Untätigkeit zu beenden: *Ich will für das Gute kämpfen*.

Das *Symbolland* ist *Spanien*. Die ACHT will Blut sehen, beim Stierkampf wie bei den auffallend blutrünstigen Kreuzigungsdarstellungen des Landes. Hinter dem *machismo* mag sich Unsicherheit verstecken, nach außen muss das Bild von Stärke gewahrt werden.

John Wayne hat mit seinen Filmen der ACHT ein Denkmal gesetzt: der sperrige, unbequeme Anführer, der meist in bestechend einfachem Hauruck-Verfahren Krisen meistert und seine Leute rettet. Auch Kommissar *Schimanski* zeigt die betörende Geradlinigkeit der ACHT: Ohne Rücksicht auf Hierarchie, Etikette und die eigene Gesundheit fightet er gegen das Böse.

Die *Karikatur* der ACHT ist der stiernackige, körperlich breit gebaute Schrankmensch. Auch im Winter trägt er kurzärmlige Hemden, weil er dem Wetter ebenso wie allen anderen Feinden trotzt. Wenn er jemandem zum ersten Mal begegnet, testet er gern mit einem lautstarken »Sie sehen aber schlecht aus!« die Belastbarkeit des anderen. Bei der nächsten Begegnung grüßt er mit dem schönen Satz »Dass Sie sich auch mal wieder blicken lassen!« Dass das ein von Herzen kommendes Kontaktangebot ist, erschließt sich eigentlich nur Menschen, die das Enneagramm kennen.

NEUN

Die Lebensthemen der NEUN sind *Frieden* und *Zufriedenheit*. Sie schätzt Harmonie und Bequemlichkeit. Sie hat feste Gewohnheiten und neigt zur Zerstreuung und zum Nichtstun. Eine NEUN ist friedfertig und hat Verständnis für alles. So fällt es ihr schwer, Stellung zu beziehen oder Entscheidungen zu treffen.

Aus Versäumnissen werden Unterlassungssünden, die ihren *wunden Punkt* aufdecken, nämlich die *Faulheit*. »Aber ich hab doch überhaupt nichts gemacht!« ist daher auch der beliebteste Entschuldigungssatz einer NEUN.

Ihre *Gaben* sind *Versöhnung*, *Friedenstiften* und *Tatkraft*. Wenn eine NEUN aus der Bequemlichkeitszone heraus findet, kann sie enorme Energie entwickeln. Manche NEUNER haben viele Hobbys und sind auf der ständigen Suche nach neuen Herausforderungen, um der von ihr gefürchteten Langeweile zu entfliehen.

Ihr *Lebensziel* ist eine Umgebung, in der Ruhe ist und Platz für alle: *Ich will versöhnen*.

Balu der Bär aus Disneys *»Dschungelbuch«* verkörpert die friedfertige Lebensphilosophie der NEUN: Probier's mal mit Gemütlichkeit!

Das nächstliegende *Symbolland* ist *Österreich*. Das glückliche Austria hat keine blutigen Kriege geführt, sondern durch eine gemütliche Heiratspolitik das Reich vergrößert. Das Wiener Kaffeehaus, in dem man den ganzen Tag vor einer Tasse Melange sitzen kann, ist ein rechter NEUNER-Ort. Ein weiteres Symbolland, das etwas weiter weg ist, ist *Afrika*.

Die *Karikatur* der NEUN ist der Couch-Potato, der im Morgenmantel Chips essend abwechselnd vor dem Fernseher und dem Spielecomputer sitzt. Ein bisschen zu dick, ein bisschen zu langsam und irgendwie auch immer ein bisschen zu langweilig.

Argumente gegen Typologien

Jede Typologie ist nur ein Hilfsmittel, und gegen jedes Persönlichkeitsschema regen sich Widerstände – berechtigte und unberechtigte. Hier die am häufigsten vorgebrachten Einwände gegen das Enneagramm und was dazu zu sagen ist.

»Ich finde, ich habe von allem etwas.«

Das sagen viele Menschen nach dem ersten Durchlesen der Typbeschreibungen. In der Tat enthält jeder der neun Typen treffende psychologische Beobachtungen. Je intensiver Sie sich bereits mit sich selbst befasst haben, umso häufiger werden Sie dabei Aha-Effekte haben und sich »erkannt« fühlen. Das volle Potenzial Ihrer Persönlichkeit werden Sie allerdings nur entfalten, wenn Sie das Hauptthema Ihres Lebens unter den neun angebotenen Typen finden.

»Gibt es nicht auch Mischtypen?«

In der Tat kennt die Typologie des Enneagramms »Flügel«: Das bedeutet, dass zum Beispiel eine SIEBEN mit den Eigenschaften der beiden Nachbartypen SECHS und ACHT vertrauter ist als mit den Eigenschaften der anderen Typen. Die Kraft des Enneagramm-Modells entfaltet sich allerdings erst, wenn Sie sich festlegen und an »Ihrem« Punkt zu arbeiten beginnen.

»Ich könnte drei oder vier verschiedene Typen sein.«

Sind Sie aber nicht. Wie beim Roulette wird die Kugel schließlich in einem Feld liegen bleiben. Dann hört Ihre innere Unruhe auf, und Sie werden wissen, an welchem Lebensthema Sie arbeiten müssen. Wenn Ihr Testergebnis mehrere Muster gleich stark gewichtet und Sie noch sehr im Nebel stochern, dann gehen Sie noch einmal zu dem Abschnitt über die drei Zentren zurück.

»Ich bin eine ZEHN.«

Jeder Mensch lässt sich nach einer ausreichend langen Beobachtungsphase eindeutig einem der neun Muster zuordnen. Inzwischen sind viele Millionen Menschen mit Hilfe des Enneagramms beraten worden. Seit über 20 Jahren wird das Enneagramm von vielen Universitäten international wissenschaftlich begleitet und analysiert. Dabei haben Mediziner und Psychologen die Aufteilung der neun Muster immer wieder bestätigt. Darauf können Sie sich verlassen: Das Enneagramm ist ein erprobtes Instrument für den Zugang zu Ihrem Lebensziel. Wir halten es, nachdem wir viele Methoden ausprobiert haben, für das beste Werkzeug zur Selbstanalyse.

»Ich möchte nicht in eine Schublade gesteckt werden.«

Verstehen Sie die einzelnen Typen des Enneagramms nicht als Einschränkung, sondern als Wegweiser in einem Labyrinth. Ihre Persönlichkeit ist so bunt und vielschichtig, dass Sie Ihre wirklichen Stärken und Schwächen ohne Orientierung kaum entdecken werden. Oder, um im Bild von der Schublade zu bleiben: Die jeweiligen Schubladen sind so unermesslich groß, dass für Ihre unverwechselbare Individualität dort mehr als genug Platz ist.

Unser simplify-To-do als Ausstieg und Beginn

Alle Persönlichkeits- und Motivationsexperten sind sich einig: Wir realisieren nur die Dinge, die wir uns aufschreiben. Sie kennen jetzt unsere 33 simplify-Ideen. Beginnen Sie innerhalb der nächsten 72 Stunden, damit zu arbeiten. Setzen Sie Ihren persönlichen Fokus und schreiben Sie täglich auf, was Sie im simplify-Sinne anders gemacht haben, was Sie denken und fühlen und wie Sie Ihre Ziele erreichen wollen.

Ihr simplify-Tagebuch

Es gibt kaum ein besseres Mittel zur Steigerung des Selbstbewusstseins und der aktiven Lebensgestaltung als den guten alten Brauch des Tagebuchschreibens. Es gab und gibt kaum eine berühmte Persönlichkeit, die ohne Tagebuch auskam und auskommt. Halten Sie sich dabei an folgende einfache Regeln:

1. Sympathisch Besorgen Sie sich ein schönes, gebundenes Tagebuch (keine Loseblatt-Sammlung, kein Ringbuch) und ein Schreibwerkzeug, das Sie gerne mögen.

2. Privat Das Tagebuch ist nur für Sie bestimmt, nicht für Ihre Nachkommen oder gar zur Veröffentlichung für die Nachwelt.

3. Unzensiert Lassen Sie es fließen. Schreiben Sie ohne Skrupel. Korrigieren Sie keine Schreibfehler. Ein Tagebuch ist kein Aufsatzwettbewerb. Niemand soll das Ganze lesen, nur Sie.

4. Ehrlich Zensieren Sie sich auch inhaltlich nicht. Einzige Ausnahme: Wenn Sie sich beim Schreiben von Lügen ertappen. Wahrhaftigkeit ist oberstes Gebot.

5. Geduldig Setzen Sie sich einen Zeitraum, in dem Sie das Tagebuchschreiben auf jeden Fall durchhalten werden. Die besten inneren Aha-Erlebnisse kommen meist erst nach drei Monaten.

6. Vormittags Schreiben Sie möglichst früh am Tag. Es hat sich bewährt, frisch in den neuen Tag »hineinzuschreiben«. Suchen Sie sich einen stillen Platz, vielleicht mit einer Tasse Tee oder Kaffee, und betrachten Sie Ihren Schreibvorgang weniger als Rückblick, sondern als Starthilfe.

7. Frei Der erste positive Effekt Ihres Tagebuchs, der schon nach wenigen Tagen eintreten wird: Den vor Ihnen liegenden Tag werden Sie nicht mehr als eine Pflicht oder ein Labyrinth betrachten, sondern als ein großes leeres Stück Papier, das Sie beschreiben können.

8. Auf Probe Probieren Sie es zum Einstieg mit einem Ferientagebuch: ein feines Heft, ein guter Stift, beides vielleicht am Urlaubsort gekauft. Beschreiben Sie nur die rechten Seiten. Ergänzen Sie die linken später mit Fotos, Postkarten, Erinnerungsstücken, Eintrittskarten usw.

Am Ziel

Vom Traum zur Wirklichkeit

Als Sie am Ende Ihres simplify-Weges aus der Tür des Turms auf der siebten Stufe heraustreten und zurücksehen auf Ihre Lebenspyramide, werden Sie eigenartig still.

Die Aufgänge der einzelnen Stufen haben sich so gegeneinander verdreht, dass sie eine eindrucksvolle, gerade Treppe vom Boden bis zur Spitze bilden. Der simplify-Weg hat Ihr Leben zu einem einzigartigen Kunstwerk geordnet. Sie merken, dass das Chaos Ihres Lebens schon von Anfang an einem geheimen Plan gefolgt zu sein scheint. Ein Plan, der bereits vorher da war, den Sie aber erst jetzt zum ersten Mal sehen. Langsam schreiten Sie die Stufen hinab. Es geht leichter als erwartet. Sie gehen wieder ein paar Stufen nach oben und lachen. Sie können gleiten, wohin Sie wollen. Ihr Leben ist zugänglicher geworden, der Nebel hat sich verzogen, überall hin gelangt Tageslicht und frische Luft. Und Sie beginnen, auf der großen Treppe zu tanzen.

Am Ende des simplify-Weges wird Ihr Leben nicht perfekt durchorganisiert sein. Sie werden nach wie vor gelegentlich Geldprobleme und Zeitstress haben, Sie werden immer wieder einmal krank werden und es wird nicht nonstop glatt laufen mit Kollegen, Verwandten und dem Partner – aber Ihr Leben ist kein vom Zufall gestaltetes Chaos mehr, sondern eine transparente Konstruktion, in

der Sie sich nicht mehr verirren werden. Einzelne Chaosereignisse werden Sie nicht mehr aus der Bahn werfen oder am Sinn des gesamten Unternehmens zweifeln lassen. Sie haben genügend Techniken und Werkzeuge zur Hand, um Pannen zu beheben, verschüttete Zugänge freizulegen und auch in Zeiten der Anspannung innere Gelassenheit zu finden. Denn Sie haben erfahren: Mein Leben ist kein Steinhaufen, sondern eine stabile Pyramide – Ihre eigene, unverwechselbare.

Anhang

Entpuppen Sie sich: Die Schmetterlingsphasen Ihres Lebens

Es ist nützlich, sich die Phasen des simplify-Weges als Schmetterlingszyklen vorzustellen: Nach einem anstrengenden Raupendasein, in dem Sie vor allem Dinge aufnehmen (zum Beispiel in einer Ausbildung), folgt zunächst eine schmerzhafte Verpuppung (zum Beispiel eine Krise) und dann das gelassene neue Leben mit neuen Schmetterlingsflügeln (zum Beispiel beruflich in einer höheren Position). Solche Schmetterlingszyklen werden Sie mehrmals durchmachen – nicht gerade auf jeder Stufe Ihrer Lebenspyramide, aber doch auf den für Sie am kompliziertesten.

Manche denken, das Leben eines Schmetterlings dauere nur kurz, verglichen mit dem langen Leben als gefräßige Raupe. Doch bei vielen Schmetterlingsarten ist es umgekehrt: Nach einer kurzen, aber intensiven Raupenphase folgt nach der Verpuppung ein ausgiebiges Falterleben. Manche Schmetterlingsarten durchqueren wie Zugvögel ganze Kontinente und legen Tausende Kilometer zurück.

Längst nicht jede Raupe schafft es bis zur Verpuppung und zur Entfaltung der bunten Flügel. Das Raupenleben ist ja auf seine Weise höchst angenehm und zufriedenstellend. Es hat seine eigene Dynamik. Sie kennen sicher Menschen, die Sie davor warnen, von Höherem zu träumen. Solche Menschen wollen Ihnen weismachen, dass es zwar Schmetterlinge gibt, dieses andere, freie Leben aber nur für einige wenige Auserwählte gedacht ist.

Der simplify-Weg sorgt dafür, dass Sie nicht als Raupe sterben. Deshalb ist es wichtig, dass Sie von Ihrer Möglichkeit erfahren, Schmetterlingsflügel zu bekommen. Wir gehen die Phasen der Reihe nach durch.

1. Von der kleinen zur dicken Raupe

»Mehr ist immer besser« könnte man als Motto über die erste Phase des simplify-Weges schreiben: Das Raupendasein, in der wir lernen, aufnehmen und wachsen. »Complify« wäre auch ein passendes Motto, denn der simplify-Weg beginnt niemals einfach.

2. Die fette Raupe

Die zweite Station des simplify-Weges ist eine Grenzerfahrung. Ein Stolpern über die eigenen Gedanken: Was wird aus meinem Leben, wenn es immer so weiter geht wie jetzt? War das wirklich alles?

Wer als Raupe stirbt, hat sein Lebensziel nicht erreicht. In dieser Phase erwacht der Hunger nach simplify: Ein bisschen weniger wäre jetzt ganz gut. Aber wo soll man anfangen?

3. Die Verpuppung

In der dritten Phase geht es um Ihre Entscheidung. Viele Menschen bleiben Raupe, weil sie Angst vor der Veränderung haben. Sie wollen die Komfortzone nicht verlassen. Eine Raupe hat aber nur eine Chance, um Schmetterling zu werden: die große Krise, den kleinen Tod. Das Lebensziel erreicht nur, wer den Weg in die Dunkelheit wagt. Wer loslässt und sich verpuppt.

4. Der sich entfaltende Schmetterling

»simplify« ist die Überschrift über dem leichten Leben des Schmetterlings. Weniger ist mehr. Er fliegt mit leichtem Gepäck, nimmt flüssige Nahrung zu sich und genießt die Freiheit. Diese Grundeinstellung ließe sich als gesunder Egoismus beschreiben. Ein Film würde hier enden: Der Schmetterling fliegt dem Sonnenuntergang entgegen, Abblende. Der simplify-Weg aber ist damit noch nicht zu Ende. simplify ist mehr.

5. Der Schmetterling und seine Eier

Schmetterlinge kommen auf die Welt, um Eier zu legen. Nicht die Raupen legen die Eier, sondern die erwachsenen, entwickelten, durch die große Krise gegangenen Tiere, die die Kunst des Fliegens beherrschen. Das ist das große Geheimnis unseres Lebens, das es so spannend und unvorhersehbar macht.

Nutzen Sie die Schmetterlingsregeln

Wenn Sie ein neues Projekt beginnen, wenn Sie sich einen Traum verwirklichen wollen, wenn Sie in irgendeiner Weise eine neue Phase in Ihrem Leben starten, dann bereiten Sie sich mental darauf nach folgenden Regeln vor:

Aktiv statt passiv

Reagieren Sie nicht, sondern agieren Sie. Formulieren Sie Ihre Ziele in der Aktivform. *Also nicht:* »Ich möchte zum Abteilungsleiter befördert werden«, *sondern:* »Ich möchte die Abteilung leiten und nach meinen Vorstellungen umgestalten.«

Führen Sie Regie

Werden Sie der Drehbuchautor und Regisseur Ihres Lebens, nicht nur ein Schauspieler oder Kleindarsteller. Formulieren Sie Ihre Ziele in gestaltender Form. *Also nicht:* »Ich will bei einer Nilreise mitmachen«, *sondern:* »Ich will vom Schiff aus Ägypten und den Nil entdecken.«

Spüren Sie Ihre Flügel

Glauben Sie daran, dass noch unentdeckte Fähigkeiten in Ihnen schlummern (Ihre Schmetterlingsflügel), die Sie ausbilden und einsetzen können. Das Wesentliche kommt nicht von außen auf Sie zu, sondern es steckt in Ihnen und muss nur geweckt werden. Formulieren Sie Ihre Ziele als Entwicklung vorhandener Gaben. *Also nicht:* »Ich möchte, dass mir jemand Spanisch beibringt«, *sondern:* »Ich will meine Sprachkenntnisse so weit steigern, dass ich weitgehend fließend Spanisch sprechen kann.«

Beziehen Sie Ihren Partner mit ein

Eines der größten Probleme bei Veränderungen im Leben: Der Partner zieht nicht mit. Eine Frau, die nach der Kindererziehung ins Berufsleben zurück will, stößt bei ihrem Mann auf Unverständnis. Ein Angestellter, der sich selbstständig machen möchte, findet keine Unterstützung von seiner Frau. Hier kann die Schmetterlingstechnik ausgesprochen hilfreich sein. Machen Sie Ihrem Partner klar, dass nach einer anstrengenden Raupenzeit die Schmetterlingsphase kommt: mehr Zufriedenheit, mehr Lebenssinn, wahrscheinlich auch ein verbessertes Einkommen. Legen Sie einen Zeitpunkt fest, zu dem spätestens die Raupenphase endet und Ihr Partner aufatmen kann. Wenn die Durststrecke länger dauert als vereinbart, darf Ihr Partner von Ihnen verlangen, dass Sie Ihren Plan ändern!

Zahlen Sie den Preis

Es gibt viele unproduktive Träume vom Glück: Lottogewinn, Erbschaft, »entdeckt werden« – innerer oder äußerer Reichtum ohne Anstrengung. Die Schmetterlingstechnik lehrt Sie, dass es keinen Lohn gibt ohne vorherige Mühe. Sie lehrt aber auch, dass jede Anstrengung lohnt. Wenn Sie Ihr ganzes Leben als beschwerliches Raupendasein empfinden, dann machen Sie etwas falsch. Am Ende jeder Strapaze muss eine positive Gegenleistung stehen.

Die fünf Wege zur Entfaltung

Als Gestalter Ihres Lebens haben Sie fünf grundsätzliche Möglichkeiten. Kreuzen Sie die an, die für Sie am besten geeignet erscheint:

Evolution

Es gibt Tätigkeiten, Gewohnheiten und Arbeitsfelder, die Sie sanft verändern können. Jammern, Nörgelei oder Ärger sind Verhaltensweisen, deren Energie Sie zur Ausbildung einer neuen, positiven Gewohnheit nutzen können. *Beispiele:* Sie bemühen sich um ein neues Arbeitsfeld in Ihrer bisherigen Firma; Sie ziehen innerhalb Ihrer eigenen Wohnung um, vertauschen etwa Arbeits- und Schlafzimmer.

Revolution

Fragen Sie sich: Was hilft mir, zu mir selbst zu finden? Welche Umstände hindern mich, meine eigene Identität zu leben? Entdecken Sie, welche Kräfte für einen Neuanfang in Ihnen schlummern! *Beispiele:* Sie ersetzen Ihren belastenden Arbeitsplatz durch einen neuen, der Ihre Fähigkeiten fördert und Ihnen Lebensfreude gibt; Sie ziehen um in eine neue Wohnung, die für Sie besser geeignet ist; Sie tauschen einen Mitarbeiter, der Sie ständig herunterzieht, aus.

Reduktion

Viele Menschen, die eigentlich ein positives, glückliches Naturell haben, überfüllen Ihr Leben mit Aktivitäten und Verpflichtungen.

Hier kann die Raupenphase darin bestehen, Überflüssiges »wegzubeißen«, um danach leichter und einfacher als Schmetterling abzuheben. *Beispiele:* Sie beenden Mitgliedschaften in Gremien und Beratungskreisen; Sie geben eines Ihrer Hobbys auf; Sie geben alle Gegenstände weg, die Sie zwei Jahre lang nicht mehr benutzt haben.

Addition

Menschen, die sehr kontrolliert ihre tägliche Routine erfüllen und Veränderungen fürchten, können dagegen Ihr Leben am besten bereichern, indem sie etwas Neues beginnen, ohne das Gewohnte aufzugeben. *Beispiele:* Sie erlernen ein Musikinstrument; vor der Reise in ein fremdes Land lernen Sie dessen Sprache; Sie nehmen ein Ehrenamt an.

Metamorphose

Wie sich die Raupe in einen Schmetterling verwandelt, können auch Sie – mit ein wenig Fantasie – Dinge in Ihrem Leben verzaubern.

Beispiele: Sie benennen Ihr Arbeitsfeld oder Ihre Abteilung in der Firma um, verbunden mit einer umfassenden Überholung der Arbeitsräume mit Farben, Pflanzen und einer Ruhezone; Sie ziehen sich so an, wie Sie sich am wohlsten fühlen, ohne Rücksicht auf die anderen; Sie üben Ihren jetzigen Beruf unter ganz anderen, angenehmeren Bedingungen aus – oder Sie freuen sich einfach still über die neue Sichtweise Ihres Lebens als unverwechselbare, einzigartig schöne Pyramide.

Literaturempfehlungen

Stufe 1: Vereinfachen Sie Ihre Sachen

Die beste Literatur zum Thema Ordnung im Büro ist ein regelmäßiger Service, der Sie immer wieder an das Aufräumen erinnert, und der stets auf dem letzten Stand ist. Der Klassiker ist die Loseblatt-Sammlung »der ORG«: Der persönliche Organisations-Berater. VNR Verlag für die Deutsche Wirtschaft, Bonn. Bestell-Telefon für eine kostenlose Probelieferung: (0228) 9 55 01 40, Fax: (0228) 35 97 10, E-Mail: kundendienst@org-online.de.

Etwas preiswerter ist der monatliche Newsletter *Smart Working – Gelassenheit durch gute Organisation* vom gleichen Verlag. Die Bestelldaten wie oben. E-Mail: kundendienst@ smart-working.de.

Die amerikanische Klassikerin für Ordnung am Arbeitsplatz ist Stephanie Winston, *Leben ohne Chaos*, mvg Taschenbuch, Landsberg 2000.

Für das Aufräumen zu Hause haben wir die meisten Anregungen gefunden bei Karen Kingston, *Feng Shui gegen das Gerümpel des Alltags*, Rowohlt Taschenbuch, Reinbek 2000.

Die schnellste Lektüre: Detlef Koenig, Susanne Roth und Lothar J. Seiwert, *30 Minuten für optimale Selbstorganisation*, GABAL Verlag, Offenbach 2001.

Stufe 2: Vereinfachen Sie Ihre Finanzen

Die intelligentesten Bücher über den richtigen Umgang mit Geld und die Einstellung zum Thema Geld sind die von Suze Orman. Beginnen Sie mit *Trau dich, reich zu werden*, Campus Verlag, Frankfurt / New York 2000.

Ein kleiner Geheimtipp ist ein Buch, das esoterischer daherkommt, als es eigentlich ist: Ralph Tegtmeier, *Der Geist in der Münze*, Goldmann Taschenbuch, München 1988.

Ein schönes Motivationsbuch mit vielen Anregungen, alles mal anders zu sehen, ist Richard Carlson, *Lebe glücklich, werde reich*, Knaur Verlag, München 2000.

Stufe 3: Vereinfachen Sie Ihre Zeit

Hier sind wir befangen. Aber es ist einfach Tatsache, dass Lothar J. Seiwerts Bücher die meistgekauften zum Thema Zeitplanung sind. Der Klassiker, jetzt farbig und in optimierter Seminarform: Lothar J. Seiwert, *Das neue 1x1 des Zeitmanagement*, Gräfe und Unzer Verlag, München 2002. Es wurde in 20 Sprachen übersetzt und über 1 Million Mal verkauft, ein »must have«.

Auf dem besten Weg zum Klassiker ist Lothar J. Seiwert, *Wenn Du es eilig hast, gehe langsam*. Sieben Schritte zur Zeitsouveränität und Effektivität, Campus Verlag, Frankfurt / New York 2002.

Wer nicht einmal zum Lesen eines Zeitplanbuchs Zeit hat, der sollte sich wenigstens das leisten: Lothar J. Seiwert, Horst Müller, A. Labaek-Noeller, *30 Minuten – Zeitmanagement für Chaoten*. GABAL Verlag, Offenbach 2002.

Eine großartige Hilfe gegen Aufschieberitis ist Hans-Werner Rückert, *Schluss mit dem ewigen Aufschieben*, Campus Verlag, Frankfurt / New York 2000.

Und als neuester Ratgeber zum Thema: Lothar J. Seiwert, *Das Bumerang-Prinzip: Mehr Zeit fürs Glück*. Lebenskunst zwischen Muss und Muße. Gräfe und Unzer Verlag, München 2002. Als Extras gibt es einen Zeit-Guide und einen flugfähigen Indoor-Bumerang. Einzelheiten bei: www.bumerang-prinzip.de.

Stufe 4: Vereinfachen Sie Ihre Gesundheit

Die lockerste Weise, gesund zu bleiben, hat unserer Erfahrung nach Gert von Kunhardt entwickelt. Sogar seine Bücher sind locker – und erfreulich dünn. Wir empfehlen: *Keine Zeit und trotzdem fit*, Brendow Verlag, Moers 1999.

Der unumstrittene Spezialist für Glück ist »Flow«-Erfinder Mihaly Csikszentmihalyi, *Lebe gut!*, Verlag Klett-Cotta, Stuttgart 1999.

Wenn Ihnen die Sache mit dem Wasser eingeleuchtet hat: Alles Weitere finden Sie bei Faridun Batmanghelidj, *Wasser, die gesunde Lösung*, VAK Verlag, Kirchzarten 2000.

Stufe 5: Vereinfachen Sie Ihre Beziehungen

Lebensmanagement ist die Kunst, Beruf und Privatleben samt der eigenen Gesundheit und allen sozialen Beziehungen in Einklang zu bringen. Das neue Standardwerk zum Thema ist Lothar J. Seiwert, *Life-Leadership.* Sinnvolles Selbstmanagement für ein Leben in Balance. Campus Verlag, Frankfurt / New York 2001.

Ein guter Tipp, um mit anderen besser zurecht zu kommen, ist das DISG-Persönlichkeits-Modell. Die schönste Darstellung, durchgehend farbig illustriert: Lothar J. Seiwert und Friedbert Gay, *Das 1x1 der Persönlichkeit.* GABAL Verlag, Offenbach 2001.

Die Bücher von Connie Cox und Cris Evatt gibt es nur auf Englisch. Die Gedanken zum Entrümpeln der urteilenden Gedanken stammen aus *30 Days To a Simpler Life*, Plume Books, New York 1998.

Stufe 6: Vereinfachen Sie Ihre Partnerschaft

Alles über die wundervolle Technik der Zwiegespräche finden Sie bei Michael L. Moeller, *Die Wahrheit beginnt zu zweit*. rororo Sachbuch, Reinbek 2000.

Die geniale Metapher von Mars und Venus für die Kommunikation zwischen Männern und Frauen stammt von John Gray, *Männer sind anders, Frauen auch*. Goldmann Taschenbuch, München 1993.

Unübertroffen für das Verhältnis von Beruf und privater Partnerschaft ist der Bestseller von Günter F. Gross, *Beruflich Profi, privat Amateur?* Verlag moderne industrie, Landsberg 2000.

Stufe 7: Vereinfachen Sie sich selbst

Hintergrund für viele unserer Gedanken zum Thema »innere Richter« und Lebensaufgabe ist die systemische Psychotherapie von Bert Hellinger. Die am besten lesbare Zusammenfassung seiner Gedanken: Gabriele ten Hövel und Bert Hellinger, *Anerkennen, was ist*. Kösel Verlag, München 2000.

Wenn Sie sich eingehender mit dem Enneagramm befassen möchten, dann empfehlen wir das herrlich locker geschriebene Standardwerk Richard Rohr und Andreas Ebert, *Das Enneagramm*, Claudius Verlag, München 2001.

Mit und ohne Enneagrammkenntnisse nutzbar ist das *Enneagramm-Spiel* von Marion und Werner Küstenmacher. Die beim Spielen entstehenden guten Gespräche vereinfachen Ihre Beziehungen (Stufe 5) und Ihre Partnerschaft (Stufe 6). Claudius Verlag, München 1998.

Wer das Enneagramm in Unternehmen einsetzen möchte, wendet sich am besten an Stefan Oldenburg: Business-Enneagramm bei der IMPETUS Unternehmensberatung, Börsenbrücke 4, D-20457 Hamburg. Telefon: (040) 37 86 17-0, Fax: (040) 37 86 17-99, www.impetus.de.

Für den weiteren simplify-Weg

Der monatliche persönliche Beratungsdienst *simplify your life® – Einfacher und glücklicher leben* ist das Medium, das die Gemeinde der »simplifyer« zusammenhält. Er erscheint im VNR Verlag für die Deutsche Wirtschaft, Bonn. Bestell-Telefon für eine kostenlose Probelieferung: (0228) 9 55 01 40, Fax: (0228) 35 97 10, E-Mail: kundendienst@simplify.de. Auch für Nicht-Abonnenten immer einen Besuch wert ist die Website www.simplify.de, inzwischen eine Art Portal für die simplify-Bewegung.

Den besten direkten Draht zu Lothar J. Seiwert halten Sie, wenn Sie den *Lothar J. Seiwert–Coaching-Brief. Professioneller & souveräner arbeiten* und *leben*, abonnieren. Der monatliche Beratungs- und Trainingsbrief erscheint im Olzog Verlag, München 2000 ff. Bestellen über www.coaching-briefe.de.

Danke!

Auch wenn dieses Buch von der Einfachheit handelt – der Weg zu einem solchen Buch ist durchaus kompliziert. Viele Menschen haben dabei mitgeholfen, mit viel geduldiger Arbeit oder mit der entscheidenden genialen Idee.

Danke an *Norman Rentrop* und *Detlef Koenig* vom VNR Verlag für die Deutsche Wirtschaft. Sie haben den Newsletter *simplify your life®* erfunden, aus dem dieses Buch hervorgegangen ist. Und Detlef Koenig bringt ihn mit seiner Erfahrung und mit ruhiger Hand immer weiter voran.

Danke an *Elaine St. James*. Sie hat den Satz »simplify your life« in den USA populär gemacht, und als Werner Küstenmacher und Detlef Koenig sie in Santa Barbara in Kalifornien besucht haben, hat sie uns ermutigt und motiviert.

Danke an *Alina Bartsch* und vor allem *Michaela Lück*, die im VNR Verlag nicht nur den Newsletter und seine Leser betreuen, sondern mit unermüdlichem Engagement die »simplify-Bewegung« voranbringen, von Tagungen bis hin zur Website *www.simplify.de.*

Danke an *Dr. Jörg Knoblauch*, ohne den wir (Lothar J. Seiwert und Werner Tiki Küstenmacher) niemals zusammengekommen wären, und der bei vielen Menschen mehr Gutes bewirkt hat, als er selbst ahnt.

Danke an *Bettina Spangler*, die das Manuskript nicht nur gründlich überarbeitet, sondern mit kreativen Geistesblitzen auf eine neue Stufe gezaubert hat.

Danke an *Marion Küstenmacher*, die das Kapitel über das Enneagramm entscheidend mitgeschrieben hat. Außerdem hat sie mit Liebe und Enneagramm-Know-how den Autoren-Ehemann bravourös gecoacht.

Danke an den Campus Verlag: die Motoren und Mutmacherinnen *Britta Kroker* und *Gabriele Rubner*, die engagierte Lektorin *Carmen Kölz* und den stilsicheren Gestalter *Ulrich Begemeier*.

Danke an *viele Tausend Leser des simplify-Newsletters*, deren Erfahrungen, Rückmeldungen, kritische Anmerkungen und Ermutigungen in dieses Buch eingeflossen sind und es überhaupt erst möglich gemacht haben.

Und zu guter Letzt ein ganz besonderes Dankeschön an Sie, *liebe Leserin und lieber Leser*, dass Sie sich mit uns auf den simplify-Weg gemacht haben. Es würden uns freuen, von Ihnen zu hören. Das ist ja das Schöne am Internet-Zeitalter: Buchautoren sind gerade mal einen Mausklick von Ihnen entfernt.

Werner Tiki Küstenmacher (*tiki@tiki.de*)
Prof. Dr. Lothar J. Seiwert (*info@seiwert.de*)

Register

Das neue Zeitmanagement

Lothar J. Seiwert

WENN DU ES EILIG HAST, GEHE LANGSAM

Das neue Zeitmanagement in einer beschleunigten Welt. Sieben Schritte zur Zeitsouveränität und Effektivität

2003 · 234 Seiten · € 25,50
ISBN 3-593-37223-1

Von der Formulierung von Lebensvisionen bis hin zur Aufstellung eines Jahreszielplans, einer Prioritätenliste für die einzelne Woche und dem Zeitmanagement im Tagesgeschäft – auf jeder Ebene der persönlichen Erfolgspyramide spielen Be- und Entschleunigung eine wichtige Rolle. Lothar J. Seiwert widmet sich der Frage, wie diese beiden Elemente einer neuen Zeitkultur in ein effektives Selbstmanagement eingebunden werden können. Für die unterschiedlichen Persönlichkeitstypen hält er schließlich Hilfen und Tipps zur Anwendung der für sie jeweils richtigen Zeitmanagement-Methode bereit.

AUCH ALS HÖRBUCH!

2003 · 2 CDs · € 29,90 · ISBN 3-593-37229-0

Ideal für alle, die nach der Lektüre des Buches die neu erlernten Ansätze und Methoden vertiefen und regelmäßig wiederholen möchten – und ihre Zeit auch unterwegs sinnvoll nutzen wollen.

Gerne schicken wir Ihnen unsere aktuellen Prospekte:
Campus Verlag · Kurfürstenstr. 49 · 60486 Frankfurt / Main
Hotline: 0 69 / 97 65 16 - 12 · Fax - 78 · www.campus.de

campus
Frankfurt / New York